ŒUVRES

DE

GEORGE SAND

ŒUVRES
DE
GEORGE SAND
NOUVELLE ÉDITION
Format grand in-18

André.	1 vol.
Antonia.	1 —
La Confession d'une jeune fille.	2 —
Constance Verrier.	1 —
La dernière Aldini.	1 —
Elle et Lui.	1 —
La Famille de Germandre.	1 —
François le Champi.	1 —
Indiana.	1 —
Jean de la Roche.	1 —
Laura.	1 —
Lettres d'un Voyageur.	1 —
Mademoiselle la Quintinie.	1 —
Les Maîtres mosaïstes.	1 —
Les Maîtres sonneurs.	1 —
La Mare au Diable.	1 —
Le Marquis de Villemer.	1 —
Mauprat.	1 —
Mont-Revêche.	1 —
Nouvelles.	1 —
La Petite Fadette.	1 —
Tamaris.	1 —
Théatre de Nohant.	1 —
Valentine.	1 —
Valvèdre.	1 —
La Ville noire.	1 —

Clichy.— Imp. de Maurice Loignon et Cie, rue du Bac-d'Asnières, 12.

THÉATRE
DE
NOHANT

PAR

GEORGE SAND

PARIS
MICHEL LÉVY FRÈRES, LIBRAIRES ÉDITEURS
RUE VIVIENNE, 2 BIS, ET BOULEVARD DES ITALIENS, 15
A LA LIBRAIRIE NOUVELLE

1865

Tous droits réservés

LE DRAC

RÊVERIE FANTASTIQUE EN TROIS ACTES

A M. ALEXANDRE DUMAS FILS

L'élément fantastique est encore une des faces de l'esprit populaire, et il n'est pas besoin de remonter avec Charles Nodier au moyen âge pour saisir par ses beaux cheveux flottants le lutin de la prairie, de la montagne ou de la chaumière. On le rencontre encore à chaque pas chez toutes les nations de l'Europe, dans toutes les provinces de France et sur tous nos rivages de l'Océan et de la Méditerranée. Il se plaît surtout dans des sites étranges et terribles, chez des populations qui ne semblent pouvoir réagir que par l'imagination contre la rude misère de leur vie matérielle; *kobold* en Suède, *korigan* en Bretagne, *follet* en Berry, *orco* à Venise, il s'appelle *le drac* en Provence. Il en est à peu près de même d'un autre esprit, plus fâcheux et plus sinistre, qu'en tout pays on appelle *le double*.

Un jour qu'un garde-côte m'avait parlé de ces lutins en esprit fort qu'il était, lui, et que sans s'en douter il m'avait rappelé la légende d'Argaïl, dont *Trilby* est le poëme charmant, je voulus voir le lieu hanté par les dracs, et, des hauteurs du cap ***, je descendis dans une des nombreuses petites anses que formait la dentelure des falaises à pic. Le décor était splendide, et le sujet me fit penser à un opéra ou à un mélodrame à grand spectacle; mais, bientôt gagné par le spectacle autrement grand de la mer agitée, j'oubliai tout ce qui n'était pas elle, et, dans un de ces rêves dont on n'a, Dieu merci, à rendre compte à personne, je me représentai le monde impalpable qui doit peupler l'immensité inconnue. Vous avez bien quelquefois goûté, sous une forme quelconque, ce plaisir de supposer qui arrive presque à être le plaisir de croire.

Aucun sentier ne m'avait amené dans la cachette fermée par la mer, où le sable blanc et chaud, vierge de toute empreinte, m'invitait à divaguer. Il semblait, à voir le rocher autour de moi, qu'il fût impossible de le remonter et à coup sûr aucune barque ne se fût risquée à venir me chercher là.

Figurez-vous une forêt à perte de vue de roches plantées dans la mer. Ces écueils innombrables et présentant les formes les plus inouïes n'étaient pas des fragments écroulés de la montagne, mais des blocs surmontés d'aiguilles formant le sommet d'autres montagnes submergées. L'eau brillante, d'un bleu presque noir, détachait vigoureusement en gris blafard cette foule, cette armée de spectres livides imprégnés de sel, et l'ardent soleil qui les blanchissait encore jetait sur ces apparitions je ne sais quelle effrayante gaieté. Nul être humain ne pouvait sans grand danger parcourir ce réseau d'écueils inextricables, et nul être terrestre ne pouvait y vivre. Pas un brin d'herbe, pas un lichen, pas même un débris de plante marine sur ces îlots, et pourtant cela était beau et rempli de l'attrait du vertige. L'esprit s'élançait irrésistiblement de roche en roche; il s'enivrait de la profondeur de ces racines puissantes de la montagne sous-marine; il s'abondonnait aux curiosités de l'*inaccessible*; il voulait planer sur tout, plonger dans tout; il vivait d'une vie terrible et folle.

L'esprit de l'homme a cet instinct de conquête irréalisable; il peut rêver des délices dans la possession d'un monde qui refuse au corps les conditions de la vie, et ce monde merveilleux des abîmes n'aurait pour hôtes que des muets et des aveugles, les poissons et les coquillages! Je ne voulais pas, je ne pouvais pas le croire... Mais je vous fais grâce de cette divagation, qui n'a de charme que quand on en perd soi-même le commencement et la fin. Je vous raconte seulement où et comment m'est venue confusément l'idée de faire agir et parler un de ces esprits dont j'enviais la vie mystérieuse et l'ineffable liberté.

Et, en quittant ces menhirs naturels, ce Carnac maritime, je voyais les pêcheurs amarrer leurs barques et réparer leurs agrès d'un air absorbé. Ils n'entendaient pas un mot de français, et ne se parlaient pas non plus entre eux dans leur dialecte. Sombres et rêveurs, ils semblaient écouter les menaces ou les promesses des esprits de la plage ; mais, quand ils remontèrent vers leurs cabanes, pittoresquement semées le long de l'abîme, ils échangèrent avec animation des paroles bruyantes, comme s'ils se félicitaient d'avoir échappé aux embûches des mauvais génies. Leurs voix se perdirent dans l'éloignement, la mer continua son éternel monologue, et je restai à l'écouter, en proie à cette fascination à la fois pénible et délicieuse qu'elle exerce et qu'elle n'explique pas.

Je pensais bien ne jamais avoir à noter ces impressions fugitives, au milieu de tant d'autres plus faciles à définir ; mais le hasard m'en fit retrouver quelque chose, un des jours du mois dernier, en essayant d'écrire une légende dialoguée pour quatre personnages de notre connaissance. Le drac oublié m'apparut comme dans un rêve, et je ne voulus pas reculer devant le contraste d'un fantastique échevelé et d'une réalité un peu brutale. Ce n'était pas l'histoire qu'on m'avait racontée, mais c'était l'image flottante dont j'avais vu le cadre saisissant. J'entendais passer les voix rauques des bateliers au milieu du chant ininterrompu de la mer harmonieuse. Je revoyais ces hommes rudes et incultes dont l'esprit conserve des poésies étranges, et j'écrivis sans crainte et sans scrupule une rêverie qui ne devait être soumise à aucune critique officielle.

Une mise en scène gracieuse, un joli décor et quatre interprètes intelligents et confiants ont donné un corps à cette fantaisie dépourvue de toute prétention à la couleur locale et à la forme dramatique. Vous êtes venu, et vous avez aimé cette manière de raconter et de figurer un rêve devant une réunion de famille, à peu près comme on le raconterait soi-même au coin du feu. J'ose donc la publier, et je la mets sous la sauvegarde de votre indulgence en vous la dédiant, non pas comme à l'auteur de ces fortes et savantes études dramatiques de la vie humaine qui parlent à la raison et à la logique autant qu'à l'esprit et au cœur, mais comme à un excellent ami dont le sens artiste admet et comprend sans pédantisme toutes les libertés de l'art.

GEORGE SAND.

Nohant, septembre 1861.

LE DRAC

PERSONNAGES

LE DRAC.
BERNARD.

ANDRÉ.
FRANCINE, fille d'André.

La scène se passe dans la maison d'André, qui est pêcheur à la côte. La maison est élevée sur une falaise. Une grande porte ouverte sur des rochers à pic; au fond, la mer et des rives escarpées. Fenêtre et cheminée à droite; à gauche, la porte de la chambre de Francine et un escalier intérieur qui mène à la montagne. Il fait encore jour. Il y a une image de la Vierge. Des filets, un miroir, divers engins de pêche et des armes sont suspendus à la muraille.

ACTE PREMIER

SCÈNE PREMIÈRE

ANDRÉ, FRANCINE.

André regarde par la fenêtre avec une lunette d'approche. Francine épluche des noisettes qu'elle tire d'un petit panier et place sur une assiette.

FRANCINE.

Penchez-vous donc pas tant que ça à la fenêtre, mon père ! Si vous tombiez !

ANDRÉ.

Ah, dame! si je tombais, j'irais tout droit à cinq cents pieds dans la mer!

FRANCINE.

Oh! ça fait peur à penser (1)!

ANDRÉ.

Eh bien, quand je tomberais, qu'est-ce que ça te ferait, à toi?

FRANCINE.

Oh! pouvez-vous dire ça?

ANDRÉ.

Une fille qui s'ennuie à la maison!

FRANCINE.

Ça n'est pas.

ANDRÉ.

Qui pleure toujours!

FRANCINE.

Vous ne me voyez jamais pleurer.

ANDRÉ.

Qui regrette un pas grand'chose!

FRANCINE.

C'est vous qui m'en parlez.

---

(1) Il eût fallu, pour arriver à la couleur locale, faire parler à mes personnages ou leur dialecte ou leur accent méridional, dur comme le rocher et ronflant comme la bourrasque. Je suis loin de faire fi d'une harmonie si bien caractérisée; mais tous les lecteurs n'eussent peut-être pas été aussi dociles que moi à recevoir cette impression d'un milieu particulier. J'ai pu faire accepter quelquefois une imitation assez fidèle du langage *vieux français* des paysans du centre; mais *le drac* est une tradition provençale, et je n'avais autre chose à faire que de m'en tenir à la manière de s'exprimer la plus familière et la plus répandue en France dans toutes les classes du peuple. On ne me fera donc pas, j'espère, de critique pédante si mes personnages populaires se permettent toutes les incorrections qui leur sont naturelles. J'ai cherché le contraste soutenu entre le lyrisme et la trivialité. Si on me le reproche, je rappellerai aux critiques que les artistes ont quelquefois le droit de répondre : « Je l'ai fait exprès. »

ANDRÉ.
Allons, tais-toi !
FRANCINE.
Je ne dis rien de mal.
ANDRÉ.
Tais-toi, je te dis ! Quand je parle, je ne veux pas qu'on me réponde. Quelle heure qu'il est ?
FRANCINE.
Cinq heures.
ANDRÉ.
Comme le temps est noir ! On dirait que le soleil est couché. (Il reprend sa lunette.) Sais-tu que je ne la vois pas du tout, la barque ?
FRANCINE.
Laissez-moi regarder.
ANDRÉ.
Bah ! les femmes, ça ne voit rien dans les lunettes de marin. Faut savoir regarder là dedans.
FRANCINE.
Eh bien, avec mes yeux, je vois encore mieux qu'avec vos lunettes ; je vois les barques qui sont en mer, et je vous dis que la nôtre ne s'y trouve point.
ANDRÉ.
Alors où est donc Nicolas ? La mer a été mauvaise aujourd'hui. Il y a eu une damnée saute de vent !
FRANCINE.
Il est peut-être là tout près, derrière les récifs.
ANDRÉ.
Pourquoi qu'il va par là ? C'est dangereux. Ah ! ces jeunes apprentis, ça ne doute de rien !
FRANCINE.
Bah ! il ne peut pas se noyer par là... Il n'y a pas d'eau.
ANDRÉ.
Eh bien, et la barque ? C'est ça qui m'inquiète, moi, ma barque ! Voyons, faut allumer un cierge à la bonne Dame !

FRANCINE.

Vous me le faites allumer pour un oui, pour un non, et, après ça, vous me reprochez de brûler trop de cire.

ANDRÉ.

Et la cire coûte cher! D'ailleurs, la bonne Dame, on lui en demande tant, qu'elle ne peut pas contenter tout le monde! Vaudrait mieux... Eh! et ces noisettes? Voyons.

FRANCINE.

Les voilà; qu'est-ce que vous voulez donc en faire?

ANDRÉ.

Mets-les sur la fenêtre. Pourquoi est-ce que tu ris?

FRANCINE, portant les noisettes sur la fenêtre.

Parce que vous priez tantôt le bon Dieu et tantôt le diable.

ANDRÉ.

Le diable? Je le renie!

FRANCINE.

Et pourtant vous mettez à la fenêtre des noisettes pour le drac?

ANDRÉ.

Puisqu'on dit qu'il aime ça!

FRANCINE.

Si le drac est un esprit, un follet, il ne peut pas manger des noisettes!

ANDRÉ.

Il ne les mange pas, il s'amuse avec.

FRANCINE.

Oui, c'est lui ou les rats!

ANDRÉ.

Oh! toi, tu ne crois à rien!

FRANCINE.

Si fait. Je crois au bon Dieu et aux bons saints; mais les lutins, les dracs...

ANDRÉ.

Les lutins, les lutins, il y en a de bons, il y en a de mauvais. Les dracs ne sont pas méchants quand on ne les fâche pas.

FRANCINE.

Oui, vous croyez que, pour des noisettes, ils font tout ce qu'on veut, qu'ils apaisent le vent, qu'ils poussent le poisson dans vos filets, et qu'ils vous font trouver de bonnes épaves sur la grève?

ANDRÉ.

Ça, j'en suis sûr! C'est le drac de notre endroit qui m'a fait trouver toutes les planches de navire avec quoi que j'ai bâti notre maison et fait le mobilier, et mêmement des chapeaux neufs, des souliers encore bons et cinquante sortes de choses!

FRANCINE.

Vous l'avez donc vu, le drac?

ANDRÉ.

Si je l'ai vu? Plus de vingt fois! Il avait une queue de poisson et des ailes de goëland. Voilà que tu ris encore, grande niaise!

FRANCINE.

Non; mais, moi, je me figurais le drac plus gentil que ça!... Dites donc, mon père, c'est-il vrai que, quand ils ne volent plus sur la mer, ils ne sont pas plus malins que nous, et que, quand ils vous taquinent trop, on peut les mettre en cage?

ANDRÉ.

Ça se dit. On dit même que le père Bosc en a pris un qui rôdait dans son garde-manger, et qu'il lui a coupé la queue pour le reconnaître. Mais c'est ça des imprudences!... C'est depuis ce jour-là que le père Bosc n'a jamais pu digérer le poisson de mer! C'est égal, tout ce que nous disons là ne fait pas revenir mon apprenti et ma barque; je vas descendre au rivage.

FRANCINE.

Non, tenez, les voilà! J'entends la voix de Nicolas.

ANDRÉ, qui est retourné à la fenêtre.

Eh bien, quand je te disais! Tiens, regarde: plus de noisettes! Le drac est venu, le drac est content! C'est lui qui ramène Nicolas tout de suite.

FRANCINE.

Ou bien c'est le vent qui a emporté les noisettes et poussé la barque.

ANDRÉ, sortant.

Oh! toi, grande sotte, tu ne veux rien croire, rien comprendre! (Sortant.) C'est vrai, ça, elle est plus sotte!...

SCÈNE II

FRANCINE, seule.

C'est drôle, ces histoires de drac! Ça n'est pas vrai, et j'en suis fâchée! Je voudrais y croire! ce serait si gentil d'avoir comme ça un petit ami, pas plus gros qu'un oiseau, qui ferait tout ce qu'on souhaite... qui s'en irait au loin, aussi vite qu'une hirondelle, vous chercher des nouvelles de ceux qu'on aime!... J'y pense tout de même, au drac; mais c'est égal, je n'y crois pas. Il y en a qui disent — mon père croit ça aussi — que, quand on brûle une herbe, ça les fait venir. Quelle herbe? Je ne la connais pas, moi! Ils appellent ça l'*herbe aux dracs*... C'est peut-être bien celle-là que mon père a rapportée hier du cap Mouret, et qu'il a attachée là, dans la cheminée. Il n'a voulu me rien dire... Ça serait-il drôle, si ça le faisait entrer tout d'un coup par la fenêtre, ou bien descendre par le tuyau de la cheminée!... Ah! je sais bien ce que je lui commanderais! (Elle a pris machinalement quelques brins d'herbe sèche.) Quand on a du chagrin, on s'imagine toute sorte de folies! (Elle les brûle.)

SCÈNE III

LE DRAC, FRANCINE.

LE DRAC.

Bonjour, Francine.

FRANCINE, effrayée.

Ah! mon Dieu! d'où sort-il, celui-là? Il m'a fait peur!... C'est toi, Nicolas?

LE DRAC.

Qu'est-ce que vous avez donc brûlé, que ça sent si bon?

FRANCINE.

Rien, rien... Mais pourquoi donc viens-tu avant d'avoir aidé mon père?

LE DRAC.

Oh! je l'ai aidé! Mais le père André a voulu courir lui-même au village pour vendre son poisson.

FRANCINE.

Tu en as pris beaucoup?

LE DRAC.

Oui, et v'là les coquillages pour votre souper.

FRANCINE, qui lui met sur la table une cruche et un morceau de pain.

Bon! Donne-moi ça, et mange un morceau en attendant. Tu dois avoir faim. Moi, je vas éplucher ça dehors, pour ne pas salir la chambre. (A part.) Eh bien je n'y crois plus, au drac; il n'est pas venu! (Elle sort.)

SCÈNE IV

LE DRAC, seul, regardant les aliments.

Boire, manger, qu'est-ce que cela peut être?... Vivre avec un corps, marcher, autant vaut dire ramper!... Parler la langue des hommes, avoir un nom parmi eux, s'appeler... comment m'a-t-elle appelé?... Nicolas! Oui, c'est mon nom. Voyons donc ma figure!... (Il se regarde dans le miroir qui est à la muraille.) Ah! oui, c'est bien celle de ce petit pêcheur dont ce matin le vent a fait chavirer la barque!... Alors, comme j'emportais tristement le cadavre de l'enfant vers la grotte du roi des elfes, que s'est-il donc passé? Comme depuis ce moment ma mémoire s'est obscurcie!... Ah! oui, je me souviens... Le roi des elfes a dit : « Depuis longtemps, tu m'implores pour que, par un prodige, je te permette de revêtir la forme humaine. Qu'il en soit donc ainsi : prends la figure, prends le corps de cet enfant, prends la vie qui lui a été vio-

lemment retirés, et va-t'en converser avec les hommes ! »
Oui, oui, c'est cela... Voilà pourquoi je suis ici sous cette
forme étrange, et pourquoi, comme une machine, j'obéis à
des instincts, à des habitudes que j'ignore. Cruelle métamorphose ! Je souffre déjà d'être ainsi !... Mais qu'a-t-il dit encore,
le roi des elfes ? Il a dit quelque chose d'horrible. « Tu vas
perdre une partie de ta puissance, et j'ignore moi-même quel
mélange de clairvoyance et d'aveuglement tes deux natures
réunies, l'ancienne et la nouvelle, vont produire sur toi ! »
Énigme effrayante !... Serai-je donc le jouet des passions ou
la dupe de l'astuce des hommes ?... J'ai soif. (Il boit.) Ah ! quelle
angoisse ! Connaître la souffrance ! (Il boit encore.) Francine,
voilà ce que j'ai fait pour toi !... Quel trouble dans ma pensée !
quelle pesanteur dans tout mon être ! Est-ce la fatigue, ou ce
breuvage ?... Je n'en puis plus ! vais-je dormir ?... O frayeur !
Dormir, n'est-ce pas cesser d'être ?... Et je ne puis résister !... O faiblesse, déchéance ! (Il se couche par terre et s'endort.)

SCÈNE V

FRANCINE, LE DRAC.

FRANCINE, rentrant avec les coquillages dans une écuelle.

Eh bien, tu ne ranges pas ton goûter ? Ah ! le voilà qui
dort par terre ! Il est donc bien las ? (Elle range ce qui est sur la
table.) Pauvre petit ! il a trop de fatigue pour son âge ! Mon
père est un peu dur pour lui !... Heureusement, les enfants,
ça oublie... Je ne suis pourtant pas bien vieille, moi, et je
n'oublie pas !... Je ne fais que penser...

LE DRAC, rêvant.

A Bernard !

FRANCINE.

Tiens ! il rêve de lui !

LE DRAC.

Heureux Bernard ! elle t'aime, la belle Francine !

FRANCINE.

Est-ce qu'il sait, cet enfant-là ? Je n'ai jamais parlé de ça devant lui.

LE DRAC, rêvant toujours.

Et voilà le jour des noces qui arrive !

FRANCINE, à part.

Oh ! non, il est passé, ce jour-là, pour ne jamais revenir ! (Haut.) Mais, dis donc, Nicolas, réveille-toi ! Tu parles tout haut !

LE DRAC, sans l'entendre.

Bernard, Bernard, tu as voulu consulter le sorcier pour savoir l'avenir !

FRANCINE.

Qu'est-ce qu'il dit là ? Il dort toujours !

LE DRAC.

Et le vieux bohémien t'a dit : « Si tu te maries, c'est la misère et l'esclavage ; si tu cherches les aventures, c'est la richesse et la liberté ! »

FRANCINE.

Ah !... serait-il possible ? Ah bah ! il ne connaît pas Bernard, lui ! Il ne l'a jamais vu !

LE DRAC.

Imprudent ! la prédiction t'a troublé la raison ! Tu as eu peur du mariage, tu as demandé un délai.

FRANCINE.

C'est vrai, ça, pourtant !

LE DRAC.

Francine a pleuré : tu l'aimais encore, tu as voulu t'étourdir. Le vin a eu vite raison d'un garçon jusqu'alors si sage. De l'ivresse, tu es tombé dans la débauche, dans la honte, dans l'abrutissement, dans la fureur !

FRANCINE.

Hélas !

LE DRAC.

Tu as abandonné Francine, qui, de chagrin, est tombée malade ; sa mère, qui l'était déjà...

FRANCINE, cachant sa figure dans ses mains.

Ma pauvre mère !

LE DRAC.

Le vieux père a voulu te faire des reproches, tu l'as raillé, insulté...

FRANCINE.

Ah ! c'est bien mal !

LE DRAC.

Le jeune frère t'a demandé raison, tu l'as frappé, blessé...

FRANCINE.

Laissé pour mort ! C'est affreux !

LE DRAC.

Et puis tu es parti, perdu de dettes, perdu d'honneur ! Tu es parti sur *le Cyclope*, un beau navire !

FRANCINE.

Oui. Après ?... Il ne dit plus rien. Ah ! s'il pouvait rêver encore !

LE DRAC, se levant, toujours comme en extase.

Qu'est-ce donc ? Un naufrage ?

FRANCINE.

Ah !...

LE DRAC.

Le bâtiment échoue, le capitaine va périr... Bernard le sauve. Bernard est brave !

FRANCINE.

C'est vrai !

LE DRAC.

Mais... voilà l'ennemi ! Des bombes, des blessés, des morts... Bernard se bat comme un lion !

FRANCINE.

J'en étais sûre.

LE DRAC.

Bernard est mis au tableau d'honneur ; il est décoré. On le fête, on l'aime, son capitaine l'embrasse !

FRANCINE.

Ah ! quel bonheur !

LE DRAC.
Mais on se bat encore. Bernard tombe, Bernard est blessé !
FRANCINE.
Ah ! mon pauvre cœur !
LE DRAC, agité.
Il est bien mal, il prie, il va mourir... Il se repent !
FRANCINE.
Il pense à moi, dis, il a pensé à moi ?
LE DRAC, s'éveillant.
Écoute ! (On entend le canon dans l'éloignement.)
FRANCINE.
Ce n'est rien, on entend ça tous les jours. Dis-moi... Mais je suis folle de vouloir que tu m'expliques un rêve !
LE DRAC.
C'est un navire qui rentre au port.
FRANCINE.
Quel navire ? Mon Dieu ! *le Cyclope* peut-être ! Tu l'as vu en mer aujourd'hui ? tu l'as reconnu ?
LE DRAC.
Qui sait ?
FRANCINE.
Et Bernard ?
LE DRAC, comme étonné.
Bernard ?
FRANCINE.
Ah ! tu ne dors plus, tu ne dors plus... ou tu ne veux plus me dire... Bernard est mort peut-être ?
LE DRAC.
Peut-être.
FRANCINE.
Mais peut-être aussi qu'il est vivant, qu'il revient, qu'il est sur ce navire ? Ah ! comment savoir ?... D'ici, on ne voit pas la rade. — Vas-y, toi ! (Le Drac secoue la tête et s'assied.) Nicolas ! vas-y !
LE DRAC.
Non.

FRANCINE.

Je te donnerai tout ce que tu voudras. Tiens ! ma chaîne, ma croix d'or !

LE DRAC.

Non, non.

FRANCINE.

Tu ne veux pas, méchant garçon ? Eh bien, je trouverai quelqu'un ; je saurai, je veux savoir... Oui... par le chemin de la chapelle, c'est plus court. (Elle sort par l'escalier.)

SCÈNE VI

LE DRAC, seul.

Qu'ai-je donc vu dans mon rêve ? Ah ! oui, j'ai vu Bernard ! Il revient, il est revenu ! Mais dois-je me fier à mes rêves à présent ? Ceux des hommes sont trompeurs... Que se passe-t-il en moi ? L'arrivée de ce Bernard me fait souffrir. Ce Bernard que j'aimais... oui, je l'aimais, parce que Francine l'aime ! — Est-ce que je hais Francine depuis que je suis son égal ? — Que de choses je ne sais plus ! que de sentiments je ne puis plus comprendre ! — Oh ! oui, mais le peu que je sais, je pourrai le lui dire ! Elle était sourde à la voix mystérieuse du drac, elle entendra le pauvre petit pêcheur. — Et Bernard... à lui aussi je parlerai... Bernard ne me connaît pas ! Je lui dirai... je lui ferai croire... Est-ce qu'il approche ? Je le chasserai d'ici. Je ne l'aime plus, je le déteste !

SCÈNE VII

BERNARD, LE DRAC.

LE DRAC, à part.

Oui, c'est lui ! (Haut, changeant de ton et d'attitude.) Entrez, monsieur le marin.

BERNARD, ému et embarrassé.

Est-ce que... les gens du logis...?

LE DRAC.

Ils vont rentrer.

BERNARD.

Alors... (A part.) Qu'est-ce que c'est donc que ce petit-là? Il est gentil! (Haut.) Alors, il n'y a ici personne de malade?

LE DRAC.

Personne.

BERNARD.

Et comme ça tu gardes la maison, toi?

LE DRAC, fièrement.

Vous voyez, mon camarade!

BERNARD.

Ah! je suis ton camarade? C'est drôle! Tu demeures donc ici?

LE DRAC.

Oui, par charité. Je ne suis pas du pays, je n'avais personne, ils m'ont pris chez eux.

BERNARD.

Ils ont bien fait, les braves gens! Je les reconnais là! Et... alors, tu connais bien Francine?

LE DRAC.

Oui.

BERNARD.

Sais-tu si...? Tu sais bien si elle est mariée?

LE DRAC.

Elle ne l'est pas encore.

BERNARD, tressaillant.

Pas encore?... Il en est donc question?

LE DRAC.

Oui.

BERNARD.

Ah! vingt dieux! Avec qui?

LE DRAC.

Je ne sais pas.

BERNARD.

Tu sais pas, tu sais pas... Tu dois savoir.

LE DRAC.

On dit tant de choses !

BERNARD.

Qu'est-ce qu'on dit ?

LE DRAC.

On dit que Francine avait un amoureux bien méchant, qui est parti.

BERNARD, tristement.

Je sais ça ! Après ?

LE DRAC.

Après, elle l'a oublié.

BERNARD.

Ah ! malheur ! elle en a pris un autre ?

LE DRAC.

Oui, un autre.

BERNARD.

Qui donc celui-là ?

LE DRAC.

Tu veux savoir ?

BERNARD.

Oui !

LE DRAC.

Eh bien, c'est moi !

BERNARD.

Toi ? (Il éclate de rire.) Ah ! en v'là une bonne, par exemple ! Toi, un amoureux pour Francine !...

LE DRAC, à part.

Ah ! maudite soit cette figure d'enfant !

BERNARD.

Allons, allons ! s'il n'y a pas ici d'autre épouseur que toi... Ah ! voilà Francine, je veux lui parler. Va-t'en !

LE DRAC.

Et si je ne veux pas ?

BERNARD.

Comment que tu dis ça ?...

LE DRAC, effrayé, reculant.

Vous voulez me faire du mal !

BERNARD.

Non, crains rien, ça serait lâche, de battre un enfant, et j'ai fini d'être mauvais ; mais faut t'en aller, mon garçon, ou je te mettrai en douceur à la porte.

LE DRAC, à part.

Raillé, méprisé, faible et peureux ! Oh ! qui m'eût dit cela ? (Il sort.)

SCÈNE VIII

BERNARD, puis LE DRAC, qui rentre sans bruit et se cache sous l'escalier.

Mon Dieu ! comment que je vas faire pour que Francine n'ait pas peur de moi ? Elle va croire... Ah ! je lui montrerai que je ne suis plus un mécréant. (Il se met à genoux devant l'image.)

SCÈNE IX

FRANCINE, BERNARD, LE DRAC, caché.

FRANCINE, sans voir Bernard.

Oui, c'était bien *le Cyclope*, je l'ai reconnu de loin ; mais pas moyen de savoir... (Voyant Bernard.) Ah ! Bernard ! Qu'est-ce que vous faites ici ?

BERNARD, se relevant à demi et lui parlant un genou encore en terre.

Tu vois, Francine, je demande à la bonne Dame de me faire avoir ton pardon.

FRANCINE, embarrassée et méfiante.

Est-ce que ?... J'espère que vous ne vous moquez point ?

BERNARD, se levant tout à fait.

Me moquer ? Ah ! peux tu croire... Mais oui, tu dois croire que je suis capable de ça ! Pourtant, regarde-moi, Francine, il y a du changement en moi, puisque j'ai mérité... (Il montre sa croix.)

FRANCINE.

Tiens! oui, je savais!

BERNARD, voulant montrer ses papiers.

Et il y a encore autre chose... C'est pas le tout de se battre; j'ai appris à me bien conduire. Tiens! regarde mes états de service!

FRANCINE.

Je sais, je sais!

BERNARD.

Comment le savais-tu?

FRANCINE.

J'avais vu tout ça... dans un rêve.

BERNARD.

Tu rêvais donc de moi? Ah! Francine, si tu rêves de moi, c'est que tu m'aimes encore!

FRANCINE, sévère.

Vous croyez, Bernard?

BERNARD.

Je crois!... non, je ne crois plus, puisque tu me reçois si froidement. J'aurais voulu et je voudrais croire, mais je sais bien que j'ai tout fait pour que tu me méprises, pour que tu me détestes. Je le sais si bien, Francine, et j'en suis si honteux, j'en ai eu tant de chagrin et de colère contre moi, que tu ne devrais pas me faire des reproches. Ah! les reproches, vois-tu!... (frappant sur sa poitrine) ils sont là; y en a lourd comme une montagne, et, si tu pouvais voir le fond de mon cœur, tu aurais plus de pitié que de rancune!

FRANCINE.

Je n'ai pas de rancune. Je suis contente que vous soyez redevenu honnête homme et bon sujet... J'en remercie le bon Dieu; mais...

BERNARD.

Mais ça n'est pas une raison pour m'aimer! Oui, je sais ça! Pourtant!...

FRANCINE.

Pourquoi donc voulez-vous que je vous aime?

BERNARD.

Parce que je t'aime toujours, moi ! parce que je t'ai toujours aimée, même dans le temps où je te faisais souffrir. Ah ! si tu savais... Mais tu ne comprends pas ça, toi qu'es si raisonnable ! tu diras que je suis fou. Eh bien, prends que je l'ai été... C'était ça ! une idée, une histoire de sorcier, de bonne aventure...

FRANCINE.

C'est donc vrai aussi, ça ? On l'avait prédit...

BERNARD.

Tout ce qui m'est arrivé ! Alors l'ambition m'a tourné la tête, je voulais voir du pays, faire la guerre, avoir ça ! (Il montre sa croix.) Et comme ça m'enrageait de te quitter... eh bien, le diable s'est mis dans ma vie, et je suis devenu pire qu'un chien !... Mais à présent !... oh ! ça n'est plus ça, Francine ! mets-moi à quelle épreuve que tu voudras, et je réponds de moi !

FRANCINE, inquiète.

Mon père va rentrer, Bernard ; vous ne pouvez pas rester ici !

BERNARD.

Pourquoi ça ? Tu crois qu'il ne voudra pas m'entendre ? Oh ! que si ! J'aurai pas honte de me confesser, j'endurerai les reproches, je me soumettrai à tout !

FRANCINE.

Et ma mère ! elle vous pardonnera ?

BERNARD.

Oh ! celle-là, oui ! Une femme si bonne, si patiente ! un cœur si doux ! Elle qui, avant mes sottises, m'aimait tant ! elle que j'ai tant fait rire... et tant fait pleurer !... Où ce qu'elle est ? Elle n'est donc pas à la maison ?

FRANCINE.

Ah ! malheureux ! tu demandes où elle est !

BERNARD.

Est-ce que... ?

FRANCINE.

Et tu n'en sais pas la cause?

BERNARD.

Ne me la dis pas, ne me la dis pas; ce serait trop! (Il fond en larmes.)

FRANCINE.

Pleure, va, t'as sujet de pleurer!

BERNARD, sanglotant.

Oh!... la meilleure femme!... J'aurais dû m'attendre à ça!... Et moi que je comptais sur elle pour être pardonné! Pauvre chère femme, va! Ah! me v'là trop puni, et la justice du bon Dieu pouvait pas trouver mieux pour me percer le cœur! Ah! pauvre femme! brave femme! c'était comme ma mère aussi, à moi!

FRANCINE, adoucie.

Tu vois bien, Bernard, que, quand même je t'aimerais encore, je ne pourrais plus jamais en convenir.

BERNARD, vivement.

Eh bien, si fait! C'est justement pour ça! pense donc! Quelle chose est-ce que je peux faire pour consoler sa pauvre âme? qu'est-ce qui lui ferait plaisir, si elle vivait? qu'est-ce qu'elle me commanderait de faire? Va, Francine, elle n'avait qu'une idée, qui était de nous marier, à la condition que je serais digne d'elle et digne de toi. Eh bien, ce jour-là est venu, vingt dieux! et c'est au nom de ta mère que je viens te demander en mariage.

FRANCINE.

Mon Dieu! c'est pourtant vrai, ce qu'il dit là, et, si ma mère l'entend, elle se réjouit dans le ciel!... Eh bien, laisse-moi consulter mon père!...

BERNARD.

Oui, oui, nous allons lui parler tous les deux!

FRANCINE, vivement..

Oh! non! c'est trop tôt! songe donc...

BERNARD.

Ah! oui, il m'en veut! Sa pauv' femme... c'est juste! Eh

bien, je vas lui écrire et lui envoyer une lettre ; mais, toi, Francine, tu parleras pour moi ?
FRANCINE.
Si tu crois que ma mère le commande ?
BERNARD.
Oui, oui ! et le bon Dieu aussi veut que le repentir serve à quelque chose ! Jure-moi de me pardonner si ton père consent !
FRANCINE.
Je le promets...
BERNARD.
Ah ! il faut jurer, Francine, je t'aime tant !
FRANCINE.
Allons, je le jure.
BERNARD.
Francine !... laisse-moi t'embrasser.
FRANCINE.
Non ! c'est trop tôt.
BERNARD.
Oui, c'est trop tôt... mais de loin... Tiens ! (Lui envoyant des baisers en s'en allant.) Rends-moi z'en un au moins.
FRANCINE.
Non ! Quand reviendras-tu savoir...?
BERNARD.
Faut que je retourne à bord ; mais, demain, j'aurai un congé de huit jours, et je reviendrai tout de suite...
FRANCINE.
Faut pas venir, si mon père est en colère ! Comment que tu le sauras ?
BERNARD.
Mets un signal à la fenêtre, un mouchoir blanc si c'est oui.
FRANCINE.
Et rien si c'est non. Allons, adieu !
BERNARD.
Non, non, pas adieu ! c'est pas possible ! A demain ! (Il sort.)

SCÈNE X

FRANCINE, LE DRAC.

FRANCINE, à la porte du fond.

Il se retourne! il me regarde!... Ah! Bernard!... Il m'envoie des baisers, et je ne peux pas lui en rendre un seul!... Ah! il ne me voit plus! (Elle lui envoie un baiser.)

LE DRAC, éperdu, lui saisissant la main.

Que fais-tu là, Francine?

FRANCINE.

Ah! tu m'as encore fait peur, toi! Tu étais donc là? Qu'est-ce que tu veux?

LE DRAC.

Je veux que tu renonces à Bernard!

FRANCINE.

Eh! de quoi te mêles-tu?

LE DRAC.

Francine! je t'aime!

FRANCINE.

Toi? Par exemple! à ton âge?

LE DRAC.

Je n'ai pas d'âge, Francine, je suis de ceux qui ne meurent point.

FRANCINE.

Qu'est-ce que tu chantes là? Tu deviens fou!

LE DRAC.

Francine, tes yeux te trompent! Je ne suis pas l'orphelin que ton père a recueilli. Nicolas est parti ce matin; il ne reviendra plus!

FRANCINE.

Mais qu'est-ce que tu me dis donc? Tu dis que Nicolas est parti, et c'est lui qui me parle? Tu ne te connais donc plus toi-même? Tu auras eu quelque grande peur qui t'a fait perdre l'esprit.

LE DRAC.

L'orphelin n'est plus, et moi, Francine, moi qui t'aime, j'ai pris sa figure.

FRANCINE.

Tu as pris...? Mais qui est-ce que tu prétends être?

LE DRAC.

Je suis le drac, Francine, le drac du cap Mouret.

FRANCINE, effrayée.

Toi?... Tiens, j'ai peur de tes yeux!... Tu n'as pas tes yeux des autres fois... Tu as la fièvre!

LE DRAC.

Malheur! je n'avais pas prévu qu'elle ne voudrait pas, qu'elle ne pourrait pas me croire!

FRANCINE, à part.

C'est qu'il ne parle plus comme il a coutume de parler! (Haut.) Où prends-tu tout ce que tu dis?

LE DRAC.

Dans une nature supérieure à la tienne. Voyons, pour me croire, il te faut des preuves?

FRANCINE.

Quelle preuve peux-tu me donner?

LE DRAC.

N'as-tu pas rêvé la nuit dernière d'un enfant blanc couronné de fleurs, qui courait sur l'eau comme tu cours sur la terre?

FRANCINE, se parlant à elle-même.

Je n'ai dit ça à personne!... et c'est vrai, je l'ai rêvé!

LE DRAC.

Ce médaillon que tu portes toujours...

FRANCINE, vivement.

C'est des cheveux de mon frère, qui s'est marié et qui est allé demeurer à Nice!

LE DRAC.

Tu mens, Francine, ce sont des cheveux de Bernard.

FRANCINE.

Ah! ne dis pas ça! Si mon père l'avait su...

LE DRAC.

Tu vois bien que je suis celui qui voit tout et qui sait toutes choses. Va! tu me connaissais sous ma forme aérienne, je vivais dans ton imagination. Tu essayais en vain de nier; tu me voyais dans tes songes, et l'enfant que la nuit dernière tu regardais courir sur la crête des vagues, c'était moi, Francine, c'était le drac, ton protecteur et ton ami!

FRANCINE.

Mais alors... toi, comment me connais-tu? comment me voyais-tu?

LE DRAC.

Oh! moi, je te connais depuis longtemps, Francine! Souviens-toi! quand tu étais au lavoir et que tu te penchais sur l'eau transparente, moi, caché dans le feuillage des saules, je voyais ton front pur et ton pâle sourire. Tu chantais un air que Bernard t'avait appris, et tu croyais entendre une voix faible qui te soufflait les paroles...

FRANCINE.

C'est vrai pourtant.

LE DRAC.

Quand tu errais sur les rochers déserts, pensant toujours à Bernard et regardant toutes les voiles dans la brume de l'horizon, une voix amie que tu prenais d'abord pour le souffle du vent dans les broussailles te disait : « Il reviendra, espère! »

FRANCINE.

Ah! c'est encore vrai!

LE DRAC.

Un jour, tu as écrit son nom sur le sable pour en tirer un présage, comme font toutes les jeunes filles et tous les amoureux. Comme eux, tu te disais : « Si la première lame emporte les caractères, c'est qu'il ne reviendra pas; si à la troisième on peut les lire encore, c'est qu'il pense à moi et veut revenir. » — La lame est revenue sept fois, et sept fois elle a respecté le nom chéri.

FRANCINE, étonnée.

Comment peux-tu savoir?... J'étais seule; c'est donc toi qui retenais la vague?

LE DRAC.

C'est moi qui, berçant toujours tes fantaisies et caressant ton espérance, t'ai empêchée de mourir de chagrin.

FRANCINE.

Eh bien, alors, oui! tu dois être mon ami. On dit que les dracs sont bons pour ceux qu'ils aiment!

LE DRAC.

Je t'aimais d'un pur amour, Francine. Ton âme était ma sœur, et je ne voulais que ta confiance. J'ai pris la forme humaine pour l'avoir tout à fait, pour t'annoncer le retour de Bernard, pour contempler ton sourire et baiser tes larmes de joie... Mais, sous cette forme, j'ai senti en moi un feu étrange, la jalousie, la colère, la haine, la passion! Renonce à Bernard, Francine; il le faut, je le veux!

FRANCINE.

Tu demandes l'impossible! Je ne veux pas oublier Bernard, et je ne peux pas t'aimer!

LE DRAC.

Alors souviens-toi de ce que je te dis! Si tu restes triste et seule, si tu chasses mon rival, tu verras tout réussir dans ta vie; sinon, malheur à lui, malheur à toi, malheur à ta maison, à tes parents, malheur à tous ceux que tu aimes! (Il sort. Francine, effrayée, tombe sur une chaise.)

ACTE DEUXIÈME

SCÈNE PREMIÈRE

ANDRÉ, LE DRAC.

André est absorbé. Le Drac entre et l'observe. La nuit est venue; la lampe est allumée sur la table. André achève de souper. Une lettre est ouverte auprès de son assiette.

LE DRAC, à part.

J'ai su éloigner Francine... A présent, je saurai bien... (Haut.) Eh bien, patron, l'avez-vous lue, c'te lettre qu'on vient de vous apporter ?

ANDRÉ.

Comment que tu sais ça, toi, que j'ai reçu une lettre ?

LE DRAC.

J'ai vu le messager, un batelier du port.

ANDRÉ.

Et Francine, est-ce qu'elle l'a vu ?

LE DRAC.

Oh ! non, Francine est partie dans la montagne.

ANDRÉ.

Dans la montagne ? à la nuit tombée ?

LE DRAC.

Une de ses chèvres s'est échappée de l'étable; elle court après.

ANDRÉ.

Alors elle n'est pas loin; dépêchons-nous. Viens là, toi. T'es un savant, toi, tu sais lire dans l'écriture; lis-moi ça ! moi, je ne peux pas, c'est trop mal écrit.

LE DRAC, lisant.

« Cher et honoré patron maître André, je mets la main à la plume pour vous annoncer que je suis rentré, ce soir, en rade, à bord du navire *le Cyclope*, d'où ce que je vous écris ces lignes à seules fins de vous demander pardon de ma mauvaise conduite passée, que j'en suis très-mortifié de vous avoir déplu, que j'en demande pardon aussi à votre honoré fils, mon bon ami et ancien camarade, auquel que, malgré mes sottises, j'ai toujours porté estime et amitié, de même qu'à votre respectable épouse, que j'ai eu tant de chagrin d'apprendre sa mort, et ne m'en consolerai jamais... »

ANDRÉ, essuyant ses yeux.

Ni moi! vrai bon Dieu! Allons! lis le tout!

LE DRAC, lisant.

« Par ainsi, je vous demande permission de me présenter devant vous pour vous faire excuse et donner la preuve que j'ai réparé mon honneur, avec promesse de réparer mes torts que j'ai eus envers vous et votre respectable famille.

» *Signé :* JEAN-LOUIS BERNARD,
» Chevalier de la Légion d'honneur. »

ANDRÉ, bondissant sur sa chaise.

Il y a ça, chevalier de...? C'est pas une farce? de la Légion d'honneur?

LE DRAC.

Y a ça. (A part.) C'est donc un talisman?

ANDRÉ.

Ah çà! mais alors...

LE DRAC.

Alors vous lui pardonnez?

ANDRÉ.

Ça t'étonne? Ah! oui, t'es étranger, toi. Et puis t'es un enfant! Tu ne sais pas ce que c'est pour un simple matelot parti il y a deux ans... Faut qu'il ait fait quelque chose de très-joli, pas moins!

LE DRAC.

Eh bien!... qu'est-ce que vous allez faire, vous?

ANDRÉ.

Je vas... Quéque ça te fait, à toi?

LE DRAC.

Vous ne pouvez pas aller tout seul au port!

ANDRÉ.

Tu me crois trop vieux pour mener ma barque? Blanc-bec! t'étais pas né, que...

LE DRAC.

Envoyez-moi! j'irai plus vite que vous!

ANDRÉ.

Non! Tu ne sais pas ce que je veux faire.

LE DRAC.

Vous voulez ramener Bernard ici!

ANDRÉ.

Oui, quand j'aurai vu le ruban rouge et parlé à son capitaine! On lui donnera bien une permission, si c'est vrai qu'il est décoré!

LE DRAC.

Le port sera fermé.

ANDRÉ.

Non, il y a le temps! Le vent est bon, faut pas plus de vingt minutes! (A part.) J'enverrai mon neveu Antoine : c'est lui qu'ira vite, plus vite que moi.

SCÈNE II

LE DRAC, seul.

Oh! j'empêcherai bien... Comment empêcherai-je? Le vent et la vague m'obéiront-ils? Les autres dracs ne me reconnaissent plus... C'est en vain que tout à l'heure je les évoquais sur la grève; mais j'invoquerai l'esprit de vengeance, celui que les hommes appellent Satan! Quel est-il? Je ne le connais pas; mais, s'il préside aux destinées humaines, il me reconnaîtra pour un des siens peut-être. Oui, je vais... Mais j'ai le temps. Je veux agir d'abord sur Francine. La voilà! Que lui dirai-je? J'ai perdu sa confiance. Je lui fais horreur! Si je pouvais encore lui parler dans ses rêves!... Voyons, il faut effacer de son esprit... J'ai été trop vite.

SCÈNE III

FRANCINE, LE DRAC, à l'écart.

FRANCINE.

Ah! la maudite chèvre! m'a-t-elle fait courir! C'est ce méchant drac qui l'aura détachée et rendue folle! Où a-t-il passé, lui? S'il pouvait ne jamais revenir! Mais Nicolas, le vrai Nicolas, il serait donc mort, ce pauv' petit?

LE DRAC.

Non, mam'selle Francine! j' suis pas du tout mort! A cause que vous dites ça?

FRANCINE.

Ah! c'est toi? le vrai Nicolas?

LE DRAC.

L' vrai Nicolas, vôt' serviteur! Y en a donc un autre à c't'heure?

FRANCINE.

Pourquoi est-ce que tu m'as dit tantôt...?

LE DRAC.

Moi? J'ai dit... Ah! dame, ça se peut. Faut m'excuser, Francine. J'ai quelquefois des idées dans la tête, que je n'y comprends rien moi-même.

FRANCINE.

C'est donc ça! Pourtant tu disais des choses...

LE DRAC.

Quelles choses donc? Je ne m'en souviens pas, moi!

FRANCINE.

Ça se peut, et il se peut aussi que tu sois pas bien bon chrétien. (A part.) S'il n'est pas le diable, il s'est toujours un

peu donné à lui, et je m'en méfie. (Haut.) Allons, tu as soupé ?
Va te coucher.

LE DRAC.

Toujours dans l'étable aux chèvres ?

FRANCINE.

Dame, nous n'avons pas d'autre logement pour toi, et,
puisque tu t'en es contenté...

LE DRAC.

Il fait bien triste, bien noir et bien froid dans l'étable,
Francine ! Laisse-moi un peu veiller là, près de toi !

FRANCINE.

Non, non, il faut dormir. C'est l'heure pour toi ! Va-t'en,
et tâche de ne plus faire peur à mes bêtes ! (Elle le met dehors.)

SCÈNE IV

FRANCINE, seule.

S'il n'était pas si malheureux, je le ferais renvoyer ; mais,
si j'en parle à mon père... Il vaudrait mieux lui parler de
Bernard ;... mais j'ai peur qu'il ne se fâche. Sans doute que
demain il recevra la lettre. — Qu'est-ce qu'il a donc été faire
ce soir chez notre cousin Antoine ? (Elle a fini de ranger le souper
d'André. Regardant la bouteille.) Tiens, il n'a pas bu sa goutte ! Il
était donc bien pressé de sortir ? Je vas lui laisser sa bouteille, il voudra boire en rentrant. (Le Drac revient sans bruit.
Francine a repris son ouvrage, une petite voile qu'elle raccommode.)

SCÈNE V

LE DRAC, FRANCINE.

FRANCINE, s'asseyant.

Ah ! que je suis lasse ! J'ai eu tant de secousses aujourd'hui ! (Elle appuie sa tête dans ses mains ; le Drac s'approche et lui casse
son fil. Revenant à elle et reprenant son ouvrage.) Allons, il ne faut pas

dormir! Tiens, j'ai cassé mon fil! (Elle le raccommode.) Et d'ailleurs je ne veux plus penser à tout ça, j'en deviendrais malade!... (Elle s'assoupit ; le Drac noue le fil deux ou trois fois. S'éveillant.) Ah bien, j'en ai fait, des nœuds!... Où diantre j'avais-t-il la tête?... C'est comme si j'étais enchantée! Tout danse autour de moi! (Elle s'endort.)

LE DRAC. (Bruit de la mer très-doux.)

« C'est l'heure charmante où mon esprit domine et persuade le tien, ô Francine, perle des rivages! c'est l'heure où le soleil, plongé dans la mer, embrase encore le ciel rose où tremble l'étoile d'argent ; c'est l'heure du doute et du rêve, c'est l'heure de la vision ailée!

» Écoute la brise marine qui te berce et le faible remous du flot sur le sable : c'est la plainte du sylphe qui approche, c'est le soupir de l'esprit qui te cherche. Écoute le cri saccadé de la cigale attardée dans les roseaux : c'est l'ardent appel de l'époux mystérieux qui t'attend!

» Quitte cette terre de faiblesse et de souffrance, viens sur les flots toujours émus, toujours vivants! viens avec ceux qui sont toujours jeunes. Je te conduirai dans le royaume des merveilles, dans le palais transparent des elfes, sous le dais de corail des ondines!

» Viens, et tu auras la science de toutes choses, tu liras dans la pensée de toutes les créatures, depuis la fantaisie de l'insecte qui vole de fleur en fleur jusqu'à la plus secrète pensée de l'homme ; tu entendras la respiration profonde de la pierre écrasée sous la pierre, tu comprendras le langage passionné du torrent qui se précipite et les suaves paroles qu'en son extase amoureuse l'alouette chante au soleil matinal!

» Viens, Francine... »

FRANCINE, rêvant.

Bernard! tu m'appelles?

LE DRAC.

Non, c'est moi! c'est moi, le roi des songes, le drac aux ailes d'azur!

FRANCINE.

Bernard!

LE DRAC.

Oublie-le donc, n'écoute que moi!

FRANCINE.

Bernard, je t'écoute!

LE DRAC, s'éloignant un peu d'elle.

Ah! toujours lui! Elle l'aime donc bien! Eh bien, tant pis pour toi, Francine! Tu veux souffrir, tu souffriras! — A moi, visions de la nuit! à moi, fantômes décevants!... Rival détesté, ne puis-je rien contre toi? ne puis-je évoquer un esprit plus puissant que ton amour?... Spectres, illusions, voix trompeuses, images effrayantes, reflets du passé, terreurs de l'avenir, obéissez-moi! Quoi! rien? ne suis-je plus rien moi-même? Par ce signe redouté (il trace dans l'air un signe magique), paraissez! Paraissez donc, présages et frayeurs, tourments et misères de l'homme!

SCÈNE VI

FRANCINE, endormie; LE DRAC, LE SPECTRE de Bernard, sortant de terre derrière Francine.

LE SPECTRE.

Qui m'appelle?

LE DRAC, reculant.

Bernard! Est-ce lui?

LE SPECTRE.

Non; je suis son image, son double, son spectre!

LE DRAC.

Ah! je suis encore le drac, le roi des songes! Tu as deviné ma pensée, tu as compris la langue que je suis forcé de parler : tu vas m'obéir!

LE SPECTRE.

J'obéis à ma nature, qui est de fasciner et de tromper dans le sommeil ou dans la veille, dans le désespoir ou dans l'ivresse, dans la passion ou dans la folie. La langue des hommes que tu me parles, comment ne la connaîtrais-je pas, moi qui converse à toute heure avec eux? Quant à deviner ta pensée... Non! tu es un esprit déchu ou enchaîné à quelque épreuve : j'obéis au chiffre sacré par lequel tu m'as évoqué.

LE DRAC.

Alors pourquoi viens-tu ici sous cette figure?

LE SPECTRE.

Parce que je suis l'hôte assidu de cette chaumière, parce que ceux qui l'habitent m'appellent sans cesse sous la forme que voici, et que je me nourris des chimères de leur imagination ou des tourments de leur pensée.

LE DRAC.

Ah! oui, l'amour de Francine, la haine de son père... Eh bien, fais maudire et détester celui que tu représentes. Obéis-moi, je le veux!

LE SPECTRE.

Quand j'obéis, c'est à ma guise; nul ne gouverne ma fantaisie. Va-t'en!

LE DRAC.

Oui, car je veux agir de mon côté! Il me faut ici plus d'une victime! A nous deux, Bernard! (Il sort.)

SCÈNE VII

LE FAUX BERNARD, FRANCINE, endormie.

LE FAUX BERNARD, brusque et l'air dur.

Allons, la belle, éveille-toi!

FRANCINE, s'éveillant.

Bernard!... Ah! comment es-tu ici?

LE FAUX BERNARD.

Ton père m'a envoyé chercher, ton père me pardonne.

FRANCINE.

Est-ce possible? Déjà! oui, voilà ce que je rêvais; mais je crois rêver encore. Est-ce bien toi qui es là? J'ai donc dormi longtemps?

3

LE FAUX BERNARD.

Je n'en sais rien, moi! Pourquoi me regardes-tu d'un air effaré? On dirait que tu ne me connais pas!

FRANCINE.

C'est que ta figure est changée depuis tantôt! Tu es pâle, et tu m'annonces d'un air triste et méchant la bonne nouvelle. Qu'est-ce qu'il y a donc?

LE FAUX BERNARD.

Il y a... il y a, Francine, que je ne sais pas si tu m'aimes!

FRANCINE.

Oh! pourquoi donc cette question-là?

LE FAUX BERNARD.

Parce que j'ai réfléchi depuis tantôt. Je me suis dit comme ça : Peut-être bien que Francine t'avait oublié et qu'elle aurait autant aimé que tu ne reviennes jamais!

FRANCINE.

J'aurais peut-être dû penser comme ça, Bernard, ne sachant point que vous aviez changé de conduite; mais...

LE FAUX BERNARD.

Mais, malgré toi, tu m'aimes toujours?... Voyons, dis-le donc, car tu ne me l'as pas encore dit, et il faut que tu me le dises!

FRANCINE.

Eh bien, puisque mes parents te pardonnent... je t'ai toujours aimé, je t'aime toujours!

LE FAUX BERNARD, toujours plus rude.

Allons, c'est dit, et tu ne peux plus t'en dédire.

FRANCINE.

Tu es content?

LE FAUX BERNARD.

Parbleu!

FRANCINE.

Eh bien, pourquoi est-ce que tu as toujours la figure méchante?

LE FAUX BERNARD.

C'est que... c'est que je te trompais, Francine! ton cousin

est venu me dire que ni lui ni ton père ne voulaient me souffrir mettre les pieds ici.

FRANCINE.

Ah! mon Dieu! Et pourquoi y reviens-tu? Mon père va rentrer, il faut que tu t'en ailles, Bernard, il le faut absolument!

LE FAUX BERNARD.

Ainsi voilà tout? Tu as peur d'être grondée, tu me dis : « Va-t'en! » c'est tout ton regret, tout ton adieu? Ah! je le savais bien, que tu ne m'aimais pas!

FRANCINE.

C'est bien mal, de me dire ça quand j'ai tant de chagrin!

LE FAUX BERNARD.

Oui, tu me fais la charité d'un peu de chagrin, à moi qui ai la rage dans le cœur!

FRANCINE.

Ah! mon Dieu! mon Dieu! c'est trop de malheur pour nous!

LE FAUX BERNARD.

Francine, si tu souffrais autant que moi, il y aurait un moyen de décider ton père.

FRANCINE.

Je n'en vois pas, moi. Quel moyen?

LE FAUX BERNARD.

Sortons d'ici tous les deux!

FRANCINE.

Pourquoi?

LE FAUX BERNARD.

Nous passerons la nuit dehors.

FRANCINE.

Oh! non! qu'est-ce qu'on dirait?

LE FAUX BERNARD.

On dirait ce qu'il faut qu'on dise, que je t'ai enlevée, que nous nous aimons, et le devoir de ton père serait de nous marier.

FRANCINE.

Ça serait un vilain moyen! Comment oses-tu penser à ça?

LE FAUX BERNARD, se versant à boire.

Ah! que veux-tu! Faut pourtant trouver quelque chose! Nous ne pouvons nous quitter comme ça. (Il boit.) Tu ne veux pas qu'on jase? Eh bien, laisse-moi passer la nuit ici. Quand ton père nous verra ensemble, il pensera que c'est trop tard pour refuser. (Il boit encore.)

FRANCINE.

Allons! tu dis de vilaines choses! Ne bois donc pas comme ça. C'est du rhum, et le rhum ne donne jamais de bonnes idées.

LE FAUX BERNARD, buvant toujours.

Ah! tant pis, faut que je m'étourdisse! Au moment de te quitter, le cœur me manque. Non, ça n'est pas possible! Francine, faisons mieux; sauvons-nous ensemble! Je déserterai. Oui, vingt dieux! je déserte, la! Nous filons en Amérique. J'ai de l'argent. Tu passeras pour ma femme, et au diable les parents, au diable le pays et tout le tremblement!

FRANCINE, lui ôtant la bouteille.

Ne buvez plus, Bernard; vous êtes déjà ivre!

LE FAUX BERNARD, se levant, brutal et menaçant.

J'suis pas ivre du tout!

FRANCINE.

Alors vous êtes pire que vous n'étiez; car, dans vos plus mauvais moments, vous n'auriez jamais osé me proposer ça.

LE FAUX BERNARD, menaçant.

C'est que j'étais une bête! A c't' heure, faut faire comme je dis, et faut me suivre! Allons, prends ta cape et partons! Je le veux!

FRANCINE, à part.

Ah! mon Dieu! il me fait peur!

LE FAUX BERNARD.

A qui est-ce que je parle? Voyons, en route!

FRANCINE.

Taisez-vous! J'entends venir mon père!

LE DRAC 41

LE FAUX BERNARD.

Oh! il fera bien de me flanquer la paix, ton âne de père! (Lui prenant le bras et l'entraînant de force.) Viens-tu? Crie pas, ou j'éreinte le vieux!

SCÈNE VIII

LE FAUX BERNARD, FRANCINE, ANDRÉ.

ANDRÉ, par le fond.

Qu'est-ce que c'est? Voyons! Tiens! c'est vous, Bernard! Comment donc que vous êtes là si vite?

FRANCINE.

Mon père...

ANDRÉ.

Pourquoi que t'es pas couchée, toi? Vite à ta chambre, allons!

FRANCINE.

Mais...

ANDRÉ.

Pas de *mais!* Je ne veux pas qu'on me réponde. Sors d'ici et n'y reviens pas sans mon ordre.

SCÈNE IX

LE FAUX BERNARD, ANDRÉ.

ANDRÉ.

Et vous, je ne sais pas ce que vous lui disiez, mais c'était une dispute, et, si c'est comme ça que vous commencez...

LE FAUX BERNARD, railleur et cessant de paraître ivre.

Patron, je revenais bien gentil. C'est pas ma faute si vot'-fille a des lubies.

ANDRÉ.

Ma fille n'a pas de lubies, et vous êtes un mal-appris! (À part.) Il a le ruban rouge tout de même. (Haut.) Voyons, expliquez-vous honnêtement si vous pouvez.

LE FAUX BERNARD.

M'expliquer? Ça ne tirera pas en longueur. Asseyons-nous, patron, et ouvrez le tiroir de votre table.

ANDRÉ.

Pourquoi?

LE FAUX BERNARD.

Allez toujours.

ANDRÉ, *ouvrant le tiroir et en tirant des coquillages, qu'il pose sur la table par poignées.*

Eh bien, je ne trouve là dedans que des coquilles que je voulais garder parce qu'elles sont jolies. Après?

LE FAUX BERNARD.

Vous appelez ça des coquilles? Est-ce que vous avez perdu les yeux? Mettez donc vos lunettes, père chose!

ANDRÉ, *fasciné rapidement en touchant les coquillages, pendant que le faux Bernard, qui a allumé sa pipe, en fait jaillir une flamme verte.*

Père chose, père chose!... Ah! tiens, je me trompais, c'est juste. C'est des sous... des sous d'argent! Suis-je bête! des sous d'argent! Je crois bien que j'ai bu une goutte de trop, chez Antoine. C'est égal, je vois que c'est de l'or!...

LE FAUX BERNARD.

De l'or! C'est-il du petit ou du gros?

ANDRÉ.

C'est des gros doubles louis, pardi! Sainte Vierge! il y en a là pour plus de dix mille francs.

LE FAUX BERNARD.

Cinquante mille, mon vieux! Comptez, ils sont là dedans par lots de mille rangés comme des sardines dans une boîte.

ANDRÉ.

Je ne dis pas; mais... c'est-il à toi, tout ça?

LE FAUX BERNARD.

Un peu, que c'est à moi!

ANDRÉ.

Et... c'est acquis honnêtement?

LE FAUX BERNARD.

C'est-il honnête, le droit de prise?

ANDRÉ.

En guerre... oui!

LE FAUX BERNARD.

Eh bien, voilà, écoute.

ANDRÉ.

Vous me tutoyez?

LE FAUX BERNARD.

C'est par amitié, beau-père.

ANDRÉ, un peu hébété.

Beau-père! décoré, cinquante mille francs!... Je ne sais pas si je dors ou si je veille. Tu disais?...

LE FAUX BERNARD.

Là-bas, à la guerre, un pirate est tombé entre nos mains. Il avait trois femmes, c'était un Turc. Le capitaine a pris la plus jeune, le lieutenant a pris la seconde... Restait la plus vieille, dont personne ne voulait, car elle n'avait plus que trois dents et un œil, ce qui ne l'empêchait pas d'être bossue des deux épaules et boiteuse des deux jambes... Mais moi qu'avais compris des mots de leur chienne de langue...

(André reste en extase devant les coquilles.)

SCÈNE X.

LE FAUX BERNARD, ANDRÉ, LE DRAC.

LE DRAC, au fond, derrière la porte vitrée.

Que fais-tu là, esprit fantasque?

LE FAUX BERNARD.

J'embrouille et j'amuse, je complique et j'éblouis. Je trace le rêve dans le cerveau de ma proie. C'est le livre où je peins ma fantaisie; c'est le miroir, je suis l'image!

LE DRAC.

Dans quelle extase plonges-tu ce vieillard?

LE FAUX BERNARD.

J'obéis à des lois que les hommes ne peuvent deviner. C'est

à eux de trouver leur perte ou leur salut dans mon caprice; c'est à toi d'en tirer parti pour tes desseins.

LE DRAC.

C'est bien, mais hâte-toi.

ANDRÉ, sortant de son extase, sans voir le Drac.

Tu disais donc?...

LE FAUX BERNARD.

Que c'était sa mère.

ANDRÉ.

Au lieutenant?

LE FAUX BERNARD.

Au pirate! Vous n'écoutez donc pas?

ANDRÉ.

Si fait, va toujours! (Il retombe dans l'extase.)

LE FAUX BERNARD.

Pour lors... (Au Drac.) Où est-il, celui dont j'ai pris la ressemblance?

LE DRAC.

Malgré moi, il vient. Abrège.

LE FAUX BERNARD, très-haut.

Et, comme je le menaçais de la pendre...

ANDRÉ.

Qui, ma fille?

LE FAUX BERNARD.

Non, la vieille.

ANDRÉ.

Ah! oui; il a payé rançon?

LE FAUX BERNARD.

C'est ça, vous y êtes! (Au Drac.) A présent, quoi?

LE DRAC.

Fais-toi promettre la fille, et va-t'en.

LE FAUX BERNARD, haut, à André.

Ainsi l'affaire est bâclée, et, si Francine veut de moi...

ANDRÉ.

Et pourquoi donc qu'elle n'en voudrait pas? Attends! je vas lui parler devant toi.

LE FAUX BERNARD, appelé par les signes du Drac.

Serrez ça d'abord... Ça me fatigue à porter et faut pas que ça traîne. (On frappe à la porte d'en haut.)

ANDRÉ.

N'ouvre pas ! c'est pas la peine qu'on sache... Et puis je ne prends rien en garde sans compter.

LE FAUX BERNARD.

Comptez, comptez ! (Au Drac.) Partons ! (Il sort avec le Drac par le fond. Pendant qu'André compte l'argent, le vrai Bernard frappe encore à la porte d'en haut. André, absorbé, compte les paquets entre ses dents. Bernard entre.)

SCÈNE XI

ANDRÉ, LE VRAI BERNARD.

ANDRÉ, sans se retourner.

Ouvre pas, je te dis !

BERNARD, ému.

Mais c'est moi, patron !

ANDRÉ.

Je le sais bien que c'est toi ; mais là-haut ? dehors ?

BERNARD.

Je n'ai vu personne !

ANDRÉ.

Tiens, je croyais !... Trente...

BERNARD.

Ah ! patron, quel bonheur que mon capitaine m'ait permis...

ANDRÉ, brusquement.

Ne me parle pas, tu me feras tromper ! Je disais trente... Qu'est-ce que je disais ?

BERNARD, étonné.

Vous disiez trente... Après ?

ANDRÉ.

C'est ça, trente-deux... Je vas toujours ! trente-quatre. (Il continue entre ses dents.)

3.

BERNARD, à part.

Ah çà ! qu'est-ce qu'il a donc à compter comme ça des coquilles ? Drôle de manière de me recevoir !

ANDRÉ.

Quarante ! Compte avec moi !

BERNARD.

Comme vous voudrez ! (Ils comptent ensemble jusqu'à 50 par 2 ou par 4.)

ANDRÉ, prenant les gros coquillages pour des rouleaux d'or.

C'est bien le compte ?

BERNARD.

Oui. (A part.) Est-ce que le pauvre vieux déménage déjà ? Diable ! ça serait du chagrin, ça !

ANDRÉ, serrant le tiroir plein de coquillages dans son buffet.

Tu vois, je les mets là.

BERNARD.

Je vois ! et puis ?

ANDRÉ.

Et puis, si tu veux emporter la clef ?

BERNARD.

Moi ? Mais non, j'y tiens pas. (A part.) J'y comprends rien.

ANDRÉ.

Alors t'as confiance en moi ?

BERNARD.

Comme au bon Dieu !... Mais, patron, je venais pour vous remercier, et... avant tout... est-ce que... ? Si j'osais vous demander la permission de vous embrasser... ça me ferait tant de plaisir !

ANDRÉ.

Embrasse-moi, mon garçon, embrassons-nous !... Je ne demande pas mieux.

BERNARD, lui sautant au cou.

Ah ! tenez, vous, vous êtes le meilleur homme de la terre ? Vous me pardonnez tout, si vite que ça ? Vrai, vous me pardonnez ?

ANDRÉ.

Eh oui! c'est entendu, puisque tu aimes toujours ma fille?

BERNARD.

Ah! si je l'aime!

ANDRÉ.

Eh bien, il faut s'entendre tous les trois. Allons. (Allant à la porte de Francine.) Francine! voyons, viens!

BERNARD.

Quel bonheur!

SCÈNE XII

ANDRÉ, BERNARD, FRANCINE.

ANDRÉ, à Francine.

Eh bien, on est d'accord, lui et moi. Es-tu contente? Embrassez-vous, je permets à c't' heure que vous vous aimiez!

BERNARD, voulant l'embrasser.

Ah! ma chère...

FRANCINE, le repoussant.

Otez-vous de là! Moi, je ne vous aime plus!

BERNARD.

Mon Dieu! Déjà? Pourquoi donc?

ANDRÉ.

Oui, voyons, pourquoi ça?

FRANCINE.

Parce que je ne l'estime plus, parce que je n'ai pas confiance en lui.

ANDRÉ.

Mais, pendant que j'étais sorti, que s'est-il donc passé?

BERNARD.

Ce tantôt?... Mais rien! Elle m'avait pardonné, elle aussi.

FRANCINE.

La première fois, oui; mais la seconde!

BERNARD.

La seconde?...

ANDRÉ, à Bernard.

T'es donc venu deux fois aujourd'hui ?

FRANCINE, à Bernard, avant qu'il puisse répondre.

Épargnez-vous la peine de mentir, je ne veux rien cacher à mon père.

ANDRÉ.

Tu ne dois rien me cacher. Qu'il soit venu deux ou trois fois, ça ne me fait rien, si son intention est bonne. Sinon...

FRANCINE.

Sinon, faut pas vous fâcher, mon père, faut mépriser ça, et le prier de nous laisser tranquilles.

BERNARD.

Francine, c'est comme ça que tu me parles!... Mais qu'est-ce qu'il y a donc, mon Dieu ?

ANDRÉ.

Oui, qu'est-ce qu'il y a ? T'a-t-il fait quelque insulte ? Allons, faut le dire! J'suis pas encore assez vieux pour l'endurer sans me regimber, moi !...

FRANCINE, effrayée.

Non, non, mon père; c'est pas ça !

ANDRÉ.

Alors... qu'est-ce que c'est ? C'est un caprice que t'as ?

FRANCINE.

Eh bien, oui, mon père! c'est un caprice que j'ai! (A part.) Au moins, comme ça, ils ne se battront pas.

ANDRÉ, s'approchant de Bernard, qui s'est assis consterné.

Comprends-tu ça, toi ?

BERNARD.

Oui, patron ? Je comprends qu'elle ne m'aime pas, qu'elle ne m'a jamais aimé !

ANDRÉ, à Francine en colère.

Dites donc, demoiselle! c'est pas tout ça. J'entends pas, moi, que vous refusiez.

BERNARD, se levant et lui saisissant le bras.

Oh! patron!

ANDRÉ, en colère.

Laisse-moi! J'entends qu'elle m'obéisse!

BERNARD.

Vous voulez qu'elle m'épouse malgré elle, et vous croyez que j'accepterais la fille sans le cœur?

ANDRÉ.

A qui qu'elle l'a donné, son cœur? (A Francine.) Réponds! A qui?

FRANCINE.

Mon père, je vas tout vous dire, là, dans votre chambre; venez!

ANDRÉ.

Eh bien, c'est ça. Confesse-toi, malheureuse, ou je t'assomme! Attends-moi là, Bernard! (Il sort par la chambre de Francine.)

FRANCINE, le suivant, parlant vite.

Non, Bernard; allez-vous-en! Quand mon père saura comment vous vous êtes conduit avec moi, il vous cherchera querelle. Vous paraissez dégrisé... Allez-vous-en! vous ne voudriez pas...

ANDRÉ, de l'intérieur.

Ah çà! viens-tu? (Francine entre dans sa chambre.)

SCÈNE XIII

BERNARD, seul.

J'y comprends rien! J'en deviendrai fou!... M'en aller? reculer devant une accusation que je ne mérite pas? Oh! non! j'en ai trop mérité dont je ne me souciais pas assez! A présent, je tiens à mon honneur. Il y a ici quelque mensonge... Faut savoir... Qu'est-ce que ça peut donc être?

SCÈNE XIV

LE DRAC, BERNARD.

LE DRAC, sans être vu de Bernard.

Ainsi, je n'ai pu empêcher son retour! La vague a refusé d'engloutir la barque qui le ramenait, le vent n'a pas voulu déchirer la voile! Les éléments ne m'entendent plus. Rien ne m'obéit, et Satan, le mystérieux problème, n'a pas daigné me répondre. (Regardant Bernard.) Mais la vision a su troubler son bonheur. Accablé, désolé, il m'appartient peut-être! Essayons. (Il reste au fond, près de la fenêtre. Le vent chante au dehors d'une manière lugubre.)

BERNARD, debout près de la table, absorbé.

Dire que je l'ai insultée, moi!... Mais, pour croire à ça, faut donc...? Ah! ma pauvre tête! quel mauvais rêve!

LE DRAC.

Malheur, malheur, trois fois malheur à celui qui a blessé l'orgueil de la femme! La femme se souvient et se venge; elle se venge en feignant de caresser. Tu reviens à elle, tu te crois absous parce qu'elle sourit et promet! C'est alors que, sûre de te faire souffrir, elle te foule aux pieds et te brise. Tant pis pour toi, Bernard, il ne fallait pas abandonner Francine! — Malheur, malheur, trois fois malheur à celui qui croit pouvoir racheter un passé coupable! Il invoque en vain la justice des hommes et la bonté du ciel. Chimère! le ciel est sourd, les hommes sont aveugles! L'éternelle damnation ou l'éternel néant, voilà ton avenir, à toi, créature insensée qui croit pouvoir aspirer à l'infini du bonheur! — Malheur, malheur, trois fois malheur à qui veut lutter contre une destinée fatale! Ses vains efforts ne servent qu'à prolonger son supplice. Vertu, dévouement, expiation, trois mots menteurs qui aigrissent la souffrance! Bernard, Bernard, il n'y a pas loin d'ici au bord de la mer profonde! Là est l'oubli, là est le repos, là est la fin des misères humaines!

BERNARD, égaré.

La mer!... l'oubli, le repos!... Le vent est bien triste cette nuit! Il chante des airs à rendre fou!... Il dit des paroles à se donner au diable! Le diable! Lui seul, on dirait, se mêle de nos affaires!

LE DRAC, ne pouvant contenir sa joie.

Oui, le diable, le diable! le parrain de ceux qui croient au mal!

BERNARD.

Ah! mais c'est de vraies paroles que j'entends, je ne rêve pas. (Il se retourne et voit le Drac, qui change aussitôt d'attitude et d'expression.) Tiens, c'est toi qui es là, petit? Qu'est-ce que tu disais donc?

LE DRAC.

Moi? Rien; qu'est-ce que vous voulez que je dise?

BERNARD.

Je veux... oui, je veux que tu me dises la vérité, car tu la sais.

LE DRAC.

Quelle vérité?

BERNARD.

Oh! tu me l'as donnée à entendre tantôt!

LE DRAC.

A entendre? Non, je vous ai dit clairement que Francine ne vous aimait plus.

BERNARD.

Et t'as eu peur d'en trop dire. T'as fini par te moquer de moi en te donnant pour l'amoureux...

LE DRAC.

Oh! ça, c'était une plaisanterie.

BERNARD.

T'as pas besoin de le dire; mais, à c't heure, je ne ris plus, et je te défends de plaisanter. Comment s'appelle-t-il, l'amoureux de Francine? Allons, vite, dis!

LE DRAC.

Comment il s'appelle? J'sais pas.

BERNARD.

Tu mens!

LE DRAC, effrayé.

Si vous vous fâchez...

BERNARD.

Oui, tu te sauveras? Voyons, aie pas peur.

LE DRAC, insinuant.

Tu veux le tuer, pas vrai?

BERNARD.

Le tuer? Non certes; tuer un pays, un camarade peut-être, parce que Francine...? Ah! j'avais mérité ça, moi, et je dois me soumettre.

LE DRAC.

Tu ne veux pas te venger? Alors pourquoi veux-tu savoir?...

BERNARD.

Pour savoir, v'là tout; mais, toi, d'où sais-tu?

LE DRAC.

Francine me l'a dit.

BERNARD, se parlant à lui-même, haut.

Alors qu'elle me le dise donc, à moi aussi! Au lieu de m'accuser injustement, qu'elle me rende au moins son estime, qu'elle ait confiance en moi! Oui, je vas l'attendre; oui, je vas lui parler, tant pis! Faut être honnête homme et vrai ami avant tout; faut lui rendre sa parole, faut pas l'empêcher d'être heureuse... heureuse avec un autre!... (Il cache sa figure dans son mouchoir.)

LE DRAC, à part.

Quoi! je ne puis le pousser ni au désespoir, ni à la vengeance! Quelle puissance l'arme ainsi contre moi? Qu'y a-t-il donc de si fort dans le cœur de l'homme?

BERNARD, essuyant ses yeux.

Allons, c'est dit, c'est décidé, je ferai mon devoir. Je vas lui parler devant son père, lui faire mes adieux... Ote-toi de là, petit! (Le Drac est allé se placer contre la porte par où sont sortis André et Francine.)

LE DRAC.

Non, écoute! Francine t'accuse, mais son père résiste. Il dit que tu es riche.

BERNARD.

Moi? Mais non!

LE DRAC, écoutant toujours.

Il le croit! D'ailleurs, tu es décoré. Sa vanité en est flattée. Il forcera Francine à t'épouser.

BERNARD.

La forcer? Non, non! je suis là; ôte-toi donc que j'aille leur dire...

LE DRAC, le ramenant sur le milieu de la scène.

Qu'est-ce que tu leur diras? Que tu te soumets, que tu renonces...?

BERNARD.

Oui.

LE DRAC.

Eh bien, le vieux battra sa fille; il la tuera peut-être!

BERNARD.

Qu'est-ce que tu dis? Il n'est pas capable de ça!

LE DRAC.

Il y a longtemps que tu ne l'avais vu? Il est devenu presque fou.

BERNARD.

Ah! c'est donc ça que tout à l'heure...?

LE DRAC.

D'ailleurs, Francine est craintive; elle cédera, elle t'épousera... et elle te trompera!

BERNARD.

Non, Francine n'a qu'une parole.

LE DRAC.

Alors elle mourra de chagrin.

BERNARD.

Ah! voilà le pire! Comment donc faire?

LE DRAC.

Il ne faut pas la revoir, il faut t'en aller, et lui écrire que c'est toi qui ne veux pas d'elle. Comme ça, son père la laissera tranquille.

BERNARD.

C'est vrai. T'es pas bête, toi ! Mais, moi, je suis trop malheureux ! Allons, je m'en vas, j'écrirai demain. (Il veut s'en aller.)

LE DRAC.

Non pas, tout de suite.

BERNARD.

Avec quoi ? J'ai rien.

LE DRAC, courant à la cheminée.

Tiens ! un charbon... sur le mur.

BERNARD.

Allons ! (Il écrit.) « Francine, adieu ! »

LE DRAC.

C'est pas assez.

BERNARD.

Comment, c'est pas assez ?

LE DRAC.

Non, faut que son père croie que ça vient de toi.

BERNARD.

Quoi mettre ? (Écrivant.) « Je... »

LE DRAC.

Je t'oublie !

BERNARD.

C'est pas vrai.

LE DRAC.

C'est pour ça !

BERNARD, écrivant.

« Je t'oublie ! » Ça y est. Malheur !

LE DRAC.

A présent, signe et va-t'en.

BERNARD.

C'est fait ; mais jamais de ma vie je n'ai écrit de mensonge pareil ! Ah ! Francine, j'en mourrai, c'est sûr. Malheur ! ah ! malheur ! (Il sort.)

SCÈNE XV

LE DRAC, seul.

Oui, trois fois malheur, comme dans ton rêve. Mais ce que tu as eu la faiblesse d'écrire ne suffit pas à ma vengeance !
(Il fait apparaître sur l'inscription, au lieu des mots *Je t'oublie,* les mots *Je te méprise.*)

ACTE TROISIÈME

SCÈNE PREMIÈRE

LE DRAC, seul.

Il fait nuit. Bruit du vent et de la mer. Pas de lampe allumée.

Lugubre nuit, tu faisais les délices du drac aux ailes puissantes ! Il aimait à se laisser bercer par l'orage, à jouer avec les formes capricieuses que l'écume dessine au front des vagues. Son regard était un météore, sa voix une harmonie, son haleine un parfum, sa pensée une extase ! Et voilà que, faible et petit, abandonné de ses frères, haï des hommes, il subit une passion fatale ! O roi des elfes, souverain des grottes profondes, père des libres esprits de la mer, aie pitié du malheureux qui t'implore ! Rends-lui sa forme éthérée, rends-lui son vol infatigable, rends-lui la sérénité de son âme immortelle ! Délivre-le de ce corps chétif où son essence divine est enfermée dans une prison !... Mais il ne m'écoute pas, il ne peut plus m'entendre ! Je ne sais plus la langue mystérieuse qui plane sur les flots d'un horizon à l'autre. Ma voix ne dépasse plus les murs de cette cabane, et, quand je crie sur le rivage, la plus petite vague parle plus haut et mieux que moi. O tourment de l'impuissance ! horreur des ténèbres ! ma vue ne perce plus le voile des nuits brumeuses, l'étoile ne me sourit plus derrière le nuage, et, si j'aperçois encore quelques esprits emportés dans la rafale, leur gaieté me consterne et leur face pâle me fait peur !... Ah ! de la lumière !...

SCÈNE II

ANDRÉ, LE DRAC.

ANDRÉ, sortant de sa chambre avec une lumière.

Tiens, t'es là, toi ? Tu t'es donc pas couché, ou t'es déjà levé ?

LE DRAC.

Vous ne savez donc pas l'heure, patron ?

ANDRÉ, regardant le coucou.

Cinq heures du matin !

LE DRAC.

Et vous n'avez pas dormi, vous ! Toute la nuit vous avez tourmenté, grondé, questionné, menacé Francine !

ANDRÉ.

Quéque ça te fait, à toi ? T'écoutes donc aux portes ?

LE DRAC.

Non ; mais vous parliez si haut et les murs sont si minces, que, de mon lit de paille, j'entendais malgré moi.

ANDRÉ.

Fallait pas entendre. Sais-tu ? y a longtemps que je me doute de quéque chose qui ne me convient pas !...

LE DRAC.

Quoi donc, patron ?

ANDRÉ.

Tu te permets de penser à Francine, et ça ne vaut rien à ton âge ! C'est trop tôt... D'ailleurs, t'es rien qu'un petit vagabond, et j'entends pas... Suffit ! tu m'entends.

LE DRAC, à part.

Ah ! Nicolas aimait Francine... d'un autre amour que moi !... Et à présent, moi, je l'aime donc comme il l'aimait !

ANDRÉ.

A quoi que tu penses ? Voyons, faut t'en aller à la mer.

LE DRAC, tressaillant.

A la mer ?... Ah ! oui, pêcher encore !

ANDRÉ, rudement.

Tous les jours !

LE DRAC, préparant une lanterne et des cannes pour la pêche aux coquillages.

On y va, patron !

ANDRÉ, s'asseyant, à part.

C'est trop tard pour se coucher ; mais une nuit blanche, comme ça, à mon âge... (Il s'accoude sur la table. Haut.) Dis donc, toi, tu l'as pas vu partir, Bernard ?

LE DRAC.

Si, je l'ai vu !

ANDRÉ.

Qu'est-ce qu'il t'a dit ?

LE DRAC.

Qu'il ne reviendrait jamais !

ANDRÉ, frappant du poing sur la table.

Malheur ! c'est la faute à Francine ! (A part.) Quand je pense qu'il a cinquante mille francs en beaux louis d'or, qu'il me les a confiés, qu'ils sont là, et que ça pourrait être à nous, si Francine avait voulu ! Ah !... (Il s'endort.)

LE DRAC, qui l'a écouté et qui s'est approché furtivement.

De l'or, beaucoup d'or ! c'est le rêve du pauvre ! Vieillard courbé sous la fatigue, tu vas mourir sous ton toit de roseaux, bien heureux encore d'avoir pu recueillir quelques débris pour construire ta demeure au bord de l'abîme. Le vent d'hiver secouera ta porte mal jointe, la pluie ruissellera contre tes vitres enfumées... et tu pourrais acheter une villa dans la plaine, loin de ces noirs écueils, rêver sous les arbres de ton jardin...

ANDRÉ, rêvant.

Des tilleuls, des pommiers...

LE DRAC.

Oui, c'est le rêve de celui qui n'a pour horizon que des buissons épineux, des roches décharnées, des sapins au noir feuillage ! Avec de l'or, on a tout, des fleurs, des gazons, les murailles blanches d'un joli domaine, avec un banc vert sous le berceau de jasmin jaune, et au loin, bien loin, l'horizon bleu de la mer, l'ancienne maîtresse fantasque et farouche devenue l'amie des souvenirs de vieillesse !

ANDRÉ, rêvant.

Et, dans la salle à manger, des images en couleur qui vous font voir au naturel...

LE DRAC.

Les naufrages dont on est sorti, les désastres qu'on ne craint plus.

ANDRÉ.

Ah ! oui, oui !... riche !

LE DRAC.

Eh bien, tu peux l'être. Bernard t'a confié un trésor, nul ne le sait !... Bernard est parti furieux, la tête perdue... Quand il reviendra, tu peux lui dire : « Quel argent m'as-tu confié ? où sont les témoins ? où est la preuve ? »

ANDRÉ, se secouant et se levant.

Non ! oh ! non, par exemple ! Pouah ! v'là un vilain rêve ! C'est pas joli, tout ça. Est-ce que je dormais ? (Voyant le Drac.) Ah ! t'es encore là, faignant ?

LE DRAC.

Vous rêviez tout haut, patron ; vous disiez...

ANDRÉ.

Ce qu'on dit en dormant, c'est rien, c'est des bêtises, ça compte pas !... Allons, es-tu prêt ? J'vas t'aider à descendre tout ça. (Il se charge d'engins de pêche.)

LE DRAC, à part.

Ah ! toujours échouer quand je parle à leur âme ! Je ne peux rien que par le mensonge ! (Haut.) Dites donc, patron, pourquoi que vous le regrettez tant que ça, ce méchant Bernard ?

ANDRÉ.

Il n'est pas méchant.

LE DRAC.

Ah ! par exemple, si ! Voyez donc ce qu'il a écrit là, sur le mur, en partant ?

ANDRÉ.

Y a quéque chose d'écrit? J'avais pas fait attention. Qu'est-ce qu'il y a? Dis!... Je sais pas lire, moi!

LE DRAC.

Si je vous le dis, vous ne voudrez pas me croire; mais demandez à Francine, la v'là.

SCÈNE III

ANDRÉ, LE DRAC, FRANCINE.

FRANCINE.

Mon père, faut vous reposer. A la fin, vous serez malade!

ANDRÉ.

C'est pas tout ça! Qu'est-ce qu'il y a d'écrit là?

FRANCINE.

Là? *Francine, adieu! Je... je te méprise!* (Tombant sur une chaise.) Ah! vous voyez comme il est corrigé! vous voyez comme il m'aime!

ANDRÉ.

Et c'est signé?

FRANCINE.

Oui, c'est signé.

ANDRÉ, jetant le panier qu'il tenait.

Mais... c'est une insulte, ça!

LE DRAC, bas.

Et, si vous supportez ça, votre fille elle-même va vous mépriser!

ANDRÉ, haut.

Je ne veux pas le supporter; je m'en vas le trouver à son bord, et, devant tout l'équipage, je lui dirai qu'il est un lâche!

FRANCINE, se levant.

Mon père, il vous tuera! il m'en a menacée!

LE DRAC, bas, à André.

Dites rien devant elle, et venez. J'ai vu Bernard descendre

au rivage et entrer chez Antoine. Il y aura sûrement couché, vous le prendrez au lit. Autoine vous soutiendra.

ANDRÉ, bas.

Oui, t'as raison, viens avec moi.

FRANCINE.

Qu'est-ce que vous avez dit tout bas ? Où est-ce que vous allez, mon père ?

ANDRÉ.

Je vais embarquer Nicolas pour la pêche.

FRANCINE.

Et vous n'irez pas...

LE DRAC, bas, à Francine.

Non, non, je vous réponds de lui.

SCÈNE IV

FRANCINE, seule.

Oh ! celui-là, je ne me fie point à sa parole. Mon père a une mauvaise idée ! J'ai eu tort de lui dire... Et Bernard aussi a une idée de nous faire du mal, car je l'ai vu de ma fenêtre. Il n'était point parti... Il marchait du côté du grand rocher. (Elle va au fond.) Ah ! je le vois, c'est lui, j'en suis sûr. Eh bien, faut que je lui parle, faut le prendre par la bonté si je peux, ou faut le gronder sans le craindre ; enfin faut empêcher un malheur. Il ne me voit pas ou il ne veut pas me voir... Bernard !... Mon Dieu ! pourvu que mon père ne m'entende pas !... Non, il est déjà loin. Bernard !... Il m'a vue, il vient, il court. Mon Dieu ! mon Dieu ! qu'est-ce que je vas lui dire ?

4

SCÈNE V

BERNARD, FRANCINE.

BERNARD.

J'ai pas rêvé, Francine ? Tu m'as appelé ?

FRANCINE.

Oui. Écoutez-moi. Vous ne m'aimez point, ou vous m'aimez très-mal, comme un homme sans bonté et sans religion peut aimer. Vous m'avez trompée la première fois. Je vous croyais de bonne parole. Vous êtes revenu au bout d'une heure, et ce que vous m'avez proposé, c'est infâme, entendez-vous ?

BERNARD.

Doucement ; laissez-moi dire aussi, Francine. Je suis revenu parce que votre père me demandait, et je ne vous ai vue alors que devant lui, après lui avoir parlé ; ainsi, je n'ai pu vous offenser en aucune manière.

FRANCINE.

Si vous ne vous souvenez pas de ce que vous dites et des personnes à qui vous parlez, comment donc faire pour s'entendre avec vous ?

BERNARD.

Si je vous respectais pas comme je respecte ma sœur, je vous dirais que c'est vous, Francine, qui rêvez des choses qui ne sont pas.

FRANCINE.

Allons, c'est inutile de vous parler. Sans doute que le vin vous enlève toute idée d'un moment à l'autre.

BERNARD.

Le vin ? J'ai fait serment, il y a un an, de n'en plus goûter, non plus qu'aux autres choses qui font perdre la raison, et j'ai tenu parole, je le jure !

FRANCINE.

Vous n'étiez pas ivre quand mon père est rentré ?

BERNARD.

Devant Dieu, non !

FRANCINE.

Et vous n'avez pas voulu m'emmener de force ? Et vous n'avez pas menacé de tuer mon père, si je l'appelais ?

BERNARD.

Par mon honneur et par le tien, Francine, non ! Par l'âme de ta mère, non ! Par la justice de Dieu, qui viendra peut-être à mon secours, non !

FRANCINE.

Et vous n'avez pas écrit que vous me méprisiez.

BERNARD.

Jamais !

FRANCINE, montrant la muraille.

Mais regardez donc !

BERNARD.

Ah ! j'ai jamais écrit ce mot-là !... On m'a dit que t'en aimais un autre, que ton père voulait te forcer à m'épouser ; je me suis soumis, je me soumets. J'en deviendrai fou ou j'en mourrai, ça me regarde ; mais, depuis le jour où j'ai quitté le pays jusqu'au moment où nous voilà, j'ai rien fait de mal, Francine, et je t'ai aimée comme un homme d'honneur doit aimer une fille de bien. J'ai été un fou, dans le temps, et mêmement, par des fois, dans le vin, un fou furieux ; mais je n'ai jamais été un lâche ! Non, souviens-toi ! Quand ton frère est venu me reprocher ma conduite, c'était au cabaret. Il avait bu aussi, et nous ne nous reconnaissions pas l'un l'autre. Quand j'ai manqué à ton père, c'est qu'il m'avait poussé à bout dans un moment où je me défendais de mon chagrin ; car j'avais du chagrin, tu le sais bien, de te quitter. J'ai toujours dit que je t'aimais, c'était la vérité. J'ai toujours juré que je reviendrais, et me voilà revenu ; — que je voulais te tenir parole, et je l'aurais tenue ! De loin comme de près, dans le vin comme dans la raison, j'ai parlé et pensé de toi et de ta mère comme de deux anges du bon Dieu ! Non, non, jamais j'ai eu seulement l'idée de te trahir ! Je voulais servir mon pays...

Dame, en temps de guerre... Si t'étais un homme, tu comprendrais ça !... J'ai jamais été un mauvais sujet auparavant, tu le sais bien. Je le suis devenu pour t'étourdir sur ton regret et sur le mien, et ça n'a duré que trois mois dans toute ma vie ! Pas plus tôt à bord, j'étais guéri, j'étais sage, et j'étais amoureux de toi comme par le passé. Je ne pensais plus qu'à revenir avec beaucoup d'honneur pour te faire plaisir, et j'aurais été chercher ma croix au fin fond de la mer, si j'avais pas pu l'attraper au milieu du feu où ce que je l'ai trouvée ! Tout ça, c'était pour toi, Francine ; mais à quoi sert tout ce que je dis là ? Tu ne me crois plus, c'est-à-dire que tu ne veux plus me croire. Tu m'inventes des torts que je n'ai pas. Tout ça, vois-tu, je ne veux pas te dire que c'est mal ; mais c'est inutile. T'étais dans ton droit de m'oublier et mêmement de te venger de moi. J'ai rien à dire. La punition est grande, faut savoir l'endurer. Je ne voulais plus te voir, Francine, tu m'as appelé... Eh bien, reçois mes adieux ; je m'en vas pour toujours ! Seulement, laisse-moi effacer ça : c'est quelque méchant cœur qui a inventé ça pour que tu me méprises, toi ! (Il efface les paroles du mur.) Il y a ici quelqu'un de bien lâche ! Oh ! oui, c'est lâche, d'achever comme ça un malheureux !

FRANCINE.

Voyons, écoute. Qu'est-ce qui t'a dit que j'en aimais un autre ?

BERNARD.

Ah ! qu'est-ce que ça fait, à présent, celui qui me l'a dit ?

FRANCINE, vivement.

C'est le drac ?

BERNARD, abattu.

Le drac ? quel drac ? où prends-tu l'idée du drac ?

FRANCINE.

Tu ne crois pas à ça ?

BERNARD.

J'y croyais quand j'étais enfant. C'est des histoires que les gens de la côte font comme ça !

FRANCINE.

Et sur la mer on ne fait pas d'autres histoires !... Écoute-moi bien : mon père prétend que, sur les navires, dans les gros temps, lorsqu'on est douze, on en voit tout d'un coup un treizième qui ne s'était point embarqué ?

BERNARD.

Le treizième ? C'est vrai ! Je l'ai vu, moi, je l'ai vu une fois !

FRANCINE.

Eh bien, comment est-ce qu'il était fait, le treizième ?

BERNARD.

Comme Michel le timonier. Pauvre Michel ! Nous étions partis douze, nous nous sommes trouvés treize en mer !... En rentrant, nous n'étions plus que onze, Michel avait suivi son double au fond de l'eau.

FRANCINE.

Tu dis bien que c'était son double ?

BERNARD.

Oui, celui qu'on voit comme ça, c'est toujours le double d'un de ceux qui sont là à bord... Mais qu'est-ce que ça te fait, tout ça, Francine ?

FRANCINE, vivement.

Dis toujours, dis !

BERNARD.

Francine, est-ce que tu aurais vu mon double aujourd'hui ?

FRANCINE.

Oui, je l'ai vu !

BERNARD.

Où ça ?

FRANCINE.

Ici, et c'est lui qui est cause de tout, j'en suis sûre; car, vois-tu, je ne peux pas douter de toi après les serments que tu viens de me faire, et j'aime mieux croire des choses que je n'avais jamais voulu croire ! Ah ! Bernard, toi aussi, tu as vu un mauvais esprit qui t'a trompé, car je n'ai jamais aimé et je n'aimerai jamais que toi !

4.

BERNARD.

Francine, ma chère Francine !... Ah ! tu dis la vérité, oui, je te crois, et, à cette heure, je veux bien mourir !

FRANCINE.

Mourir ? Pourquoi donc, mon Dieu ?

BERNARD.

Tu ne sais donc pas que, lorsqu'on voit son double, c'est signe de mort dans les vingt-quatre heures.

FRANCINE.

Mais faut qu'on le voie soi-même, et tu ne l'as pas vu ! Dis, Bernard, tu ne l'as jamais vu ?

BERNARD.

Non ; mais si j'allais le voir !

FRANCINE, vivement.

Reste pas ici. S'il revenait !

BERNARD.

Oh ! quand ces choses-là paraissent, il n'y a ni terre ni mer pour les empêcher !

FRANCINE.

Si fait ! y a la maison du bon Dieu. Va, Bernard ! va vite !

BERNARD.

Où donc ? A la petite chapelle ? Je voulais y aller tout à l'heure, mais j'avais pas le cœur à prier.

FRANCINE.

Faut y retourner. C'est la bonne Dame de la mer, c'est la patronne chérie aux marins de l'endroit. Tu lui feras un vœu.

BERNARD.

Quel vœu ?

FRANCINE.

Le vœu de pardonner au premier méchant qui te fera offense et dommage.

BERNARD.

Ça y est. Mais toi ?

FRANCINE.

Moi, je vas expliquer tout ça à mon père et le faire revenir de sa colère. Et puis j'irai chercher le capelan. Je lui ferai bénir la maison et le sentier ; car, pour sûr, elle est hantée, notre pauv' maison ! Et, quand tout ça sera fait, quand je n'aurai plus peur de rien, je mettrai le mouchoir blanc où tu m'as dit de le mettre. Va vite ! J'entends mon père qui remonte du rivage.

BERNARD.

Dis-moi encore que tu n'aimes que moi !

FRANCINE.

Je n'aime que toi ! (Il sort.)

SCÈNE VI

FRANCINE, seule, au fond, regardant du côté du rivage.

C'est pas mon père... c'est ce méchant drac ! C'est lui qui veut amener le malheur chez nous ! Quoi faire contre lui ? Prier le bon Dieu ; oui, il n'y a que ça. (Elle s'agenouille.)

SCÈNE VII.

FRANCINE, LE DRAC.

LE DRAC, agité.

Que fais-tu là, Francine ? Ote-toi de là !

FRANCINE.

Non ; je demande du secours contre toi, et j'en aurai !

LE DRAC.

A qui demandes-tu secours ?

FRANCINE.

A celui que tu ne connais pas.

LE DRAC.

Si, je le connais... Je le connaissais du moins avant d'être homme ; car, dans la nature, il n'y a que l'homme qui ose et qui sache nier Dieu !

FRANCINE, se levant.

Tu dis son nom, et il ne te brûle pas la langue ? Tu n'es donc pas...?

LE DRAC.

Non, je ne suis pas l'esprit du mal. Cet esprit-là, Francine, n'existe que dans l'imagination de tes semblables.

FRANCINE.

Et pourquoi est-il dans ton cœur ?

LE DRAC.

Ah ! que me dis-tu là ! Il n'est donc pas dans le tien ?... Oui, je me souviens, quand j'étais saintement épris de toi, c'est la pureté de ton âme qui me charmait. Ah ! Francine, j'étais alors le frère de ton bon ange !

FRANCINE.

Et tu es devenu le frère du mauvais ?

LE DRAC.

Non, je suis devenu homme !

FRANCINE.

Eh bien, si tu es devenu ce que tu dis, tu peux encore être sauvé. Je vas prier pour toi.

LE DRAC.

Où donc vas-tu prier ?

FRANCINE.

Dans la chambre où ma pauvre mère est morte, à côté de son lit. Quand je suis là, je m'imagine que je la vois et que nous prions toutes les deux ; ça fait que je prie mieux là qu'ailleurs.

LE DRAC.

Et que vas-tu demander pour moi ?

FRANCINE.

Que le bon Dieu t'ôte l'envie et le pouvoir de faire du mal.

LE DRAC, ému.

Eh bien, va, Francine, et prie de tout ton cœur. (Elle entre dans sa chambre.)

SCÈNE VIII

LE DRAC, puis LE FAUX BERNARD, invisible.

LE DRAC, regardant Francine.

Elle prie pour moi !... Elle m'aime donc ?... Non, c'est pour Bernard qu'elle prie en demandant au ciel de me guérir. Ah ! perfidie de la femme ! je ne serai pas ta dupe ! (Il ferme la porte de Francine.) Je ne peux plus connaître qu'un plaisir, la vengeance : soit ! — Fantôme, à moi !

VOIX DU FANTOME, sous terre.

Je suis là !

LE DRAC.

Où est Bernard ?

LA VOIX.

Près d'ici.

LE DRAC.

Quand les marins voient leur double, la peur les fait mourir ?

LA VOIX.

Oui.

LE DRAC.

Va trouver Bernard !

LA VOIX.

Non !

LE DRAC.

Montre-toi à lui, je le veux.

LA VOIX.

Je ne peux pas.

LE DRAC.

Pourquoi donc ?

LA VOIX.

Il est gardé !

LE DRAC.

Par qui ?

LA VOIX.

Par la prière.

LE DRAC.

Quelle prière ?

LA VOIX.

Celle de l'amour.

LE DRAC.

Celle de Francine ?

LA VOIX.

Tu l'as dit !

LE DRAC.

Va-t'en et ne reparais plus.

LA VOIX.

Peut-être.

SCÈNE IX

LE DRAC, seul.

Peut-être ? Qu'est-ce à dire ? Les visions elles-mêmes me résistent, et je ne suis plus le roi des mirages ? Oui, je le vois, l'homme n'a qu'une force, la haine ou l'amour ; mais ces forces sont grandes, et je les sens se développer en moi. Oh ! chaque instant qui s'écoule m'enlève une faculté divine et m'apporte un instinct funeste ! Allons, il faut que tu périsses, Bernard, et même, sans le secours de cette faible main, c'est ma volonté qui te tuera.

SCÈNE X

LE DRAC, ANDRÉ.

ANDRÉ.

Eh bien, es-tu prêt ? Nous partons.

LE DRAC.

Vous voulez toujours aller à bord du *Cyclope* ?

ANDRÉ.

Oui.

LE DRAC.

Eh bien, vous vous trompez, patron, il est tout près d'ici.

ANDRÉ.

Ah! où donc?

LE DRAC.

Qnand vous serez prêt à le recevoir, je le ferai venir.

ANDRÉ.

Fais vite ; je suis prêt.

LE DRAC.

Non, vous n'êtes pas le plus fort.

ANDRÉ.

Tu m'aideras.

LE DRAC.

Vous êtes donc bien décidé à le tuer?

ANDRÉ.

Le tuer... moi? C'est sérieux de tuer un homme et un marin de l'État! Je veux lui flanquer une paire de soufflets, v'là tout.

LE DRAC.

Il vous écrasera comme une mouche!

ANDRÉ.

Ça m'est égal!

LE DRAC.

Il vous a déjà battu dans le temps, et il a manqué tuer votre garçon, qui était deux fois fort comme vous.

ANDRÉ.

C'est pour ça ! J'ai ça su' le cœur, y a trop longtemps!

LE DRAC, insinuant.

Et puis il est riche, et l'argent est là...

ANDRÉ.

Ah! tu m'y fais penser, à son magot. (Allant à l'armoire.) Je veux d'abord lui rendre ça ; je ne veux pas qu'il croie... Je veux lui jeter le tout à la figure ! Qu'est-ce que c'est que ça ? Des coquilles ? (Il renverse le contenu du tiroir et reste stupéfait.)

LE DRAC, riant.

Il vous a joué là un bon tour, patron.

ANDRÉ.

Il s'est moqué de moi !

LE DRAC.

Il s'est donné pour riche, et il n'avait rien !

ANDRÉ.

Si fait, j'ai vu les doubles louis.

LE DRAC.

Vous étiez à jeun ?

ANDRÉ.

Non, j'avais bu un peu de rhum chez Antoine ; mais...

LE DRAC.

Alors tout à l'heure il va vous réclamer son argent !

ANDRÉ.

C'est pas malaisé à lui rendre.

LE DRAC.

Il dira que c'était de l'or, et que vous l'avez volé.

ANDRÉ.

Il dira ça ? il me traitera de voleur, moi ?

LE DRAC.

Il ne l'a pas fait pour autre chose que pour vous insulter et vous déshonorer.

ANDRÉ.

Cré vingt dieux ! si c'est ça son idée, faut que je le tue !

LE DRAC, à part.

Allons donc ! (Haut.) Comment ? avec quoi ?

ANDRÉ.

J'en sais rien, ça m'est égal !...

LE DRAC.

S'il vous tue, lui ?

ANDRÉ.

S'il me tue, la loi le tuera.

LE DRAC, bondissant de joie.

Ah bien, attendez !

ANDRÉ.

Qu'est-ce que c'est que ça ?

LE DRAC, au fond, plaçant le signal.

C'est le signal convenu entre Francine et lui.

ANDRÉ, allant au fond.

Comment que tu sais ça?

LE DRAC.

Quand il est venu ici la première fois, j'étais caché là, et j'ai entendu.

ANDRÉ.

Je comprends, oui. Eh bien, vient-il?

LE DRAC.

Le v'là, courage!

ANDRÉ.

J'ai pas besoin de courage, j'en ai.

LE DRAC.

Jetez-vous sur lui, vite, avant qu'il ait eu le temps de se reconnaître.

ANDRÉ.

Oui, oui! tu vas voir!

SCÈNE XI

Les Mêmes, LE FAUX BERNARD.

ANDRÉ, voulant lui arracher sa croix.

Malheureux, t'es pas digne de la porter! (Il recule comme repoussé par une force magique.)

LE DRAC, au Spectre.

Allons, c'est un outrage! frappe! (A André.) A toi donc!

ANDRÉ, au Spectre.

Lâche! t'es un lâche! (Il veut encore se jeter sur le Spectre et va tomber comme foudroyé à quelques pas de lui.) Ah! il a un charme, le lâche!

LE DRAC, au Spectre.

Quel pouvoir magique as-tu donc invoqué, toi? Réponds! as-tu fait vœu de silence? as-tu fait un pacte avec...?

LE FAUX BERNARD.

N'est-il pas de puissance supérieure à celle du mal?

LE DRAC.

Ah ! tu prétends... Et tu veux lutter contre moi ! Soit ; l'énergie m'est venue... la haine m'a retrempé... Ose te mesurer avec le drac...

LE FAUX BERNARD, reculant.

Non.

LE DRAC.

Ah ! tu me reconnais enfin ? Oui, tu fuis mon regard... tu trembles ! (A André.) A toi maintenant !

ANDRÉ, se relevant.

Ah ! mon Dieu ! ah ! il m'a comme tué ! (Le jour commence, le Spectre disparaît par la fenêtre.)

SCÈNE XII

ANDRÉ, LE DRAC.

ANDRÉ, criant.

Ah !...

LE DRAC.

Le précipice ! Il est perdu !

ANDRÉ, courant à la fenêtre.

Il est donc fou ?

LE DRAC.

Non, l'enfer le protége ; il se retient, il rampe... il se relève ! Prodige ! il a franchi l'abîme, il fuit ; il nous raille, il nous menace !

ANDRÉ.

Ah ! démon ! si j'avais...

LE DRAC.

Quoi ? une arme ?... Tiens ! (Il prend un pistolet à la muraille.)

SCÈNE XIII

Les Mêmes, BERNARD, FRANCINE.

Bernard paraît en haut de l'escalier en même temps qu'André fait feu sur le Spectre par la fenêtre. Il fait jour.

LE DRAC, sans voir Bernard.

Tombé?

ANDRÉ.

Oui.

LE DRAC, regardant avec joie.

Sanglant, meurtri, défiguré!

BERNARD.

Qui donc?

ANDRÉ et LE DRAC, ensemble.

Bernard! lui!

BERNARD.

Mais oui, moi! Ne m'avez-vous pas mis le signal?

ANDRÉ.

Non, ce n'est pas lui, c'est un fantôme!

LE DRAC.

Oui, oui, le fantôme! Bernard n'est plus, voyez! Vois, Francine, il est là, brisé... Celui dont tu tiens la main est un spectre!

FRANCINE, avec enthousiasme.

Non! je la tiens bien, sa main fidèle et honnête! Ma mère a prié pour lui, et pour toi aussi, pauvre drac; tu vas être délivré, j'en suis sûre!

LE DRAC.

Non.

ANDRÉ.

Le drac! Bernard! un double!

FRANCINE, empêchant Bernard d'aller à la fenêtre.

Ne regarde pas, Bernard!

LE DRAC, à la fenêtre.

Il n'y est plus, le rêve s'est évanoui au premier rayon du

soleil. Le soleil! il vient, il monte, il dissipe les terreurs de la nuit, et, jusqu'à ce soir, je ne peux plus les évoquer!...

ANDRÉ.

Sors d'ici, maudit!

LE DRAC.

Laissez, laissez-moi! Pour aujourd'hui, je suis assez châtié : mon pouvoir s'est tourné contre moi-même, et j'ai été le jouet du spectre qui devait m'obéir; mais vous ne pouvez rien contre moi, vous autres, et, chaque nuit, je viendrai troubler vos fêtes et empoisonner vos joies. Le premier-né de votre amour m'appartient. Je troublerai sa raison, je lui prendrai son âme ! Francine, tu pleureras sur un berceau, tu pleureras des larmes de sang !

BERNARD, menaçant.

Malheureux !... Tiens, va-t'en !

FRANCINE, le retenant.

Ton vœu, Bernard ! (Le Drac tombe à demi, comme épuisé.)

BERNARD.

C'est vrai, oui ; mais voyez donc comme il devient pâle ! Ses yeux se perdent...

FRANCINE.

Est-ce qu'il va, est-ce qu'il peut mourir ?

LE DRAC, luttant contre une force invisible.

Non, c'est cette âme embrasée qui s'échappe... Le corps veut lutter, il luttera... Qu'est-ce donc ? La mer m'appelle !... Non, je ne veux pas ! Je resterai ici... Je... O terre, retiens-moi ! Je ne suis pas vengé ! Ah ! le soleil ! Rayon terrible !... Pitié !... La mer !... Dieu ! (Il fuit.)

SCÈNE XIV

ANDRÉ, BERNARD, FRANCINE.

BERNARD, le suivant au fond.

Il s'enfuit, il nous quitte... il s'envole, on dirait... oui. Mon Dieu, comme il change de figure !

FRANCINE.

Je ne le reconnais plus : c'est comme un ange !

BERNARD.

Non, c'est un nuage.

ANDRÉ.

Non, c'est une vapeur.

BERNARD.

Et ce n'est plus rien !

FRANCINE.

Rien ? Si fait, c'est une âme qui a péché et qui souffre ! Prions pour elle. (Elle s'agenouille. André aussi.)

BERNARD, debout.

Dieu du ciel, toi qu'es si grand et si fort, des pauvres gens comme nous autres, ça ne sait rien de rien ! mais ça te connaît par ta bonté. J'ai fait un vœu tout à l'heure, qui était de pardonner, même au diable ; mais peut-être bien que, le diable, c'est une idée que nous avons, et peut-être que, l'enfer, c'est notre mauvaise tête et notre mauvais cœur ! Que ça soit ça ou autre chose, t'es là pour nous guérir, et tant qu'à pardonner, ce que j'ai fait, t'es pas embarrassé pour le faire !... Grâce, mon bon Dieu, grâce pour l'esprit de la plage !

FRANCINE.

Oui, c'était un bon esprit qui voulait faire le mal et qui ne le pouvait pas ! Grâce pour lui, mon Dieu, et pour cette pauvre maison où l'on t'aime !

VOIX DU DRAC, au loin derrière les rochers.

Bonté, lumière... ô mes ailes d'or, ô mon âme pure, je vous retrouve !

FRANCINE.

Ah ! écoutez donc comme la brise de mer chante doux ! on dirait des paroles !

VOIX DU DRAC.

Vague charmante, récifs superbes ! bons pêcheurs... amis, frères ! fraîcheur du matin, doux réveil ! travail, amour, innocence ! ô liberté ineffable !...

BERNARD.

Est-ce lui qui chante comme ça ?

VOIX DU DRAC.

Bonheur à toutes les créatures ! Francine, bonheur à toi ! Tu m'as rendu mes ailes....

FRANCINE.

Écoutez.

VOIX DU DRAC.

Francine, sois à jamais bénie !

BERNARD.

Ah ! ne craignez plus rien. Mon père, ma femme, nous nous aimerons tant, que tous les esprits du ciel et de la terre seront pour nous !

PLUTUS

ÉTUDE D'APRÈS LE THÉATRE ANTIQUE

PLUTUS

A MON AMI ALEXANDRE MANCEAU

PROLOGUE

ARISTOPHANE, MERCURE.

ARISTOPHANE.
Mais où donc me conduis-tu, Mercure ?
MERCURE.
Dans l'avenir, mon cher Aristophane !
ARISTOPHANE.
Les dieux le connaissent et le révèlent quelquefois ; mais...
MERCURE.
Mais, au lieu d'un oracle embrouillé, je t'accorde la vision des choses futures, et t'y voilà transporté, comme tu le serais si, du passé, je te jetais dans le présent.
ARISTOPHANE.
C'est fort aimable à toi, Mercure ; mais où sommes-nous ici ? Dieux immortels ! quel changement dans Athènes !
MERCURE.
Nous ne sommes point chez les Athéniens ; nous sommes chez un peuple qui passe pour l'héritier de leur gaieté.

ARISTOPHANE.

Oh! alors, je vais bien les faire rire, ces nouveaux Athéniens!

MERCURE.

Détrompe-toi, ils t'ont dépassé de beaucoup, et ne te demanderont que ta sagesse, qui est de tous les temps.

ARISTOPHANE.

En quel temps sommes-nous donc, selon toi?

MERCURE.

A plus de vingt-deux siècles du jour où tu crois vivre.

ARISTOPHANE.

Est-ce à dire que la postérité conserve la fraîcheur de ma gloire?

MERCURE.

Non pas sans restriction, mais autant que tu le mérites.

ARISTOPHANE.

Et que venons-nous faire en ce lieu, qui a quelque ressemblance avec un théâtre?

MERCURE.

Tu vas assister à la représentation de quelques parties de ta dernière pièce.

ARISTOPHANE.

De mon *Plutus?* Toutes mes pièces ne sont-elles pas excellentes d'un bout à l'autre?

MERCURE.

Je suis trop poli pour te contredire; mais la liberté de ton langage et de tes tableaux ne serait pas soufferte ici.

ARISTOPHANE.

Les hommes sont donc devenus vertueux?

MERCURE.

Oui, relativement aux mœurs antiques.

ARISTOPHANE.

Grâce à mes satires, je le parie!

MERCURE.

Tes satires y ont contribué.

ARISTOPHANE.

Mais, si l'on a fait des changements dans ma pièce, on a donc mis quelque autre fiction à la place?

MERCURE.

Une courte fiction amoureuse des plus simples.

ARISTOPHANE.

Je m'oppose à cela. L'amour n'est pas du ressort de la comédie!

MERCURE.

La comédie ne peut plus s'en passer.

ARISTOPHANE.

Allons! rien ne doit étonner le sage; mais quel audacieux s'est permis...?

MERCURE.

Un grand poëte tragique s'était permis, deux cents ans avant ce jour, de transporter, sous le titre des *Plaideurs*, quelques passages de tes *Guêpes* sur la scène. Pour conserver le comique de ta pièce, il dut l'adapter à des personnages de son temps, car les hommes n'ont jamais cessé de plaider. Ce qu'on va tenter ici, c'est de montrer les hommes et les dieux tels que tu les as dépeints toi-même, avec leurs noms, leurs idées, leur costume et leur manière de s'exprimer. Autant que possible, on a dégagé ta pensée de ce que le temps a rendu obscur, et on l'a exprimée ou complétée en compulsant tes autres pièces. Je dois t'avertir aussi qu'on s'est aidé de la pensée de Lucien, un beau génie venu quatre siècles après toi, et qui, lui aussi, a traité le sujet de *Plutus* sans en altérer la philosophie.

ARISTOPHANE.

Alors, j'espère qu'on a conservé ma scène de la Pauvreté?

MERCURE.

Oui, quelque longue qu'elle soit; on a tenu à te montrer sous l'aspect sérieux, qui est le moins populaire de ton génie. Tout le monde sait que ton ironie était amère, que ni les grands, ni les petits, ni les savants, ni les poëtes, ni les philosophes, n'étaient à l'abri de tes coups : la sagesse qui brille dans ton *Plutus* rachètera les excès de ta muse emportée.

ARISTOPHANE, avec humeur.

Vas-tu me reprocher Périclès, Euripide, Socrate ?

MERCURE.

Tu ne leur as pas fait de mal dans la postérité, qui les connaît mieux que toi.

ARISTOPHANE.

Oses-tu dire que ma raillerie se soit attachée à leur char de triomphe comme une vile dépouille ?

MERCURE.

Non, Aristophane ! Être combattu par un esprit tel que le tien, c'est encore une gloire, et, qu'ils soient amis ou rivaux, les grands hommes sont toujours illustrés par les grands critiques.

ARISTOPHANE.

A la bonne heure ! et, puisqu'on va commencer, — je pense que tu vas remplir ton rôle dans ma pièce, — laisse-moi parler un peu aux spectateurs, comme le chœur parle pour moi aux Athéniens.

MERCURE.

Va, et songe que la mode est passée de se vanter soi-même.

ARISTOPHANE, au public.

Si quelque poëte est assez hardi pour se louer lui-même devant vous, ô Athéniens ! qu'il soit fustigé par vos licteurs !

MERCURE, riant.

Fustigé ?...

ARISTOPHANE.

Mais, si quelqu'un a droit à des honneurs, je soutiens que c'est moi, moi, le plus grand des poëtes et le plus célèbre dans l'art de la comédie ! »

MERCURE.

Fi ! que dis-tu là maintenant ?

ARISTOPHANE.

Je parle en poëte ! N'est-ce pas ainsi que les poëtes prouvent leur modestie ? (A part.) Mais cette raillerie m'aidera à rappeler un peu mes services ! (Haut.) Voyons, néo-Athéniens, n'est-ce pas moi qui, le premier, ai chassé de la scène ces esclaves battus et torturés, qui réjouissaient de leurs cris la sauvage multitude ? N'ai-je pas ennobli la comédie par un style pur, par des images poétiques, et par des caractères bien tracés ?

MERCURE.

On ne peut te refuser cela.

ARISTOPHANE, s'animant.

N'ai-je pas, nouvel Alcide, combattu les monstres les plus venimeux, les délateurs, les dilapidateurs, les faussaires, tous les ennemis du bien public ? Lorsqu'aucun acteur ne voulait, à quelque prix que ce fût, braver le terrible Cléon en représentant son personnage, et qu'aucun sculpteur sur bois ne voulait faire un masque de théâtre à sa ressemblance, ne suis-je pas monté sur la scène, et n'ai-je pas joué son rôle à visage découvert ? Il y allait pourtant de la liberté, de la vie, ou de quelque chose de plus précieux, les droits du citoyen ! Enfin n'ai-je pas refusé les présents de ceux qui voulaient m'imposer un lâche silence, affronté les menaces et bravé le pouvoir de ceux qui voulaient punir ma franchise ?

MERCURE.

On le sait, et on t'en tient compte. Sois plus calme.

ARISTOPHANE, souriant.

Eh bien, rappelez-vous que j'ai fait beaucoup rire, et, si vous trouvez ma gaieté surannée, riez un peu par complaisance, comme au temps où, déjà vieux, j'invoquais l'appui des gens de bien et les applaudissements de l'aimable jeunesse. Et vous, mes recommandables pareils, hommes sincères, qui me portez point de perruques, prononcez-vous pour moi ! Que tous les chauves de l'auditoire se lèvent et m'accablent ! Qu'ils disent d'une seule voix : « Honneur au poëte chauve ! Des couronnes pour l'homme au beau front ! » Alors, je me croirai dans Athènes, et je pardonnerai aux arrangeurs de pièces !

MERCURE, au public.

Quant à moi, vous allez me voir reparaître sous les traits d'un fourbe ; mais rappelez-vous, je vous prie, que l'antiquité fit de moi le guide de l'aveugle Plutus, le dieu des gens de mauvaise vie et de mauvaise foi. Vous avez abattu mes temples ; mais le commerce des nations a conservé mes emblèmes, et je vous pardonne une déchéance qui m'ennoblit. Chez vous, peuple nouveau, mon nom est Industrie, et vous m'avez donné pour mission véritable d'appliquer la probité au génie de la vie pratique. C'est donc à présent que je suis réellement le maître et non plus l'esclave des richesses, c'est aujourd'hui qu'au lieu de me maudire, la pauvreté intelligente me seconde et me bénit.

PERSONNAGES

PLUTUS.
CHRÉMYLE, paysan propriétaire.
MERCURE.

LA PAUVRETÉ.
BACTIS, } esclaves de
CARION, } Chrémyle.
MYRTO, fille de Chrémyle.

Un bosquet à l'entrée d'un petit bois sacré. — C'est un carrefour de verdure avec un Hermès ou un dieu Pan sur une fontaine, à volonté. — L'entrée du bois sacré est marquée par un petit portique de pierre ou de feuillage.

ACTE PREMIER

SCÈNE PREMIÈRE

CARION, seul, tenant une couronne de feuillage.

C'est vraiment une belle invention que la coutume de sacrifier aux dieux! Dans leurs temples, tous les hommes sont égaux. L'esclave aussi bien que le maître a le droit de porter la couronne, et cette verdure le rend sacré tant qu'elle est sur son front. Chère petite couronne! je te veux garder tout le jour et toute la nuit pour me préserver des coups de bâton. Puisse mon maître avoir encore demain la fantaisie de sacrifier dans sa maison ou de m'envoyer au temple! cela est infiniment plus agréable que de briser les mottes de terre ou de lier les gerbes en plein soleil.

SCÈNE II

CARION, BACTIS, en sayon et portant une faucille.

CARION.

Comment, camarade Bactis, tu travailles au lieu de t'employer au sacrifice?

BACTIS.

Oui, Carion, je travaille, parce que je ne suis pas né esclave.

CARION.

Je ne t'entends pas! Que tu sois né esclave de père et de mère, ou que, d'homme libre, tu sois devenu captif, le travail est toujours aussi fâcheux à l'homme que la paille au poisson.

BACTIS.

L'esclave issu de l'esclave n'a guère l'espérance de se racheter; il est habitué aux coups, aux menaces, aux injures. Celui qui fut libre aspire toujours à revoir sa patrie, et sa fierté le soutient dans les épreuves.

CARION.

C'est-à-dire, pour te soustraire à l'outrage du fouet, tu fais bravement ta corvée? Chacun son goût! Les maîtres se lassent quelquefois de battre, ils ne se lassent jamais de faire travailler. D'ailleurs, nous autres, n'avons-nous pas un patron fort doux?

BACTIS.

Chrémyle est un homme juste; raison de plus pour le bien servir.

CARION.

Moi, je dis que c'est un fou, et qu'il faut profiter de sa crédulité. Il s'épuise en sacrifices, espérant que les dieux lui enverront la richesse. Et cependant ses champs, au lieu de blé, se couvrent de chardons, de smilax et de lentisques.

BACTIS.

La terre est bonne et la moisson est pauvre! — Les laboureurs sont découragés, parce qu'ils ne cherchent pas la richesse où elle est.

CARION.

Saurais-tu donc la trouver, toi? As-tu découvert, ici près, quelque nouvelle mine d'argent?

BACTIS.

Non; mais les vrais biens que les dieux aimeraient à donner, c'est la sagesse et la vertu, et ceux-là, les hommes ne les demandent point.

CARION.

Quant à moi, mon idée est que les dieux sont pauvres comme des sauterelles surprises par le froid, à commencer par le tonnant Jupiter, qui ne décerne aux vainqueurs des jeux olympiques qu'une simple couronne de feuillage comme celle-ci ! Aussi je me suis toujours émerveillé de voir les gens faire tant de dépense, se donner tant de mal et risquer de se casser les côtes pour recevoir de la main des dieux un méchant rameau d'olivier tout pareil à ceux qui poussent là dans la haie de notre jardin ! Si j'étais maître de mon corps comme je le suis de mon esprit, je ne voudrais courir et lutter que pour une couronne d'or, et je la voudrais si lourde, qu'il me faudrait trente bœufs pour la traîner... Alors... avec les trente bœufs, le char, la couronne, une centaine d'outres de vin de Chios et un bon plat de tripes par-dessus le marché, je serais assez content des immortels !... Mais il faut (Myrto paraît) qu'ils soient chiches ou affamés, puisque leurs prêtres demandent toujours et ne donnent jamais.

SCÈNE III

CARION, BACTIS, MYRTO.

Pendant cette scène, Bactis, absorbé, regarde Myrto avec tristesse.

MYRTO.

Que faites-vous là, vils esclaves? Vous blasphémez au seuil du bois de lauriers que mon père a consacré au grand Apollon !

CARION, montrant sa couronne.

Voyez, jeune maîtresse, je suis purifié aujourd'hui, et ma présence ne souille pas les approches du bois sacré.

MYRTO.

Ote cette couronne ; c'est l'heure du travail. Mon père te demande à la maison, va vite ! obéis !

CARION, à part, ôtant sa couronne.

Cette jeune fille manque de piété ! Je m'en plaindrai aux dieux ! (Il sort.)

SCÈNE IV

MYRTO, BACTIS.

MYRTO.

Et toi, misérable ! n'as-tu pas entendu mon reproche ? Prétends-tu braver la divinité ?

BACTIS.

La divinité ne repousse pas les malheureux.

MYRTO.

Es-tu de ceux qui se plaignent toujours, et qui, dans la servitude, voudraient se faire estimer à l'égal des hommes libres ?

BACTIS.

Myrto, quand m'as-tu entendu me plaindre ?

MYRTO.

Alors, tu es de ces orgueilleux qui croiraient s'abaisser en implorant la pitié de leurs maîtres ? Tes yeux et ton cœur respirent la vengeance et l'aversion !

BACTIS.

Pourquoi haïrais-je ceux que le hasard m'a donnés pour maîtres ? Ils sont les aveugles instruments de ma destinée !

MYRTO, blessée.

C'est trop de fierté pour un esclave ! Cette audace ne sied pas aux vaincus ; elle leur retire l'intérêt qu'on pourrait leur porter.

BACTIS.

Myrto, ton cœur ne connaît pas la pitié ! Tu es de celles qui se consolent de la domination des hommes par le plaisir de dominer les pauvres, les esclaves et les captifs. Rien n'égale la violence et la dureté des faibles envers les faibles ; ils se plaisent à rendre à ceux que leurs chaînes écrasent le mal qu'ils ont souffert eux-mêmes. Ainsi l'on voit les mouches altérées de sang s'acharner sur le lion blessé.

MYRTO.

Esclave insolent ! tu outrages la fille de ton maître et ton maître lui-même en supposant qu'il l'opprime ! Te crois-tu à Sparte où les femmes ne sont rien, tandis qu'ici, dans l'Attique, elles sont tout ? Mets-toi à mes genoux et demande-moi pardon de ton langage.

BACTIS, ému.

L'amour seul fait plier les genoux d'un homme devant une mère, une sœur... ou une amante. Veux-tu donc ?...

MYRTO, troublée.

Une amante ?... Pour ce mot-là, tu dois être châtié !... Oui, le fouet me fera raison de ton audace ! couche-toi !... (Elle cueille une branche.) Je veux te frapper jusqu'à ce que tu roules dans le sable... Eh bien, tu restes debout ; attendras-tu que je te fasse lier à un arbre ?

BACTIS.

Enfant, épargne-toi tant de colère ! Tiens, je vais dormir là ; chasse-moi les mouches avec ta houssine : je te défie de me faire seulement ouvrir les yeux. (Il se couche.)

MYRTO.

C'est ce que nous verrons ! (Elle passe derrière lui et le regarde, plie le genou et se penche sur lui.) Bactis, je t'aime !

BACTIS se soulève avec un cri de surprise.

Dieux !

MYRTO.

Ah ! je t'ai fait ouvrir les yeux !

BACTIS, se relevant, irrité.

Cruelle, tu mentais ! Eh bien, pour ce jeu-là, tu mériterais la mort...

MYRTO recule effrayée.

Tu me menaces ?

BACTIS.

Va-t'en ! tu as le droit de m'ôter la vie, mais non celui de vouloir égarer mon âme. Va-t'en !

MYRTO.

Insensé, tu parles en maître !

BACTIS.

Oui, car je suis en ce moment plus que toi, qui sacrifies à

la ruse et à la haine la fierté de ton état et celle de ton sexe.

MYRTO, émue.

Quel serait donc le crime? où donc serait le mensonge? Ne pourrais-je t'aimer sans honte? n'étais-tu pas un chef et un guerrier dans ta patrie? n'as-tu pas reçu les leçons des sages de ta religion?

BACTIS, troublé.

Ne me parle plus!

MYRTO.

Alors, parle-moi, il le faut! On raconte sur toi des choses étranges; on dit qu'une divinité mystérieuse te protége, qu'elle a guéri les blessures dont tu étais couvert quand tu fus amené ici; enfin, les autres esclaves prétendent qu'elle te donne des forces qui sont au-dessus de ton âge; que, malgré la délicatesse de tes bras, tu portes les plus lourds fardeaux, et que, durant la moisson, aucun d'eux ne peut suivre le rhythme agile de ta faucille.

BACTIS.

La divinité qui me protége n'est pas d'une religion différente de la tienne. Elle s'appelle volonté ou courage, et son temple est partout sous le ciel.

MYRTO, avec tendresse.

Parle-moi encore! N'es-tu pas né au delà de l'Hémus, dans les déserts de la Scythie?

BACTIS.

Le nom de ma patrie ne t'apprendrait rien. Pour vous autres Hellènes, tous les peuples étrangers à vos lois et à vos mœurs sont des barbares; mais sache que nous avons nos coutumes, aussi belles que les vôtres; nos familles, nos préceptes et nos sages, plus respectés que les vôtres. Mais que t'importe ce que nous sommes?

MYRTO.

Je veux savoir qui tu es! Si tu n'étais d'un sang illustre, tu n'aurais pas osé me parler comme tu viens de le faire.

BACTIS, entraîné.

Eh bien!... j'étais le fils d'un des principaux chefs de nos tribus. Le frère de ma mère, versé dans les sciences, initié dans ses voyages aux grands mystères des diverses nations, se plaisait à former mon esprit, et voulait m'emmener en Grèce pour me faire connaître les arts de votre civilisation. Béni par mes parens, je quittai nos steppes fleuris. Ma mère ne pleura point devant moi ; mais son dernier regard déchira mon âme comme un dernier adieu. Hélas ! la reverrai-je ? En traversant les monts de la Thrace, nous fûmes assaillis par des brigands. Je défendis les jours de mon oncle jusqu'à ce que, sanglant et brisé, je fusse couché sur son cadavre. Les ravisseurs infâmes m'ont amené à Athènes, où ton père m'a acheté. Voilà toute mon histoire : y trouves-tu des prodiges, et mérite-t-elle ta curiosité?

MYRTO.

Bactis, tu es grand, et l'infortune te grandit encore ! Délivre-toi, et emmène-moi dans ton pays ; fuyons ensemble...

BACTIS, éperdu.

Tu dis...? O jeune fille, si c'est un piége, tu es la plus funeste des créatures ! J'ai ouï raconter la fable des sirènes, et l'on m'a appris à me méfier des grâces décevantes des femmes de la Grèce...

MYRTO.

O chaste Diane, tu l'entends ! J'ai avoué ma défaite ! j'ai dit des mots qu'une jeune fille ne dit pas sans rougir, et il ne me croit pas !

BACTIS.

Non ! Tu sais bien que je ne puis enlever la fille d'un homme qui m'a traité avec douceur et bonté. Tu ne peux pas, toi, vouloir l'abandonner au désespoir... Tu as une tendre mère...

MYRTO.

Tu me reproches ma passion ! C'est toi qui me fais rougir !... Eh bien !... malheur à toi ! Tu peux te vouer aux dieux infernaux, car ma vengeance te fera une vie pire que la mort ! Hors d'ici, profane ! Dès ce soir, tu tourneras la roue du moulin, attelé avec l'âne et le mulet, tu ne mangeras que des fèves gâtées, et tu seras vendu aux gens de la montagne, qui te condamneront au dur travail des mines!

BACTIS, la regardant avec douleur.

Je le savais bien, que tu ne m'aimais pas!... (Il sort).

SCÈNE V

MYRTO, seule.

Bactis, mon cher Bactis! Ah! qu'elle est ardente, cette haine qui fait que je t'adore! Moi, te faire souffrir!... moi, te faire vendre!... O Jupiter libérateur, aide-moi à rompre ses chaînes et à guérir son âme... Je vais pétrir pour lui les gâteaux de miel avec le plus pur froment, et répandre sur son humble couche la menthe et le romarin, qui procurent les doux songes! (Elle sort.)

SCÈNE VI

CHRÉMYLE, seul, sortant du bois sacré.

Quel oracle! Lumière du soleil, quel oracle! Je ne le comprends en aucune façon; mais ce doit être le plus beau des oracles, puisqu'au dire des hommes les plus savants, les meilleures prédictions sont celles que l'on ne peut deviner sans l'aide du destin! Ah! Carion, te voilà; écoute.

SCÈNE VII

CHRÉMYLE, CARION.

CARION.

Eh bien, mon maître, vous semblez fier et content comme un homme qui aurait mangé des anguilles de Copaïs!

CHRÉMYLE.

Tais-toi, insensé! Je ne suis repu que de la faveur céleste. Le dieu m'est enfin propice!

CARION.

Voilà une chose que vous dites tous les matins...

CHRÉMYLE.

Tais-toi, imbécile !

CARION.

Laissez-moi parler, mon maître ! Un simple peut quelquefois enseigner ceux qui se croient sages.

CHRÉMYLE.

Les sages disent qu'il ne faut pas couper la langue aux esclaves, parce que ceux qui parlent avec le plus de liberté sont les meilleurs serviteurs. Allons, dis-l

CARION.

Voilà parler enfin en homme raisonnable, et je suis assez content de vous, bien que vous agissiez généralement comme une bête !

CHRÉMYLE.

Tu prends trop de liberté.

CARION.

Non, si c'est dans votre intérêt que je raisonne. Dites-moi un peu ce que vous retirez de tous les sacrifices que vous faites aux dieux? Le meilleur de vos fruits et de vos troupeaux y passe, et autant vaudrait, comme on dit en Béotie, sauf respect, jouer un air de flûte dans le derrière d'un chien.

CHRÉMYLE.

Tu voudrais me voir agir comme ces avares qui n'offrent que des bêtes malades ou des fruits gâtés?

CARION.

Non, les sacrifices sont bons; mais il faut qu'ils nous profitent, et, quand une divinité est sourde comme une pierre, il faut la planter là et s'adresser à une autre.

CHRÉMYLE.

A qui t'adresserais-tu donc, si tu étais à ma place?

CARION.

Je ne m'adresserai pas à votre beau musicien, père des Muses. Celui-là n'est bon qu'à jouer de la musette pour faire danser les cigales dans les blés. Je ne ferais pas plus de cas de la sage Minerve, qui promet toujours la paix et donne toujours la guerre. Je tournerais le dos à la blonde Cérès, qui a inventé la fatigue et la sueur. Et, quant au vieux Saturne, qui mange ses enfants sans sel et sans ail, ce n'est qu'un barbare à qui je ne voudrais pas sacrifier mes vieux souliers. Le seul dieu que je tiendrais pour bon et honnête serait le dieux Trésor, et je lui demanderais, non la musique, ni la sagesse, ni la science, mais bien l'or et l'argent, sans lesquels l'homme n'est rien de plus que la bête.

CHRÉMYLE.

As-tu fini?

CARION.

J'ai dit.

CHRÉMYLE.

Il y a du bon dans ton raisonnement. Jusqu'à ce jour, j'ai été un homme pieux et modéré. J'ai demandé aux dieux la paix et la concorde, qui font fleurir la terre et marcher le commerce. Les dieux n'en ont pas moins fait à leur tête. Nous voilà depuis plus de vingt ans en guerre avec le Péloponèse et accablés de tous les fléaux. Voilà nos campagnes ruinées, nos plants de vignes, dix fois arrachés, qui commencent à peine à donner du fruit, nos figues et nos olives qui pourrissent sur l'arbre parce qu'on ne fait plus d'échanges, l'argent qui ne circule plus, l'or dont bientôt nous aurons oublié la couleur, les ouvriers qui manquent à la terre parce qu'on en fait des soldats, la peur et le découragement qui nous ôtent le pain de la bouche et la charrue des mains... Eh bien, j'ai confié mes peines au grand Apollon, protecteur de la Grèce;... je lui ai même fait, entre nous soit dit, d'assez vifs reproches, je l'ai menacé d'arracher les lauriers du petit bois planté par moi en son honneur. Alors une voix mélodieuse est sortie du plus épais des branches, et j'ai recueilli les paroles que voici : *Ne t'éloigne pas de ta demeure, celui que tu attends viendra.*

CARION.

Vous attendiez donc quelqu'un?

CHRÉMYLE.

Personne.

CARION.

Alors, ce bel oracle ne sait ce qu'il dit ?

CHRÉMYLE.

Patience ! Celui que je n'attends pas viendra et m'expliquera que je l'attendais sans le savoir.

CARION.

Admirable explication, mon maître ! et, comme les oracles sont toujours accomplis par ceux qui y croient, vous voilà attendant ce quelqu'un que vous n'attendiez pas du tout !

CHRÉMYLE.

Te permettrais-tu de plaisanter ton maître ? Tu mériterais des coups, sais-tu ?

CARION.

Non ! je ne plaisante que les dieux.

CHRÉMYLE.

A la bonne heure ! Cela n'est pas contraire aux lois. Pourvu qu'on n'attaque pas sérieusement la religion, on peut tout dire.

CARION.

D'où l'on pourrait conclure que le dieu du rire est réputé chez les Athéniens le premier des dieux ? Mais pensez à ce que je vous ai dit, mon maître. Faites vos prières au dieu Trésor.

CHRÉMYLE.

Je t'écouterais bien volontiers ; mais je ne le connais pas. Est-ce quelque nouveau dieu ?

CARION.

C'est un dieu de la Perse.

CHRÉMYLE.

Les rêves ne mentent pas. Comment était-il fait, ce dieu étranger ?

CARION.

Il était tout or des pieds à la tête, et il avait la forme d'une belle cruche.

CHRÉMYLE.

C'est ainsi, m'a-t-on dit, qu'on représente la déesse Isis ?

CARION.

Isis ? Je ne connais pas bien celle-là ; mais mon dieu, à moi, n'était pas une cruche vide. Une source intarissable de vin délicieux bouillonnait dans son large ventre, et s'épanchait par sa gueule, qui riait comme une bouche de Silène, et dans ce vin nageaient des perles, des boudins, des rubis, des grillades et de l'or liquide qui coulait comme un fleuve, sans jamais s'épuiser ni se ralentir.

CHRÉMYLE.

Carion, tu as fait là un beau rêve ! Allons un peu sur le chemin qui mène à la mer. Celui qu'Apollon m'annonce arrivera peut-être par là, et qui sait si ce n'est pas le dieu Trésor en personne ? (Il sort.)

CARION.

Mon maître devient chaque jour plus crédule. J'arriverais peut-être, si je le voulais, à lui persuader que je suis un dieu moi-même ! (Il sort.)

ACTE DEUXIÈME

SCÈNE PREMIÈRE

MERCURE, tirant Plutus par une corde ; PLUTUS.

Plutus est aveugle, bossu, boiteux et couvert de haillons.

MERCURE.

Allons, marche donc ! N'es-tu pas honteux de te faire tirer comme un chien en laisse ?

PLUTUS.

Patience, Mercure ! patience, donc !

MERCURE.

O le plus engourdi des êtres ! Je ne connais pas de plus rude corvée que celle de te mener chez les honnêtes gens !

PLUTUS.

Je le crois bien ! tu crains d'être mis à la porte !

MERCURE.

Le fait est que je ne me sens pas très-en sûreté chez ces gens de la campagne. Ils n'ont rien à gagner à la guerre, et ils s'en prennent à moi de leurs pertes. Le commerce ne marche pas, disent-ils.

PLUTUS.

Réponds-leur qu'il vole.

MERCURE.

Ah ! tu fais de l'esprit, toi ? Voyons, il faut que, par l'ordre de Jupiter, et pour ne point fâcher Apollon, qui protége les Athéniens, je te conduise aujourd'hui chez les paysans. Hâtons-nous, je n'ai pas de temps à perdre, moi !

PLUTUS.

Je n'irai pas plus loin, Mercure ; je suis trop fatigué quand il me faut aller chez ceux qui travaillent. Ton père me fait une vexation et une injustice. Je n'aime à enrichir que les riches. Cela donne moins de peine. (Il s'assied.)

MERCURE.

Couche-toi donc comme un chien, stupide paresseux ! Vraiment, si les hommes te connaissaient, ils ne t'auraient pas même rangé parmi les dieux subalternes.

PLUTUS.

Qu'est-ce que tu dis, Mercure ? Je suis un dieu ?

MERCURE.

Te voilà sourd à présent ? Il ne te manquait que cela !

PLUTUS.

Je ne suis pas sourd. Si les hommes me prennent pour un dieu, j'en suis un, et j'entends que tu me traites comme ton égal.

MERCURE.

Mon égal ! toi, mon esclave ? Prends garde que je ne t'applique mon caducée sur les oreilles !

PLUTUS.

Oui-da ! je ne te crains guère, l'homme au petit chapeau ! L'esclave, c'est toi, mon bon ami ; car tu ne peux te passer de moi ; sans moi, tu n'es rien ; c'est ce qui fait que tu n'es pas plus dieu que moi-même.

MERCURE.

Tais-toi, brute ! Je suis le fils de Jupiter !

PLUTUS.

La preuve ?

MERCURE.

Les ailes de mon cerveau. Je suis l'intelligence, l'invention, le calcul, l'activité... Si les hommes abusent de mes conseils, ce n'est pas ma faute.

PLUTUS.

En attendant, tu te conduis comme un fripon, et je me déclare innocent de tout le mal auquel tu m'emploies. Tu reçois l'hommage des courtisanes, des calomniateurs et de toutes les sangsues qui se collent aux deniers publics. Tiens, laisse-moi tranquille. Je veux faire ici un bon somme, et tes subtilités me fatiguent. (Il se couche.)

MERCURE.

Dors donc, associé de malheur ! Maudit soit le jour où le destin lia mes pas agiles à ton pas inégal et fantasque, tantôt lourd comme le plomb, tantôt rapide comme la foudre !

SCÈNE II

MERCURE, PLUTUS, endormi; MYRTO.

MYRTO, surprise.

D'où viens-tu, bel étranger ? Es-tu quelque prêtre de Mercure, que tu te pares de ses attributs ?

MERCURE.

As-tu quelque requête à soumettre au dieu que tu viens de nommer ? Parle, fille charmante. Tu ne saurais éprouver de refus.

MYRTO.

O voyageur mystérieux, dis-moi...

MERCURE.

Appelle-moi Mercure, comme si tu lui parlais à lui même.

MYRTO.

Soit ! tu me comprendras mieux, et peut-être que le dieu m'entendra... O Mercure, protecteur des amants que le destin sépare ! toi qui sers, dit-on, de messager aux dieux, instruis-moi dans l'art de surmonter les obstacles ! Je ne suis qu'une fille des champs, j'ignore l'art de me rendre aimable, et je ne suis pas encore dans l'âge où l'on ose demander à Cypris et aux Grâces le secret de triompher d'un cœur rebelle.

MERCURE.

Quel est donc ce rebelle ? Est-il né sous les glaces de l'Ourse ou dans l'antre de Polyphème, pour méconnaître tant de charmes ?

MYRTO.

Mercure est le dieu de l'éloquence trompeuse; ne parle pas comme lui ! Donne-moi seulement le moyen de désarmer la destinée ! Celui que j'aime... tiens, le voilà ! (Bactis passe au fond portant une gerbe.)

MERCURE.

Qu'ai-je vu ! un esclave ?

(Bactis s'arrête au moment de disparaître : masqué par quelques arbustes, il écoute.)

MYRTO.

Le captif que j'ai cru détester d'abord, parce qu'il évitait mon regard et semblait rougir de colère quand j'avais surpris le sien ; oui ! un esclave que j'aurais voulu soumettre et qui bravait mes menaces, un jeune sage qui me dédaigne ou se méfie... ou plutôt... Non ! c'est un dieu condamné comme Apollon à garder les troupeaux, c'est quelque jeune et brillant immortel plié sous la chaîne de la servitude ?

MERCURE.

Jeune fille, crois à l'amour et ne perds pas l'espérance. Regarde ce vieillard endormi !

MYRTO, apercevant Plutus.

Ah ! cet homme si laid ?

MERCURE.

Ce jeune captif que tu aimes est un simple mortel, et ce triste vieillard est un dieu.

MYRTO.

Je ne te comprends pas.

MERCURE.

Tu me comprendras plus tard, quand tu verras que ce dieu-là peut tout. Prends soin de te le rendre favorable. Je le laisse à ta garde, car il est aveugle. Dès qu'il sera éveillé, conduis-le dans la maison d'un certain Chrémyle.

MYRTO.

Chrémyle ? C'est mon père, et sa maison est là tout près.

MERCURE.

Alors, ma commission est faite, et je peux m'en aller à me

affaires. Dis à ton père que ce vieillard est l'hôte annoncé par Apollon et que Jupiter lui envoie. Hâtez-vous tous de mettre ses dons à profit, car je reviendrai bientôt le chercher.

MYRTO.

Mais quel dieu est-ce donc ?

MERCURE.

Son nom est Plutus. Adieu ! (Il sort.)

SCÈNE III

MYRTO, PLUTUS, endormi; BACTIS, qui a posé sa gerbe au fond, et qui s'approche doucement.

MYRTO, sans voir Bactis.

Un dieu ? Le dieu des richesses, ce vieillard sordide ?... Cet étranger s'est moqué de moi. Mercure aime à railler, et j'ai eu tort de lui dire mon secret.

BACTIS, ému.

Ah ! Myrto !...

MYRTO, tressaillant.

Que fais-tu là ? D'où viens-tu ?

BACTIS.

Myrto !...

MYRTO, intimidée.

Qu'as-tu à me dire ?

BACTIS, éperdu.

Myrto !...

MYRTO.

Tais-toi ! on vient !

SCÈNE IV

MYRTO, BACTIS, CHRÉMYLE, CARION, PLUTUS, endormi.

MYRTO.

Ah ! venez ici, mon père ; venez et voyez le bel hôte que les dieux vous envoient.

CHRÉMYLE.

Est-ce lui enfin ? Ce doit-être lui ! (Voyant Plutus de près.) O Apollon ! quel est ce monstre ?

MYRTO.

Quelqu'un l'a conduit ici en me chargeant de vous dire que son nom est Plutus.

CHRÉMYLE.

Plutus, lui ? (Naïvement.) Dieu, qu'il est beau !

CARION.

Oui, barbu comme un bouc et chauve comme une citrouille !

CHRÉMYLE.

Tais-toi, rebut des humains, c'est Plutus !

CARION.

Si c'était Plutus en personne, je ne dis pas. Ses traits sont mal ébauchés; mais sa physionomie ne manque pas de charme... Pourtant je ne reconnais pas en lui la cruche d'or de mon rêve.

CHRÉMYLE, à Myrto,

De quelle part l'a-t-on amené chez nous ? Dis !

MYRTO.

On a dit qu'Apollon vous avait annoncé sa visite.

CHRÉMYLE.

Plus de doute, c'est lui, lui-même ! O jour trois fois fortuné ! (A Carion.) Nieras-tu encore la clarté de l'oracle ? (A Myrto.) Cours avertir nos parents, nos amis, nos voisins, et même nos ouvriers ! Je veux leur montrer Plutus ; je veux leur dire : « Voilà Plutus qui est chez moi ! Un dieu est mon hôte et mon compère ! »

MYRTO, à Bactis.

Viens, tu m'aideras à les rassembler. (Ils sortent.)

SCÈNE V

CARION, CHRÉMYLE, PLUTUS, endormi.

CHRÉMYLE, agité et charmé, couvant Plutus des yeux.

Cette fois, tu ne diras pas que je suis dupe ! N'ai-je pas compris tout de suite qu'il s'agissait de Plutus en personne ?

CARION.

Il me semblait, mon maître, que j'y avais songé avant vous ?

CHRÉMYLE.

Tu déraisonnes. J'y ai pensé le premier, j'y ai pensé tout seul !

CARION.

Pourtant...

CHRÉMYLE.

Silence ! Le voilà, je crois, qui s'éveille ! (Plutus bâille et se soulève un peu.)

CARION.

Attendez ! Je veux lui demander s'il est tout de bon celui que vous croyez ; car, entre nous soit dit, il n'en a pas la mine.

CHRÉMYLE.

Ne vois-tu pas les rayons d'or qui sortent de sa tête ?

CARION.

Je ne vois pas plus de rayons à sa tête qu'à la vôtre.

CHRÉMYLE.

Gouverne ta langue, sot que tu es, et parle lui honnêtement.

CARION.

Soyez tranquille, vous allez voir ! (A Plutus.) Or çà, vieux chassieux, comment vous appelle-t-on ?

PLUTUS, lourdement.

Hein ?

CARION.

Bon ! il est sourd ! (Lui criant dans l'oreille.) Comment vous appelle-t-on ?

PLUTUS.

Imbécile !

CARION.

Vous vous appelez imbécile ?

PLUTUS.

Non, c'est toi.

CARION.

Merci ! Et vous ?

PLUTUS.

Plutus.

CHRÉMYLE, à Carion.

Ah ! tu vois bien ! (A Plutus, criant.) Et c'est le divin Apollon qui vous a enseigné le chemin de ma demeure ? Répondez, je vous prie !

PLUTUS, se bouchant les oreilles.

Vous m'ennuyez.

CARION.

Il a le réveil maussade.

PLUTUS.

Où est Mercure ? Appelez Mercure pour qu'il me remmène.

CHRÉMYLE, effrayé.

Vous voulez nous quitter ?

PLUTUS.

Tout de suite.

CHRÉMYLE.

Vous ne vous plaisez pas ici ?

PLUTUS.

Où suis-je ? à la campagne ? Je n'aime pas la campagne. Je veux m'en aller ! (Criant.) Mercure !...

CHRÉMYLE.

Mais n'êtes-vous pas ici par l'ordre de Jupiter ?

PLUTUS.

Je me moque bien de Jupiter !

CHRÉMYLE.

Mais Apollon...

PLUTUS.
Votre Apollon radote !

CHRÉMYLE.
Vous blasphémez ?

PLUTUS.
Cela ne vous regarde pas.

CHRÉMYLE.
Fi ! voilà un dieu impie et bien mal-appris !

CARION.
C'est le dieu Trésor, je le reconnais à cette heure !

CHRÉMYLE.
A quoi le reconnais-tu ?

CARION.
A sa stupidité. Qu'y a-t-il, je vous le demande, de plus lourd, de plus sourd, de plus grossier, de plus ingrat, de plus insensible que l'or et l'argent ? Cela vient-il au-devant de nos désirs ? Cela court-il après les malheureux ? Cela a moins de raisonnement que le bœuf qui laboure ! Croyez-moi, mon maître, attachez-moi ce dieu-ci avec de bonnes cordes et frappez-le de verges jusqu'à ce qu'il vous obéisse ; après quoi, vous le laisserez aller et devenir ce qu'il pourra.

CHRÉMYLE.
Non ; je crains la colère des dieux qui me l'ont donné pour hôte.

CARION.
Alors confiez-le-moi, et je vous réponds de lui ! Vous voyez bien qu'il est aveugle. Je le mènerai au bord du précipice, et je le laisserai là, sans bâton, jusqu'à ce qu'il demande grâce.

CHRÉMYLE.
C'est une idée, cela ! Va, et ne le maltraite pas trop.

CARION, clignant de l'œil.
Si fait, je veux le battre un peu !

PLUTUS.
Voyons, voyons ! ne me tourmentez pas. Je cède.

CHRÉMYLE.
Vous restez avec nous ?

PLUTUS.

Puisqu'il le faut !

CHRÉMYLE.

Alors, vive la joie !

SCÈNE VI.

CHRÉMYLE, CARION, PLUTUS, MYRTO.

CHRÉMYLE.

Eh bien, nos amis ?...

MYRTO.

Bactis s'occupe de les avertir. Plusieurs sont déjà chez nous.

CHRÉMYLE.

Courons célébrer la venue d'un hôte si précieux et si rare !

CARION.

Permettez, mon maître. C'est agir comme des fous que d'étaler la richesse devant tant de monde ! Prenez garde qu'à la fin du repas, quand vous aurez bu plus que de raison avec vos amis, ceux-ci ne vous enlèvent le dieu Trésor.

CHRÉMYLE, à Plutus.

Quoi ! tu te laisserais enlever ?

PLUTUS.

Que veux-tu ! je ne suis pas le dieu Mars ; je crains les coups, et j'appartiens à qui me fait violence.

CHRÉMYLE.

Alors, je vais te lier bras et jambes ?

CARION.

Quand vous serez ivre, vous le délierez vous-même !

CHRÉMYLE.

Alors... écoutez. Je ne suis ni jaloux ni avare, et je consens à voir devenir riches les gens de bien qui le méritent. Si Plutus n'était pas aveugle, il ne ferait pas tant d'injustices, et il connaîtrait ses vrais amis. Conduisons-le au temple d'Esculape, et demandons à ce dieu de rendre la vue à un confrère. Nous laisserons Plutus toute la nuit dans le temple avec les cérémonies d'usage, et nous l'irons chercher au point du jour. S'il voit clair, il connaîtra bien que nous sommes des gens sages, économes et justes. Il ne voudra plus retourner dans les villes, et le bonheur habitera chez nous comme au temps où nos pères relevaient leurs cheveux avec la cigale d'or. J'ai dit. (Bactis entre.)

MYRTO.

Et vous avez bien dit, mon père. Il est peut-être autour de nous des gens vertueux (regardant Bactis), dans la peine, dans l'esclavage même...

CARION.

Moi, par exemple !

MYRTO.

Plutus, clairvoyant, reconnaîtra les bons.

CHRÉMYLE.

Oui, oui, Plutus, debout ! Marchons au temple !

PLUTUS.

Mais je ne veux pas, moi !

CHRÉMYLE.

Vous ne voulez pas recouvrer la vue ?

PLUTUS.

J'aime autant rester comme je suis.

CARION.

Pourquoi, vieux fou ?

PLUTUS.

Parce que, depuis tant de siècles que je suis aveugle, je n'ai jamais rencontré d'honnêtes gens.

CARION.

Cela n'est pas étonnant. Nous autres, qui voyons clair, nous n'en rencontrons pas davantage !

CHRÉMYLE.

C'est assez discourir. Je ne veux pas renoncer à mon destin. Marchez, Plutus, ou nous vous porterons.

SCÈNE VII

Les Mêmes, LA PAUVRETÉ.

La Pauvreté apparaît au seuil du bois sacré; elle est vêtue proprement, à la manière des sibylles, bien drapée, couleurs sombres. C'est une grande femme, encore belle.

LA PAUVRETÉ.

Où courez-vous, ô insensés ? Arrêtez ! arrêtez, vous dis-je

CARION.

Qui est celle-ci, et d'où sort-elle ?

LA PAUVRETÉ.

Je suis votre meilleure amie, votre divinité protectrice.

CHRÉMYLE.

Encore une divinité ? Ma maison va devenir un nouvel Olympe ! Viens-tu aussi de la part d'Apollon, vénérable déesse

LA PAUVRETÉ.

Oui ! (Montrant Plutus.) Je suis mieux connue que celui-ci d'Apollon et des Muses.

CHRÉMYLE.

Alors, sois la bienvenue ! (Aux autres.) C'est une belle jeune femme ! (A la Pauvreté.) Dis-nous un peu ton nom !

LA PAUVRETÉ.

La Pauvreté.

CHRÉMYLE, reculant.

Oh ! l'horrible vieille !

CARION.

Sauvons-nous ! C'est la quatrième parque !

CHRÉMYLE.

Et la plus laide, la plus méchante des furies ! Plutus chasse-la, protége-nous !

LA PAUVRETÉ.

Quoi ! j'ai demeuré tant d'années avec vous, et vous avez peur de moi, lâches ingrats ?

CHRÉMYLE.

Nous ne te connaissons plus !

CARION.

Et nous ne voulons plus te connaître. Va-t'en ! Cabaretière à fausses mesures, hôtesse des ruines, compagne des loups et des chiens errants, veux-tu nous faire manger des vipères ? Nous avons assez de toi, va-t'en !

CHRÉMYLE.

Va-t'en et ne souille pas l'entrée de ce bois sacré, où tu as la malice de te tenir pour échapper à notre colère ! Va-t'en, et sois trois fois maudite !

LA PAUVRETÉ.

Avez-vous fini de m'injurier, extravagants que vous-êtes ? Ne m'écouterez-vous pas ?

CHRÉMYLE.

Non.

CARION.

Tu es condamnée d'avance, toi et les tiens.

BACTIS.

Chrémyle, tu as toujours été doux et hospitalier. Écoute cette femme, et tu verras bien, à ses discours, si elle vient de la lumière ou des ténèbres.

CHRÉMYLE.

Mais si elle nous persuade de renvoyer Plutus ?

BACTIS.

Elle ne te persuadera pas, si tu as de meilleures raisons que les siennes.

CHRÉMYLE.

Et, si je n'en trouve pas, il me faudra donc la croire ? C'est ce que je ne veux pas.

MYRTO.

Mais vous en aurez, mon père ; vous êtes un homme sage.

CHRÉMYLE.

Certainement, je suis un homme sage, et aussi capable de bien raisonner que tous ceux de la ville ; mais...

MYRTO, bas, à son père.

Ne l'offensez pas, laissez-la parler. N'est-elle pas à craindre ?

CHRÉMYLE.

Eh bien !... je veux parler le premier, et je lui dirai de telles vérités, qu'elle n'osera pas répliquer un seul mot !

LA PAUVRETÉ.

Va, je t'écoute.

CHRÉMYLE, important et naïf.

Faites bien attention à ce que je vais lui dire ! — A voir la manière dont les choses sont arrangées en ce monde, ne reconnaîtras-tu pas que la vie est une fureur ou plutôt une rage ? La plupart des scélérats sont dans l'opulence, et la plupart des honnêtes gens sont à plaindre, manquent de pain, et passent leurs jours en ta compagnie ! Si Plutus que voici (il le salue), au lieu de marcher à tâtons et de s'arrêter où le hasard le pousse, devient capable de se bien conduire, il fuira les méchants, et, de cette façon, les hommes ayant intérêt à lui plaire, il fera que tout le monde aura de la piété, de la vertu et des richesses. Peut-on rien voir de plus avantageux, et ne trouves-tu pas que personne ne pouvait imaginer rien de plus beau que mon idée ?

MYRTO.

Mon père a raison.

CARION.

Mon maître parle d'or.

LA PAUVRETÉ.

Te voilà bien fier d'avoir trouvé cela, bon Chrémyle ! Mais tu n'as pas songé à ceci, que les hommes, devenant pieux par intérêt, ne seront plus que des hypocrites ! En quoi la vertu a-t-elle besoin de tant de richesse, et où as-tu pris que la richesse donne le bonheur ? Que deviendrez-vous quand personne n'aura plus de désirs ? Qui se souciera d'apprendre les sciences, les arts et les métiers ? Qui voudra être forgeron, constructeur de navires, charron, tailleur, faire de la brique, blanchir la laine, préparer les cuirs ou fendre la terre avec la charrue pour obtenir les dons de Cérès, si chacun peut vivre dans une molle paresse ?

CHRÉMYLE.

Tout ce que tu dis là, nous le ferons faire par nos esclaves.

LA PAUVRETÉ.

Et où en trouverez-vous ?

CHRÉMYLE.

Vraiment! nous en achèterons.

LA PAUVRETÉ.

Et qui voudra vous en vendre ?

CHRÉMYLE.

Bah! ces marchands de Thessalie, qui vivent, comme on dit, du produit de la chair humaine.

BACTIS, tressaillant.

O dieux !

LA PAUVRETÉ, lui mettant la main sur l'épaule.

Oui, ces gens qui vont à la chasse aux hommes au péril de leur vie! Voilà, Chrémyle, comment tu entends la justice ?

CARION.

Quand nos maîtres seront riches, les esclaves seront bien nourris, bien vêtus...

LA PAUVRETÉ.

Tu parles comme un homme dégradé par la servitude ; mais, toi, Chrémyle, tu confonds toutes choses, et tu n'entends même pas tes intérêts. Ne vois-tu pas que Plutus n'est qu'une force inerte, un leurre, et que, pour t'instruire, les dieux te l'envoient couvert de haillons, infirme et repoussant? Va, ne demande pas qu'il recouvre la vue, car il ne saurait pas s'en servir. Il ne peut rien par lui-même, et, s'il visite un jour également tous les hommes, c'est moi et mon frère le Travail qui l'aurons forcé d'ouvrir ses mains avares! En attendant, ne te fie pas aux promesses que tu lui arracherais et ne persuade pas aux autres de me chasser, ou bien compte que tu ne trouveras plus personne pour porter avec toi le fardeau de la vie. Tu seras forcé de bêcher ton champ tout seul et de mener une existence beaucoup plus dure que tu ne penses. Tu n'auras ni lits ni tapis pour te coucher ;

quel ouvrier voudra en faire, s'il compte que le salaire lui viendra en dormant? Lorsque tu célébreras des noces dans ta maison, tu n'auras point d'essences pour parfumer tes convives, plus de ces étoffes artistement brochées et magnifiquement teintes dans la pourpre, dont se parent les jeunes époux, plus de vases précieux, honneur des familles, plus de vins généreux, plus d'autels de marbre, plus de temples, plus de jeux, plus de bains, plus rien de ce que vous estimez utile ou nécessaire. Allez, pauvres aveugles, ne vous mettez pas sous la conduite de ce malheureux qui est la proie des mauvaises passions et la cause de tous les crimes. Vous ne voyez pas ses hideux satellites rangés autour de lui! Non, vos yeux abusés n'aperçoivent pas ce cortége sinistre : l'orgueil, l'envie, la sottise, la fureur, la mollesse, l'insolence, la folie, le mensonge et la lâcheté! Ces furies bercent son sommeil funeste, tandis qu'autour de mes veilles fécondes veillent avec moi trois compagnes fidèles : la probité, la sagesse et la persévérance.

CHRÉMYLE.

Il y a du vrai dans tout cela.

CARION.

Quoi! mon maître, vous voilà déjà ébranlé et prêt à tomber dans ses piéges? O verges et carcans! tu as menti, détestable Pauvreté! Ton cortége, à toi, ce sont les tiraillements de la faim, les cris, les plaies et la vermine! Tes présents, les haillons, une natte pourrie pour tapis, une pierre pour oreiller, de la mauve au lieu de pain et de méchantes feuilles de rave accommodées en bouillie! En fait de siége, tu donnes à tes convives le couvercle d'une amphore brisée, et, en guise de mortier pour broyer leur grain, un vieux fond de tonneau pleins de fentes. Pour la nuit, tu leur procures une litière de joncs pleine de cousins, insectes maudits, qui, de leur voix aiguë et implacable, chantent aux oreilles du pauvre longtemps avant l'aurore : « Allons, debout! le sommeil est inutile à qui doit mourir de faim! » Qu'as-tu à répondre? Ne sont-ce pas là tes bienfaits?

CHRÉMYLE.

Tu as dit la vérité. Oui, voilà le sort qu'elle m'offre!

LA PAUVRETÉ.

Esclave, ce n'est pas la vie des pauvres que tu viens de dépeindre, c'est celle des gueux et des mendiants.

CHRÉMYLE.

C'est la vérité du proverbe : « Pauvreté, sœur de gueuserie ! »

LA PAUVRETÉ.

C'est un proverbe menteur! Ma vie, à moi, n'a rien de commun avec la misère. Le gueux n'a jamais rien, il aime à croupir dans l'inaction. Le pauvre a toujours quelque chose. Il est sobre, il ne se laisse pas dégrader par le vice; il s'estime et se respecte.

CHRÉMYLE.

Oh! par Cérès! tu nous promets là une belle vie, où, en épargnant et travaillant toujours, on ne peut pas laisser seulement de quoi se faire enterrer avec honneur!

LA PAUVRETÉ.

Qu'importe la pompe des funérailles, si la vie a été saine et heureuse? Ignores-tu que je suis bonne au corps autant qu'à l'esprit? C'est de Plutus que vous viennent la goutte, le gros ventre et les jambes enflées. C'est par moi que vous restez sveltes, légers, robustes et redoutables à vos ennemis! Avec moi, on est modeste...

CARION.

Avec toi, on est voleur, et, comme il y a du danger à l'être, on a la modestie de ne s'en point vanter.

LA PAUVRETÉ.

Arrière, bouffon! Les voleurs sont les ennemis de la Pauvreté et les premiers serviteurs de Plutus. (A Chrémyle.) Vois les orateurs, tant qu'ils sont pauvres, ils plaident pour le bonheur du peuple et la gloire de la patrie;... dès qu'ils se sont enrichis, la patrie et le peuple n'ont pas d'ennemis plus cruels.

CHRÉMYLE.

Par Minerve! toute méchante que tu es, tu dis des choses vraies. Il n'en est pas moins certain que tous les hommes te fuient.

LA PAUVRETÉ.

Parce que je les rends meilleurs. Est-ce que les enfants ne fuient pas les salutaires leçons de leurs parents? est-ce que les humains connaissent aisément ce qui leur conviendrait le mieux?

CHRÉMYLE.

Que Jupiter et tous les dieux réunis confondent ton bavardage incommode! Tiens, en voilà assez! va te faire pendre et ne me dis plus rien; car tu auras beau chercher à me persuader, tu n'y réussiras jamais! Tais-toi et va-t'en!

LA PAUVRETÉ.

Un temps viendra où vous me rappellerez!

CHRÉMYLE.

Alors, tu reviendras; mais, pour le moment, je veux être riche et faire bonne chère avec ma famille. Je veux me baigner, me parfumer, oublier mes peines et me moquer de toi! (La Pauvreté disparaît. — A Carion.) Allons vite trouver Esculape! Entrons à la maison pour prendre des couvertures, des offrandes, et tout ce qu'il faut. Nous remettrons à demain nos convives, et chacun passera la nuit dans l'attente du bonheur.

CARION.

Allons, Plutus, en route! Par Mercure, il dort tout debout!

CHRÉMYLE.

Fais-le marcher; tire, pousse, allons! (Ils sortent.)

SCÈNE VIII

BACTIS, MYRTO.

MYRTO.

N'allons-nous pas avec eux ?

BACTIS.

Ne nous inquiéterons-nous pas plutôt d'apaiser et d'honorer la Pauvreté, qui vient d'être si mal reçue ?

MYRTO.

Oui, la prudence le conseille ; mais... où aura-t-elle passé ?

BACTIS, montrant le bois sacré.

Elle est rentrée là, elle va en sortir, et nous la reconduirons avec respect jusqu'à la dernière borne de vos champs.

MYRTO.

Mais... si elle est sortie par l'autre porte du bois sacré ?

BACTIS.

Non ; le chemin est coupé par une saignée qu'on y a faite hier, et qui n'est pas encore recouverte.

MYRTO.

Elle aura pu prendre sur la gauche, dans les vignes ?

BACTIS.

Non, il y a là des arbres abattus qui empêchent de passer.

MYRTO.

Mais... le long du ruisseau ?

BACTIS.

Les bœufs, en allant boire, ont piétiné tout le rivage, il n'y a plus trace de sentier.

MYRTO.

Il faut donc l'attendre ici ? Je l'attendrai. Ne portes-tu pas cette gerbe à la maison ?

BACTIS.

La nuit descend. N'auras-tu pas quelque frayeur de rester seule ?

MYRTO.

Si j'ai peur, j'invoquerai cette déesse.

BACTIS.

Mais... si elle est déjà partie ?

MYRTO.

Tu disais qu'elle ne pouvait sortir que par cette porte ?

BACTIS.

Myrto !... laisse-moi rester près de toi...

MYRTO.

Tu aimes donc la société de l'ennemi ? Ignores-tu que je te hais ?

BACTIS, cueillant une branche.

Tiens, frappe-moi si c'est ton plaisir ; mais ne me dis pas de te quitter.

MYRTO.

Bactis, mon cher Bactis !... Mais, non ! je suis menteuse, je suis cruelle ! j'aime à faire souffrir, j'ai la perfidie de Circé et la flatterie des sirènes. Fuis-moi, je suis la plus funeste des créatures !

BACTIS, à genoux.

Myrto !... rêve de mes nuits, aiguillon de ma douleur, pardonne !

MYRTO.

Tu m'aimais donc, ô le plus fourbe des étrangers ?

BACTIS.

Et tu ne le voyais pas !

MYRTO.

Lequel de nous était le plus aveugle ?

BACTIS.

Chère Myrto !...

MYRTO, le relevant.

Hélas ! le sort nous sépare. Quelle secourable déesse allons-nous invoquer ?

BACTIS.

Aime-moi beaucoup pour attendrir les dieux !

MYRTO.

Reprends ta gerbe, ma mère doit m'attendre.

BACTIS.

Ta mère me plaint et m'estime. Allons lui demander conseil. (Ils sortent.)

ACTE TROISIÈME

SCÈNE PREMIÈRE

MYRTO, CARION.

MYRTO.

Est-il vrai qu'il ait recouvré la vue?

CARION.

Le plus grand bonheur du monde est arrivé à mon maître, à son fils, à vous, à moi, — car j'espère en avoir ma part, — enfin à Plutus lui-même, dont les yeux éteints sont devenus plus brillants que deux étoiles. Laissez-moi courir pour que le premier j'annonce la nouvelle à votre mère; car toute bonne nouvelle a droit à un présent, et je lui veux demander un de ces gâteaux qu'elle fait si bien.

MYRTO.

Je t'en donnerai tout un collier, si tu me racontes l'aventure sans y mêler tes paroles de fou.

CARION.

Laissez-moi devenir riche! Je ne dirai alors que des choses sages, et qui paraîtront admirables à tout le monde! Écoutez bien: sitôt que nous sommes sortis d'ici hier soir, nous avons conduit Plutus à la mer, et nous l'y avons bien lavé.

MYRTO.

Un bain froid à un vieillard!

CARION.

Il n'était pas trop content; mais nous l'avons bien vite conduit au temple d'Esculape. Nous y avons consacré les gâteaux et la farine avec la flamme de Vulcain, suivant l'usage; après quoi, nous avons couché Plutus sur un petit lit, et chacun s'en est accommodé un tout semblable pour faire la veillée avec lui. Il y avait là bon nombre de malades, entre autres ce Néoclidès, qui se dit aveugle aussi, et qui vole la république aussi proprement que s'il avait les yeux de Lyncée. Or, quand nous avons tous été couchés dans le temple, le sacrificateur est venu nous commander de dormir et de ne pas bouger, quelque chose que nous puissions voir et entendre. Moi, dans l'attente de quelque prodige, je me tenais bien éveillé, quand je vis mon homme qui prenait sur la table sacrée les figues, les gâteaux, toutes les offrandes, et qui les mettait dans un grand sac pour les emporter.

MYRTO.

Est-ce là tout le miracle que tu as vu?

CARION.

Non; car j'ai vu Esculape comme je vous vois ! Le sacrificateur venait d'éteindre toutes les lampes, lorsque le dieu de la santé, le père de tant de beaux enfants, le mien par conséquent, est arrivé du fond du sanctuaire, accompagné de ses deux prêtresses Jaso et Panacée.

MYRTO.

Comment les as-tu vu sans lumière?

CARION.

Je n'en sais rien; mais j'ai remarqué qu'en passant près de moi, l'une de ces dames rougissait et que l'autre baissait les yeux. Esculape s'est approché de Plutus et lui a essuyé le visage avec un linge fin. Puis il a sifflé, pendant que Panacée couvrait d'un voile de pourpre la tête de Plutus. Alors, deux serpents énormes sont accourus, ils se sont glissés sous le voile, ils ont léché délicatement les yeux du malade...

MYRTO.

Tu as vu cela malgré le voile?

CARION.

Parfaitement. Et tout aussitôt Plutus s'est levé, voyant et saluant tout le monde. Nous avons couru tous l'embrasser, et le voici qui arrive avec votre père. Ils ne viennent pas vite, au milieu de la foule qui se presse autour d'eux! Chacun veut toucher et caresser Plutus, les pauvres se réjouissent, les riches tremblent de perdre ses faveurs. Écoutez, voici les cris et les acclamations de triomphe, et, comme nous manquons de musiciens et de joueurs de flûte, vous allez entendre un vieillard que personne ne connaît, une espèce de rapsode qui passait et qui s'est joint à nous, lequel célèbre en très-joli langage les louanges de Plutus et la joie des assistants.

MYRTO.

C'est donc comme sur le théâtre d'Athènes, où la mode est venue de ne plus faire chanter le chœur, mais de faire parler un acteur qui se mêle à la pièce?

CARION.

Absolument. Écoutez, écoutez! Le voilà! les voilà tous! Évaï! Évaï! (On crie derrière le théâtre : « Évaï! Évaï! »)

SCÈNE II

CARION, MYRTO, CHRÉMYLE, PLUTUS, porté par les PAYSANS sur un brancard de feuillage. AMIS et VOISINS de Chrémyle avec leurs femmes et leurs enfans. MERCURE, déguisé en rapsode, avec une lyre, une barbe et un vieux *sagum*. — BACTIS entre d'un autre côté et se tient à l'écart.

MERCURE.

Honneur au plus beau des immortels! honneur à Plutus, le plus chéri des dieux! Nous brûlions de te posséder dans nos campagnes, nous étions desséchés de soupirer après toi. Délions les bœufs, et que le soc de la charrue se couvre de rouille! Ta présence va nous dispenser des soucis et de la fatigue! Tout va germer et mûrir sans que nous en prenions aucun soin. Nos raisins de Lemnos vont écraser sous leur poids les supports et les treilles; nos jeunes plants d'oliviers vont se couvrir, avant la saison, de fruits abondants et sains! O mes amis, ne songeons plus qu'à couper du lierre pour couronner nos coupes! Nous allons, mollement couchés sur des tapis de violettes, au bord des sources toujours pleines, boire le vin doux parfumé de graines de myrte !

CARION.

Que ce coryphée est agréable ! Jamais personne ne parla si bien. Par ma foi, je veux aussi louer Plutus pour qu'il fasse attention à moi ! O dieu ami de la danse !...

PLUTUS, qui est descendu de son brancard et qui se traîne en boitant.

En voici un qui me prend pour Bacchus !

CARION.

Excuse-moi, Plutus ! N'es-tu pas le dieu des fêtes et de la bombance ?... O divin Plutus, aimable adolescent, fais que nos marchés regorgent de richesses, de bonnes tête d'ail, de concombres précoces, de pommes, de grenades et de bons petits vêtements de laine pour les esclaves ! qu'on y voie accourir ces braves marchands de Béotie chargés d'oies, de canards, de tourterelles, de bisets, de lièvres, de roitelets et de sauterelles bien grasses ! qu'on nous apporte des paniers pleins de poissons et de coquillages, et que, pressés à table, nous y mangions jusqu'à tomber dessous ; après quoi, nous traînant avec délices à la manière des quadrupèdes, nous lutterons à nous pousser et à nous amonceler sous tes pieds comme un grand tas de pots cassés et de coquilles d'huîtres !

(Il s'agenouille et baise le vêtement de Plutus, qui le repousse, et va de l'un à l'autre sans pouvoir se soustraire aux hommages et aux embrassades.)

CHRÉMYLE, embarrassé, à Mercure.

Pour dire la vérité, à moins que Plutus ne fasse sortir de terre des mets délicieux, j'ignore où nous les prendrons ! Mon plus grand régal est de faire griller des pois et de les manger avec une grive et deux pinsons, en arrosant le tout d'une boisson de thym broyé, favorable à la digestion ; mais, si Plutus dédaigne nos repas champêtres, il ne tiendra qu'à lui, je pense, de nous faire faire meilleure chère !

MERCURE.

Or donc, Plutus, écoute ce que l'on te dit, et réponds à ton hôte, au lieu de branler la tête !

PLUTUS.

Eh! eh! je ne suis point fâché de revoir la lumière du soleil! et ces bonnes gens me font un accueil agréable. Je consens donc, pourvu qu'ils cessent de m'étouffer de leurs embrassements, à demeurer parmi eux.

CHRÉMYLE.

Oui, oui, Plutus! à cette heure, tu reconnais les hommes de bien, et tu vois que j'en suis!

CARION.

Le plus homme de bien, c'est moi.

MERCURE.

Tous disent la même chose; mais allez donc dresser la table, et que chacun apporte ses provisions!

LES PAYSANS.

Oui, oui! allons! (Ils sortent.)

MERCURE, à Chrémyle, qui se tient toujours près de Plutus.

Va donc préparer ta maison!

CHRÉMYLE, inquiet.

Oui, mais... qui êtes-vous?...

MERCURE.

Je suis son valet, et il veut me parler. Éloigne-toi, et ne te rends pas importun par trop de zèle.

CHRÉMYLE, à Carion et à Bactis.

Tenez-vous là, tout près, et faites bonne garde; ne le perdez pas de vue! (A Myrto.) Viens aider ta mère. (Ils sortent.)

SCÈNE III

MERCURE, PLUTUS.

MERCURE.

Ah çà! vieux fou, est-ce une plaisanterie? Prétends-tu demeurer ici, déserter ton poste, m'abandonner aux embarras des affaires et passer tes jours dans la fainéantise?

PLUTUS.

Écoute donc, Mercure, je me trouve très-bien ici... Ces

paysans font des vœux si modestes, que j'aurai peu de peine à les contenter.

MERCURE.

Oui, le premier jour, parce qu'ils ne connaissent pas l'emploi des richesses; mais ils seront bientôt dévorés d'une soif ardente, et ils te feront travailler comme un esclave !

PLUTUS.

S'ils ont soif, que Bacchus les désaltère ! Ils me demandent ce que je ne puis leur donner ; je ne suis pas chargé de la fécondité du sol. Je leur promettrai tout ce qu'ils voudront ; ils me nourriront, ils m'engraisseront, et je vivrai dans un doux repos.

MERCURE.

Mais songe donc que je ne puis souffrir cela ! Depuis hier que tu es absent de la cité, tout dépérit déjà. Les marchands voient leurs boutiques désertes. Les gros commerçants tremblent devant le spectre de la banqueroute assis à leurs comptoirs. Les avocats ne veulent plus défendre leurs clients, ni les médecins assister leurs malades ; les juges menacent de rendre des arrêts équitables, les courtisanes parlent de devenir vestales. On ne peut plus corrompre la jeunesse ; les espions et les dénonciateurs veulent se pendre ! Que veux-tu que je devienne sans toi, moi le nerf des échanges et l'agent des transactions ? Veux-tu donc déplacer le foyer de l'activité humaine et donner la suprématie à ces grossiers paysans, ennemis des arts, du luxe, de l'élégance et du beau langage ?

PLUTUS.

Tout ce que tu dis là ne me touche pas. Je suis ici par l'ordre de Jupiter, et j'y reste.

MERCURE.

Jusqu'à ce soir.

PLUTUS.

Toujours.

MERCURE.

Mais songe à l'avarice des paysans ! Ils te lieront à un joug, ils t'enfouiront dans les cavernes !

PLUTUS.

N'ai-je pas été enterré vivant dans les murailles des temples et dans les caves des usuriers? J'aime encore mieux cela que les voyages auxquels tu me condamnes. J'en ai assez, je suis trop vieux.

MERCURE.

C'est ton dernier mot?

PLUTUS.

Le dernier. Laisse-moi. Va-t'en.

MERCURE, à part.

Eh bien, c'est ce que nous verrons!

SCÈNE IV

MERCURE, PLUTUS, CHRÉMYLE, MYRTO, avec une corbeille; BACTIS et CARION, au fond.

MERCURE, à Chrémyle.

Allons, mon ami, emmène Plutus et fête sa guérison. Il te doit la lumière, demande-lui l'opulence.

MYRTO, à Chrémyle.

Attendez, mon père. Je dois, suivant l'usage, honorer la tête de votre hôte. (Elle répand sur la tête de Plutus les fleurs de sa corbeille, et lui dit à voix basse en se courbant devant lui.) Dieu des richesses, donne-moi, en retour de cet hommage, une grosse bourse pleine d'or! (Chrémyle, un peu au fond, donne des ordres à ses esclaves.)

PLUTUS.

Oui, oui, plus tard.

MERCURE, à Myrto.

Sache qu'il promet toujours, et qu'il tient le moins possible.

MYRTO.

Plutus, au nom de ma mère, qui m'a dit de t'implorer, et qui se donne beaucoup de mal pour te bien recevoir, accorde-moi ce que je te demande.

LE DIEU PLUTUS

PLUTUS, montrant Mercure.

Demande à celui-ci, qui est porteur de ma bourse.

MERCURE, montrant une grande bourse de cuir toute plate.

Ne vois-tu pas que tu l'as laissée vide ?

PLUTUS, prenant la bourse.

Eh bien, attends. (Il souffle dans la bourse, qui se gonfle, et la donne à Myrto.) Laisse-moi tranquille, à présent ! (Haut.) Allons dîner.

CHRÉMYLE.

Oui, oui, Plutus, je brûle de te posséder dans ma maison et de te présenter ce que j'ai de plus cher au monde, ma femme, mes enfants,... après toi pourtant !

PLUTUS.

Après moi ?

CHRÉMYLE.

Que veux-tu ! on te doit la vérité !

CARION.

Et moi, je te chéris... presque autant que moi-même. Ohé ! ohé ! évohé ! (Ils sortent.)

SCÈNE V

MERCURE, MYRTO, BACTIS.

MYRTO, à Mercure.

Ton maître nous raille et nous méprise. On lui demande de l'or, et il ne donne que du vent !

MERCURE.

Patience et confiance, Myrto !

MYRTO.

Qu'est-ce donc ? Cette bourse devient si lourde, que je ne puis la porter. (Elle laisse tomber la bourse, qui s'ouvre et répand l'or dont elle est pleine.)

MERCURE.

A présent, tu appartiens à Plutus ! N'oublie pas de sacrifier à Mercure, qui protége l'ambition. (Il sort.)

SCÈNE VI

BACTIS, MYRTO.

MYRTO, qui s'est agenouillée.

Mets-toi là, Bactis; aide-moi à compter cet or et à l'emporter.

BACTIS.

Et toi aussi, Myrto, te voilà enivré! N'étais-tu donc pas assez riche?

MYRTO.

Oh! non! j'étais pauvre!

BACTIS.

Pauvre! avec la jeunesse, l'amour et la beauté!

MYRTO. (Bactis l'aide à remettre l'or dans la bourse.)

Je n'avais pas ta liberté, et la voici! C'est ta rançon!

BACTIS.

Que dis-tu?

MYRTO.

Que ma mère m'a bien conseillée, et que je rends grâce au dieu Plutus.

SCÈNE VII

MYRTO et BACTIS, penchés sur la bourse que Bactis lie; LA PAUVRETÉ

LA PAUVRETÉ.

O enfant trop crédule! Plutus n'est pas un dieu; il n'a de valeur que par la volonté de l'homme. Produit de la terre, fils de Rhée, qui l'a porté sans amour dans son sein, il fait ici-bas le bien ou le mal, selon que la main qui l'emploie est pure ou souillée; mais il trompe souvent l'intention la plus droite. Il t'apporte aujourd'hui la joie; crains que, demain, il ne t'apporte la douleur!

MYRTO.

Es-tu une déesse pour m'avertir ainsi, ou une sibylle pour rendre des oracles?

LA PAUVRETÉ.

Je suis une des filles du Destin, et j'ai l'expérience qui sait prévoir.

BACTIS.

Vertu secourable, j'accepte, moi, tes saintes leçons! J'ai connu les faveurs de Plutus; mais Plutus n'a pas su préserver ma liberté. Toi qui m'as visité dans l'esclavage, tu ne m'as pas trompé par de vaines promesses, car tu m'as appris à compter sur moi-même. Tu m'as souvent consolé dans l'insomnie des nuits brillantes d'étoiles, au bruit des vagues mugissantes. Tu m'as parlé dans les songes du sillon et de la gerbe, à l'heure accablante de midi. Pauvreté laborieuse, je te connais! Soutiens mes forces, et compte que, si je revois le ciel pâle et les sombres bruyères de ma patrie, je t'élèverai un autel chaque jour paré des fruits arrachés par le travail au sein de la terre aujourd'hui inculte. Nul esclave ne labourera mon patrimoine. Je te jure que tous mes captifs seront affranchis en mémoire des fers que j'aurai portés!

MYRTO.

O puissance que je redoute, mais que je veux adorer, si tu aimes Bactis, fais qu'aux yeux de mon père, il redevienne mon égal, comme, aux tiens, il est déjà mon supérieur par la science et la vertu. Fais que nous soyons unis, et je te jure de ne jamais adorer ce Plutus que tu dédaignes.

LA PAUVRETÉ.

Enfants, le divin Jupiter, le dieu seul omnipotent que les hommes connaissent si mal et dénaturent dans leurs vœux impies, le véritable maître des destinées, veille sur vous et ne restera pas sourd à vos prières; mais n'espérez rien de cet or dont vous allez bientôt voir l'impuissance... C'est la gloire des combats qui seule peut racheter Bactis. Jeune homme, prépare ton cœur aux grandes luttes et aux grands périls : c'est là que tu trouveras ta délivrance. (Elle disparaît.)

SCÈNE VIII

BACTIS, MYRTO.

MYRTO.

Cette cruelle veut donc nous séparer? Non, je ne le veux pas, moi!

BACTIS.

Tu pleures, Myrto? Tu veux arracher tes beaux cheveux? Chère âme de ma vie, aie confiance; je t'aime, et je reviendrai.

MYRTO.

Que sais-je? Cette austère déesse ne connaît pas la pitié! La délivrance qu'elle t'annonce,... c'est peut-être la mort! O mon cher Bactis, si tu pars, je me laisserai mourir de faim.

BACTIS.

Je partirai, si c'est l'ordre du Destin, Myrto, et, si je ne reviens pas, il ne faudra pas me pleurer; car, n'eussé-je que cet instant de bonheur, il vaut toutes les années d'une longue vie!

MYRTO, se baissant pour ramasser la bourse.

N'importe!... je veux... je veux combattre le Destin jusqu'à ce qu'il me brise!

ACTE QUATRIÈME

SCÈNE PREMIÈRE

BACTIS, CARION.

CARION, un peu aviné.
Comment ! tu restes dehors quand tout est liesse et ripaille dans la maison ?

BACTIS.
Tu sais bien que je n'entends rien au service de la table.

CARION.
Oui, tu casses trop d'amphores, tu as la main barbare,... à moins que tu ne le fasses exprès pour te dispenser...

BACTIS.
Je t'avoue que, lorsqu'on m'a essayé pour cet office, j'ai fait exprès d'y déployer ma maladresse.

CARION.
Je ne te trahirai pas ; mais je veux te réprimander.

BACTIS.
Toi ?

CARION.
Oui, moi. Il faut que tu sois bien grossier et d'une nature bien sauvage pour préférer le service des animaux à celui des hommes ! Eh quoi ! tu prépares la nourriture des bœufs, tu nettoies la crinière du cheval et la crèche de l'âne ! Tu enlèves le fumier des étables, et tu vas le répandre sur la terre, qui ne t'en sait pas le moindre gré, vu qu'elle a tout autant de plaisir à faire pousser l'acanthe et l'ortie que les plus nobles présents de Cérès et de Pomone ! Enfin tu recueilles précisément le gland des chênes pour satisfaire l'ap-

petit vorace des pourceaux, et tu dédaignes de préparer les lits de maîtres pour les festins, de laver les écuelles et de rincer les coupes! Va, tu n'es qu'un Scythe, un Sarmate et un centaure!

BACTIS.

Les animaux ne commandent pas, Carion; ils lèchent la main qui les nourrit: l'esclave est forcé de lécher celle du maître.

CARION.

Je t'accorde qu'ils récoltent souvent plus de coups de pied chez certaines gens que le chien de la maison; mais il mange avant le chien, et c'est quelque chose. D'ailleurs, aujourd'hui, tout est délices dans la maison de Chrémyle. Oh! la belle chose que de devenir riche en un instant sans rien tirer de soi-même! Tu ne le croirais jamais, nous voilà comblés de biens sans avoir fait aucun mal!

BACTIS.

Que s'est-il donc passé depuis ce matin?

CARION.

Des choses étonnantes, mon garçon, de véritables prodiges! Tout d'abord, Plutus, qui était à jeun, n'a songé qu'à se remplir le ventre ni plus ni moins qu'un simple mortel; mais à peine a-t-il commencé à boire, qu'il est devenu aimable et généreux. Alors, tous les coffres de la maison se sont mis à regorger d'or et d'argent: notre puits, qui était à sec, s'est rempli d'huile excellente; le toit de la maison s'est couvert de belles figues séchant au soleil; nos cruches ont été pleines d'essences; toutes nos fioles à vinaigre, nos petits plats et nos marmites de terre ont été changés en beau cuivre brillant; nos écuelles à poisson, qui étaient toutes pourries, se sont trouvées faites d'argent pur, et jusqu'à la ratière qui est devenue tout à coup d'ivoire! Mes camarades et moi, nous allons bientôt jouer à pair ou non avec des statères d'or, et porter des manteaux de pourpre, si cela nous convient!

SCÈNE II

CARION, BACTIS, CHRÉMYLE.

CHRÉMYLE, de mauvaise humeur, à Carion.
Pendant que tu t'amuses à babiller ici, on est mal servi chez moi, et les coupes restent vides. Allons, à l'ouvrage, drôle !

CARION.
A vous dire vrai, mon maître, j'ai tant travaillé des mains et de la mâchoire, que j'éprouvais le besoin de prendre l'air.

CHRÉMYLE, le menaçant.
Ne réplique pas et obéis, double brute !

CARION, à part.
Oh ! oh ! voilà mon maître de bien mauvaise humeur ! Plutus l'aurait-il battu ? (Il sort.)

SCÈNE III

CHRÉMYLE, BACTIS.

CHRÉMYLE, inquiet.
Eh bien, où est-il, cet étranger qui rôdait autour du logis et demandait à me parler ?

BACTIS.
Je n'ai vu personne.

CHRÉMYLE.
Cherche-le, et sache un peu ce qu'il veut. S'il te demande où est Plutus, dis-lui que tu ne le connais pas. (Bactis sort.)

SCÈNE IV

CHRÉMYLE, seul.

Pour les gens de chez nous, je veux bien qu'ils retirent quelque chose des faveurs de mon hôte; mais, si ceux de la ville espèrent que je les admettrai au partage !... D'abord, ce sont tous fripons ou prodigues qui me le raviraient ou me l'épuiseraient en un tour de main ; et puis quelque calomniateur pourrait bien me traduire devant les juges comme ayant commis un crime, assassiné quelque voyageur ou percé le mur d'une maison ! Quand on voit un homme devenir riche tout d'un coup, on le soupçonne. J'ai eu tort de ne pas cacher, même à mes plus proches, la présence de Plutus. Je me sens triste et comme menacé des plus grands malheurs.

SCÈNE V

CHRÉMYLE, BACTIS, MERCURE, au fond.

BACTIS, à Chrémyle.

Cet étranger semble ignorer ce que tu veux cacher. Il insiste pour que tu l'écoutes.

CHRÉMYLE.

Allons, qu'il vienne ! (A part.) Je me méfierai ; oui, oui, à présent, il faut se méfier de tout le monde. (Mercure approche, Bactis sort.)

SCÈNE VI

CHRÉMYLE, MERCURE, sous le déguisement d'un héraut.

MERCURE.
Riche et vénérable cultivateur...

CHRÉMYLE.

Vénérable, je ne dis pas non ; mais riche, vous vous trompez l'ami : je ne suis pas riche.

MERCURE, familier.
Alors, mon pauvre homme...

CHRÉMYLE, piqué.

Par la sibylle, je ne suis pas non plus pauvre ! ne me parlez pas sur ce ton-là.

MERCURE.
Comment donc te parlerai-je, ô Chrémyle ?

LE DIEU PLUTUS

CHRÉMYLE.

Parlez-moi honnêtement, et dépêchez-vous.

MERCURE.

Je viens ici par l'ordre du sénat...

CHRÉMYLE, vivement.

Je n'ai rien fait de mal; je n'ai rien à démêler avec les magistrats de la ville.

MERCURE.

Qui t'accuse d'aucun mal? Tu es bien craintif!

CHRÉMYLE.

Je ne suis pas craintif; je ne crains personne, entendez-vous!

MERCURE.

C'est à toi d'entendre ce qui m'amène. Je suis le héraut chargé de publier la guerre dans les campagnes.

CHRÉMYLE.

Par tous les dieux! c'est là quelque chose de neuf! Voilà plus de cinq ou six olympiades que nous avons la guerre avec tous les voisins, et tu penses que nous l'ignorons, nous qui nous en sommes tant ressentis!

MERCURE.

La république veut vous en dédommager en forçant par de nouveaux combats les ennemis à demander la paix. Elle vient d'équiper une nouvelle flotte et réclame le concours de tous ses citoyens.

CHRÉMYLE.

On veut que je fasse la guerre? Je refuse; je ne suis pas citoyen, moi! Je ne suis pas même chevalier! J'appartiens à la classe des habitants libres; je suis d'origine béotienne. Je n'ai jamais été molesté par ces gens de Lacédémone, je ne leur veux aucun mal, et enfin je n'aime pas à me battre. Retire-toi et me laisse achever mon repas.

MERCURE.

Attends un peu, ô sage et prudent vieillard : tu n'es plus d'âge à porter l'aigrette et la gorgone; mais n'as-tu pas des fils?

CHRÉMYLE.

Je n'en ai qu'un, un tout petit; c'est toute ma joie, et je ne veux pas qu'il soit tué ou blessé !

MERCURE.

Tu as des neveux au moins ?

CHRÉMYLE.

Mes neveux m'aident à travailler ma terre : je ne puis m'en passer.

MERCURE.

Des serviteurs, alors ?

CHRÉMYLE.

Merci ! Je les ai payés à beaux deniers comptants, et j'irais vous les donner pour rien ?

MERCURE.

Écoute-moi, Chrémyle. Tout homme aspire à monter. L'esclave voudrait être affranchi, l'homme libre voudrait avoir le droit de cité. La république décerne de flatteuses récompenses à ceux qui lui font de généreux sacrifices.

CHRÉMYLE.

Je n'ai nulle envie d'être citoyen : ce sont des tracas, des impôts et des charges.

MERCURE.

Si tu ne veux pas d'honneurs, on te payera autrement. On te portera au rôle de ceux que la république promet de nourrir à ses frais.

CHRÉMYLE.

Je ne suis pas un indigent ! Je n'ai que faire de vos promesses, j'ai ce qu'il me faut pour mes vieux jours.

MERCURE.

Alors, tu es riche, et tu l'avoues. Eh bien, Chrémyle, tu vas être sommé de fournir une somme d'argent ou un homme pour le service de la patrie.

CHRÉMYLE.

Puisses-tu servir toi-même de pâture aux corbeaux ! Je vois qui tu es ; tu es un de ces sycophantes qui dénoncent les gens pour les ruiner, ou qui leur font des menaces pour se faire payer quelque chose !

MERCURE.

Tu insultes un serviteur de la république? Je m'en vais; mais tu te repentiras de m'avoir si mal reçu.

CHRÉMYLE, effrayé.

Non, attends ! donne-moi le temps de réfléchir.

MERCURE.

Hâte-toi ! Je reviens dans un instant. (A part.) Il se décidera à payer, et les autres feront comme lui. Allons trouver ces nouveaux riches, et secouons un peu leur numéraire. (Il sort du côté de la maison.)

SCÈNE VII

CHRÉMYLE, absorbé; MYRTO, apportant la bourse.

MYRTO.

Comme vous êtes soucieux, mon père ! Puis-je vous demander une grâce ?

CHRÉMYLE.

Que veux-tu ? Dis en peu de mots. Je suis occupé.

MYRTO.

Je vous apporte la rançon d'un de vos esclaves. Acceptez-la.

CHRÉMYLE.

Quoi ! Plutus a donné cela à un de mes esclaves ? Il est donc fou ?

MYRTO.

C'est à moi que Plutus a fait ce présent ; c'est moi qui veux vous racheter l'esclave scythe.

CHRÉMYLE.

Et que veux-tu faire d'un esclave scythe ? Es-tu une élégante de la ville, pour te faire porter au bain ?

MYRTO.

Consentez, mon père ! Ce jeune homme est un guerrier vaincu.

CHRÉMYLE.

Oui, au fait, c'est un homme de guerre, lui ; mais il est devenu bon laboureur, et je tiens à le garder.

MYRTO.

Voyez comme cette bourse est lourde ! Avec une pareille rançon, vous aurez deux autres serviteurs, et vous y gagnerez encore.

CHRÉMYLE, prenant la bourse et regardant le contenu.

Eh bien, autant vaut que je te débarrasse de cela ! Ce n'est pas que j'en manque, à présent ; mais tu pourrais te le laisser dérober ou le dépenser en vaines parures... Va, délivre ce Bactis, j'y consens.

MYRTO, l'embrassant.

Merci, mon père ! (A part.) Grâces te soient rendues, ô Amour ! le sinistre oracle de la Pauvreté est conjuré, j'espère. (Elle sort.)

SCÈNE VIII

CHRÉMYLE, seul.

Par Esculape ! non, par Mercure ! j'ai trouvé là une belle idée. Je vais donner la moitié de cette bourse à la république pour ma contribution de guerre, et, avec l'autre moitié, j'achèterai un autre esclave. De cette façon-là, il ne m'en coûtera rien du tout.

SCÈNE IX

CHRÉMYLE, MERCURE.

MERCURE.

Eh bien, as-tu réfléchi ?

CHRÉMYLE, enjoué.

Oui, pourvoyeur de Mars ! j'aime mieux donner de l'argent. Comptons cette somme. Reçois-en la moitié et laisse-moi tranquille.

MERCURE.

Par Hermès Trismégiste, je le savais bien, que tu étais dans l'opulence !

CHRÉMYLE.

Cela n'est pas ; j'ai été forcé d'emprunter ceci.

MERCURE.

Tu mens, Chrémyle ! Je viens d'entrer dans ta maison, j'y ai vu Plutus attablé ; d'où je conclus que tu es son ami, puisque tu le régales, et puisqu'il ne te refuse rien ; tu dois donc contribuer selon tes moyens à l'équipement de la flotte et à la défense du territoire dont ton domaine est l'ornement. C'est pourquoi je garde la bourse entière, et, en outre, je te prends un esclave. En voici deux de bonne mine, et je prétends choisir.

SCÈNE X

MERCURE, CHRÉMYLE, BACTIS et CARION.

CHRÉMYLE.

Que les foudres du grand Jupiter te réduisent en cendres jusqu'aux moelles, damné sycophante ! Tu veux me laisser sans argent et sans domestiques ?

MERCURE.

Tu te plains, ami de Plutus ? Remercie plutôt les dieux de voir que je me contente à si peu de frais ! Avancez ici, vous autres ! Lequel de vous veut servir sur les trirèmes de l'État ?

CARION.

Pas moi, seigneur sycophante ! je crains horriblement la mer.

MERCURE.

Tu me parais cependant le plus robuste des deux.

CARION.

Comme les apparences sont trompeuses ! Je n'ai jamais eu la force de lever une demi-mesure de blé.

CHRÉMYLE.

C'est la vérité ; il n'est bon qu'à la cuisine.

MERCURE.

S'il n'est pas capable de ramer, on le fera grimper aux cordages.

CARION.

Pour être le premier percé de flèches? Merci! je suis sujet au vertige. Je peux à peine monter sur un pommier pour manger un fruit. Je me laisserais tomber, et ce serait fait de moi!

MERCURE.

N'as-tu pas de honte d'être si lâche?

CARION.

Reprochez à ma mère de m'avoir fait comme cela.

BACTIS, impatient.

Ma mère m'a fait autrement. Elle était debout quand elle me mit au monde, et elle chantait l'hymne des guerriers. Emmenez-moi, et n'en cherchez pas d'autre ici.

MERCURE.

Tu es bien jeune et bien mince! N'importe, tu as la volonté qui fait qu'un homme en vaut deux.

CHRÉMYLE.

Vous dites qu'il en vaut deux? Alors, prenez-le et rendez-moi l'argent.

MERCURE.

Tais-toi, ou je te fais intenter un procès qui te coûtera deux bourses et quatre hommes!

CHRÉMYLE.

O le plus détestable des espions! fais-moi savoir le jour où tu seras mangé par les chiens, afin que, ce jour-là, je donne une fête! (Bas, à Carion.) Viens! il nous faut vite cacher Plutus dans la cave; autrement, nous serons la proie des harpies! (Il sort.)

CARION.

Adieu, Bactis! je te souhaite bien du plaisir. (Il sort.)

SCÈNE XI

MERCURE, BACTIS.

MERCURE.

Maintenant, suis-moi et réjouis-toi de ton sort. Tu es trop beau pour faire la guerre; je vais te vendre à mon profit à quelque vieillard qui te fera son héritier, ou à quelque satrape d'Asie qui te comblera de richesses.

BACTIS.

Tu prétends tromper ainsi Chrémyle et frauder l'État? Prends garde, misérable ! je vais te prouver que j'ai la force de combattre !

MERCURE.

Frappe un dieu, si tu l'oses ! je suis Mercure !

BACTIS.

Tu n'es pas Mercure, ou Mercure n'est pas un dieu.

MERCURE, détachant de longues chaînes d'or qui lui servent de ceinture.

Reconnais-moi à ces attributs, qui, pour tous les hommes, sont des arguments de persuasion sans réplique. Je vais te lier et te conduire à l'ennemi.

BACTIS, brisant la chaîne dont Mercure l'a enlacé.

Ces liens sont faibles, Mercure; ils ne retiennent dans la honte que les pervers et les lâches.

MERCURE.

Quelle divinité te protége donc, ô toi que ces chaînes d'or ne peuvent soumettre ?

SCÈNE XII

MERCURE, BACTIS, LA PAUVRETÉ.

LA PAUVRETÉ.

Moi !

MERCURE.

Toi, ô laide et trois fois maudite ! Oses-tu bien paraître devant mes yeux ?

LA PAUVRETÉ.

Soumets-toi, Mercure ; car sans Plutus tu es réduit à l'impuissance, et, si tu ne peux le rendre à tes clients affamés, il te faudra bientôt, pour échapper à la hideuse misère, invoquer la pauvreté laborieuse. Arrière ! laisse ce jeune homme ; c'est à moi de le conduire au milieu des périls qu'il brûle d'affronter. (Elle donne des armes à Bactis et le coiffe d'un casque.)

MERCURE, riant.

Il arrivera trop tard, servante mal chaussée du Destin ! Les galères ont traversé déjà la mer Égée, et le combat sera terminé avant la fin du jour.

LA PAUVRETÉ.

Génie de l'égoïsme, tu as des ailes aux pieds et à la tête ; la Pauvreté vaillante en a au cœur ! (A Bactis.) Suis-moi, nous arriverons à temps. (Elle entre dans le bois sacré avec Bactis.)

SCÈNE XIII

MERCURE, seul.

Par les serpents de mon caducée, mes affaires vont fort mal ! Les divinités inférieures perdent avec moi le respect, et, si cela dure, je serai la risée de l'Olympe ! Il faut absolument que je tire d'ici mon ivrogne de Plutus, et je ne vois plus qu'un moyen, qui est d'irriter contre lui Jupiter au point qu'il le rende plus aveugle et plus stupide que jamais. Reprenons ma figure et mon sceptre. (Il ôte son déguisement et prend son caducée, qui était caché dessous.) Et voyons un peu ce qu'il convient d'inventer. Voici Chrémyle ; sachons d'abord ce qui lui fait faire si piteuse mine. (Il se retire à l'écart.)

SCÈNE XIV

MERCURE, CHRÉMILE, CARION.

CHRÉMYLE, à Carion.

Je te dis qu'il est ivre, qu'il donne à tort et à travers, et que tout ce que vous avez reçu, tes camarades et toi, doit m'être restitué.

CARION.

Est-il possible, maître, que si vite vous soyez devenu si avare? Vous ne savez déjà plus où serrer l'or et l'argent que Plutus fait sortir comme une sueur des murs de votre maison, et vous reprochez à de pauvres esclaves quelques trioboles que le dieu leur a permis de ramasser dans les ordures!

CHRÉMYLE.

Je ne suis point avare, et je ne vous reproche pas de fouiller dans les balayures; mais vous prétendez tous vous racheter et ne plus travailler pour moi. Ceux que je mettrais à votre place feraient la même chose, je refuse de vous affranchir.

CARION.

Par mon ventre, cher maître, la loi nous protége, et tu ne peux aller contre; mais je ne désire point te quitter, et je n'ai pas la vanité de me dire homme libre, pourvu que je le sois. Laisse-moi me coucher avec le soleil et dormir la grasse matinée, contenter tous mes appétits et folâtrer avec les servantes, au lieu de nettoyer ta chaussure et de fourbir ta batterie de cuisine. Traite-moi en bon camarade, fais-moi asseoir à tes côtés, et je ne demande pas mieux que de rester avec toi.

CHRÉMYLE.

Insolent! Gare le fouet!

CARION.

Oh! si vous parlez d'étrivières, je prends la fuite. J'ai de quoi me cacher et me nourrir en lieu sûr, et même de quoi payer le silence des espions.

CHRÉMYLE.

Mais voyez si cette richesse prodiguée à tout venant n'est pas une malédiction!

MERCURE.

De quoi te chagrines-tu, Chrémyle? Ne dépend-il pas de

toi de rendre Plutus plus sage et d'avoir seul part à ses bienfaits ?

CHRÉMYLE, flatteur et tremblant.

Qui es-tu, agréable personnage ? On dirait le dieu Mercure en personne.

CARION, bas.

C'est lui-même ; je le reconnais à sa ressemblance avec le sycophante de tantôt.

MERCURE.

Eh bien, Chrémyle, pourquoi gouvernes-tu si mal tes affaires ?

CHRÉMYLE.

Mercure, car je vois bien que tu es le dieu de Cyllénie, je t'avoue que je suis un homme de bien, ennemi de la ruse et de la violence. Que puis-je faire pour que Plutus me serve à mon gré, sans que je perde la qualité de juste à laquelle je dois sa visite ?

MERCURE.

Tu veux que je te conseille ?

CHRÉMYLE.

Oui, je t'en prie, mon cher petit Mercure.

MERCURE.

Et tu feras ce que je te dirai de faire ?

CHRÉMYLE.

Oui, oui, mon grand Mercure ; car, bien que je ne manque pas d'esprit, je reconnais que tu en as encore plus que moi.

MERCURE, railleur.

Tu me flattes ! Eh bien, écoute ; tu es estimé de tous tes voisins ?

CHRÉMYLE.

Oui, je suis grandement estimé.

MERCURE.

Ils sont rassemblés dans ta maison ?

CHRÉMYLE.

Oui, dedans et dehors.

MERCURE.

Et tu n'as pas détourné Plutus de leur faire quelques présents ?

CHRÉMYLE.

Bien au contraire.

MERCURE.

Ils sont contents de lui et de toi, et, si tu leur proposes une chose utile à leurs intérêts et aux tiens, ils te croiront ?

CHRÉMYLE.

Je réponds de cela, d'autant plus que je suis le plus intelligent de tous.

MERCURE.

Je le vois bien ! Alors, suis-moi. Je ne puis leur dire en mon nom ce qu'il s'agit de faire dans la circonstance ; mais je te soufflerai le plus beau discours que tu leur feras de ta vie.

CHRÉMYLE.

Il sera donc bien beau, car je suis connu pour parler mieux que les autres.

MERCURE.

Allons, dépêchons-nous, et n'aie plus de souci. Tout ira mieux pour toi désormais. (Ils sortent.)

SCÈNE XV

CARION puis MYRTO.

CARION.

Ce dieu-là n'est pas sot ; pourvu qu'il prenne aussi mes intérêts !

MYRTO.

Dis-moi donc où a passé Bactis. Je ne puis le trouver ni aux champs, ni dans les jardins.

CARION.

Bactis ? Il est parti pour la guerre !

MYRTO.

Que dis-tu là ?

CARION.

Un sycophante est venu qui l'a enlevé à votre père avec une grosse bourse d'or pour les besoins de l'armée.

MYRTO.

Ah! malheureuse que je suis! je n'ai pu le sauver! Voilà donc le néant des dons de Plutus! On me l'avait prédit! O Plutus! ô menteur! que les dieux te confondent! Bactis, cher Bactis, c'en est donc fait? Tu cours à la mort, et je ne te verrai plus! (Elle tombe sur ses genoux et sanglote.)

CARION.

Vous pleurez ainsi, Bactis, un enfant sauvage, un rustre qui ne savait rien, pas même percer une outre pour boire le vin en cachette, ou enlever une coupe encore pleine pendant que le maître pérore à table et fait l'homme instruit avec ses convives! un Sarmate...

MYRTO, se relevant.

Va chercher le plus noir et le plus gras de mes chevreaux. Je veux l'immoler moi-même aux Euménides, pour qu'elles détournent sur les compagnons de Bactis toutes les flèches de l'ennemi! Bactis, Bactis!... si tu ne m'es bientôt rendu, je déchirerai mes vêtemens, je couvrirai mes cheveux de poussière, je prendrai une faucille acérée, et, comme une Ménade furieuse, j'irai arracher les yeux de ton perfide ravisseur! (Elle sort en courant.)

SCÈNE XVI

CARION, seul.

Je crois que le vent de Thrace a soufflé sur la jeune fille, et qu'il nous faudra aller cueillir l'ellébore jusqu'à Anticyre. Voilà une bien sotte enfant qui s'est éprise de ce Bactis, et qui n'a pas vu la différence entre lui et moi!

ACTE CINQUIÈME

SCÈNE PREMIÈRE

MERCURE, CHRÉMYLE.

MERCURE.

Eh bien, les voilà tous persuadés ! Ne t'ai-je pas fait parler mieux qu'un oracle ? N'as-tu pas été applaudi comme un nouveau Phrynichus ?

CHRÉMYLE, soucieux.

Je ne connais pas Phrynichus, mais je ne puis m'empêcher de trouver bien osée la chose que tu me fais faire ! Détrôner tous les dieux, et Jupiter lui-même, pour inaugurer dans nos campagnes le culte unique de Plutus ! c'est un peu fort, vois-tu, et je ne sais comment ma bouche a pu se prêter à ton conseil. Il faut que tu m'aies ensorcelé !

MERCURE, riant.

Allons, allons, tranquillise-toi. Le monarque des dieux n'est-il pas celui-là seul qui nous fait du bien ? Jupiter lui-même n'a-t-il pas détrôné son père au temps jadis, et les choses en ont-elles marché plus mal ? Les nouveaux dieux sont toujours généreux et accessibles, et il est bon de ne pas les laisser durer trop longtemps.

CHRÉMYLE.

C'est vrai ; mais j'avais l'habitude d'invoquer Jupiter le premier, et la langue me tournera plus d'une fois quand il me faudra nommer l'autre à sa place.

MERCURE.

Belle raison à donner que l'habitude ! C'est une raison de paysan. Vois quelle économie de temps et d'argent ce nouveau culte va vous procurer ! Au lieu d'une armée de divinités, vous n'en aurez plus qu'une à réjouir par vos sacrifices.

CHRÉMYLE.

Et cependant, toi, Mercure, ne seras-tu pas fâché contre nous, si nous cessons de t'offrir le pain trempé dans le vin, le miel, les confitures et les autres choses dont tu es friand ?

MERCURE.

Moi, c'est différent. Je suis le bras droit et le guide de Plutus ; vous me sacrifierez en même temps qu'à lui.

CHRÉMYLE.

Mais Apollon, qui me l'avait annoncé et promis... Je ne voudrais pas montrer de l'ingratitude à ce dieu-là !

MERCURE.

Ce dieu-là ne se nourrit que par les oreilles. Vous lui offrirez une chanson de temps en temps.

CHRÉMYLE.

Mais nos divinités champêtres, les nymphes aux jolis pieds, le bon vieux Pan avec sa flûte...

MERCURE.

Vous pouvez les garder. L'important, c'est d'abolir le culte de Jupiter. Alors, Plutus, flatté de lui succéder, ne fera plus rien que pour vous, et comme vous l'entendrez.

CHRÉMYLE.

J'entends bien cela ; mais, si les villes suivent notre exemple ?

MERCURE.

Plutus saura bien distinguer ceux qu'entraînera l'exemple de ceux qui les premiers auront eu l'idée de lui rendre les plus grands honneurs.

CHRÉMYLE.

Il est certain que la première idée vient de moi.

MERCURE, railleur.

J'en rendrai témoignage ?

CHRÉMYLE.

Il est vrai que tu me l'as suggérée ; mais...

MERCURE.

Mais tu l'avais déjà, conviens-en.

CHRÉMYLE.

C'est comme tu le dis, Mercure.

MERCURE.

Tu vois bien! Allons, rendons-nous au temple pour ne pas arriver les derniers. (Clameurs et tumulte.) Écoute !

CHRÉMYLE.

Que signifient ces clameurs? Est-ce que les autres vont déjà au temple de Jupiter ?

MERCURE.

Ils n'y vont pas, ils y courent !

CHRÉMYLE, effrayé.

Déjà, au temple de Jupiter? Tu veux que j'aille profaner le temple de Jupiter ?

MERCURE.

Ton intérêt l'exige, et voici Plutus qui s'apprête à être déifié sur son autel.

SCÈNE II

MERCURE, CHRÉMYLE, PLUTUS, CARION.

PLUTUS, ivre, à Carion.

Oui, oui, la chose me plaît! Me voilà Jupiter! Jupiter, c'est moi! Où est mon foudre? Qu'on me donne mon foudre !

CARION, lui donnant une béquille.

Le voilà !

PLUTUS.

Et mon aigle ?

CARION.

C'est moi !

PLUTUS.

Hébé? Ganymède ?

MERCURE, lui présentant Chrémyle.

Les voici !

PLUTUS.

Ils sont bien laids !

CARION, à part.

Il voit double, et pourtant il voit clair.

MERCURE.

Allons, en route !

CHRÉMYLE, à Plutus.

Si je te fais roi des dieux, tu m'en récompenseras ?

PLUTUS.

Oui, je changerai en or tes blés, tes arbres, ta femme, tes enfants, tes esclaves, ton chien et toi-même !

CHRÉMYLE.

Eh ! non pas ! Dégrise-toi ! Je veux que nous vivions et que nous puissions vivre !

PLUTUS.

Dépêchons-nous !

MERCURE.

Allez prendre des masses, des pics, des leviers, des cordes, pour renverser et briser la statue de Jupiter.

CARION.

Oui, allons ! partons ! (Ils sortent.)

CHRÉMYLE, à part.

O Jupiter protecteur, pardonne-moi ce que je vais faire contre toi ! (Il sort. — On entend les cris et les clameurs de l'émeute contre Jupiter. Le temps devient sombre tout à coup.)

SCÈNE III

MYRTO, seul.

Jamais,... jamais,... jamais ! Je ne le reverrai jamais ! Cette parole-là fait mourir, je veux la dire sans cesse ! (Elle s'appuie contre la fontaine et cache son visage. — Un coup de tonnerre. — Elle regarde avec surprise autour d'elle. — L'obscurité est augmentée.) Quel orage soudain ! Rien ne l'annonçait dans le ciel ni sur la terre. Les pleurs ont donc brûlé mes yeux, que je ne vois plus la clarté du soleil ? (Un second coup de tonnerre et bruit du vent qui se déchaîne.) O Euménides que je viens d'implorer, est-ce là votre réponse ? Elle est sinistre et de mauvais présage ! (Tempête.) Étrange tempête qui semble bouleverser la terre et qui ne trouble pas la paix de ce lieu-ci ! Hélas ! la mer doit être furieuse, et il est là, lui !... Peut-être en ce moment, pendant que les cruelles divinités protégent ici mes jours, il se débat dans les angoisses de la mort contre l'horreur des vagues ! (La foudre éclate au dehors avec le bruit de la grêle et de la bourrasque.) Dieux ! ce fracas m'épouvante ! (Elle veut fuir et rencontre les bras de Bactis.) Bactis !...

SCÈNE IV

MYRTO, BACTIS.

MYRTO.

Dieux propices ! tu m'es rendu ! (Ils se tiennent embrassés.) Oh ! dis-moi d'où tu viens ! Non, ne dis rien ! ne me quitte plus ! Je vais te cacher, car ils te cherchent, n'est-ce pas ?... Mais tu as pu fuir ?

BACTIS.

Non, ma bien-aimée, je n'ai pas fui, je reviens !

MYRTO.

Tu es donc libre ?

BACTIS.

Non ; mais je souhaitais tant de te revoir, ne fût-ce qu'un instant ! Une main toute-puissante m'a ramené près de toi.

MYRTO.

Quelle main ? Dis ! Explique-moi tout.

BACTIS.

Cette austère et magnanime fille du Destin qui nous avait promis sa protection m'est encore apparue ici peu d'instants après, au moment où un lâche voulait s'emparer de moi. Elle m'a dit de la suivre ; mais à peine étions-nous entrés dans le bois, que, d'un vol aussi rapide que le désir et la pensée, elle m'a fait franchir les abîmes de l'espace. Heureux et confiant comme dans un rêve, je me suis trouvé tout à coup sur un navire, au milieu du tumulte d'un combat, non loin des îles Arginuses, dont les pâles récifs percent les eaux bleues de la mer Égée. J'ai combattu avec transport; je songeais à toi, Myrto! Nous avons vaincu et repoussé l'ennemi, quelques-unes de nos trirèmes ont même réussi à lui arracher nos blessés et nos morts. Comme nous achevions de rendre à ceux-ci les honneurs funèbres, j'ai vu qu'avec une flèche trempée dans leur noble sang, on écrivait mon nom sur une voile, parmi ceux des plus braves Athéniens. Alors, cédant à la fatigue, je m'appuyai contre un mât, je fermai les yeux, je prononçai ton nom chéri... Il me semble qu'il n'y a qu'un instant, car mes yeux à peine clos se sont rouverts près d'ici, et j'ai vu à mes côtés celle qui protége et bénit nos amours.

MYRTO.

N'as-tu pas rêvé tout cela, Bactis? Je ne puis croire... O dieu! qu'as-tu donc là? Du sang, une blessure?

BACTIS, souriant.

C'est la preuve que je n'ai pas rêvé, Myrto.

MYRTO.

O le plus vaillant et le plus aimé des mortels, reste avec moi toujours! Si tu dois être encore notre esclave, ne me préfère ni la douceur d'être libre, ni la gloire des combats. Ne permets plus que les déesses t'enlèvent d'auprès de moi! Ai-je besoin que ton nom soit inscrit sur un drapeau, ou qu'il soit gravé sur le bronze, pour savoir que ton cœur est fier et ton bras invincible? Bactis, ne t'en va plus, car un jour de plus j'étais morte, et tu aurais vu mon ombre désolée marcher à tes côtés dans la nuit, ou gémir à ton chevet jusqu'au retour du matin.

BACTIS.

Fille adorée, espère encore. A qui fait son devoir, le Destin daigne sourire. Mais voici ton père... tout éperdu! Que lui est-il donc arrivé?

SCÈNE V

BACTIS, MYRTO, CHRÉMYLE, CARION, tous deux en désordre, effarés et terrifiés.

CHRÉMYLE, embrassant Myrto, qui court au-devant de lui.
Ma fille ! Je craignais de te trouver morte ! Ta mère, où est-elle ? Ton frère...?

MYRTO.
Ils n'ont pas quitté la maison, et aucun de nous n'était en danger ; mais vous ?...

CHRÉMYLE, troublé.
Oh ! oui, moi ! La tempête !...

CARION.
Les éclairs !...

CHRÉMYLE.
Le vent !...

CARION.
La grêle !...

CHRÉMYLE.
Et la foudre !...

CARION.
Une bourrasque à décorner des minautores !

CHRÉMYLE.
Des serpents de feu qui semblaient les flèches d'Apollon en courroux !

CARION.
Les murs du temple ébranlés par les hoquets du Tartare !

CHRÉMYLE.
Et la propre foudre de Jupiter éclatant sur nos têtes !

CARION.
Brisant sur l'autel l'image de Plutus aussi menu qu'une tête d'échalote dans un mortier à saucisses !

CHRÉMYLE.
Et au retour quel désastre ! Ma récolte de l'année perdue, mes champs ravagés, mes plantations hachées !...

CARION.

Par des grêlons plus gros que des citrouilles !

CHRÉMYLE.

Mes meules entraînées par les eaux gonflées de l'Ilyssus !...

CARION.

Et servant de refuge à nos pauvres poules effarouchées !

MYRTO.

La peur n'a-t-elle pas troublé vos esprits, mon père ? J'ai entendu un grand bruit ; mais voyez : il n'est tombé ici ni grêle, ni pluie, ni foudre.

CHRÉMYLE.

Ah ! que n'y suis-je resté sous la protection d'Apollon ! que n'en ai-je chassé Plutus, au lieu d'offenser Jupiter ! Cette méchante nuée eût été crever plus loin, chez les autres. Hélas ! je n'ai que ce que je mérite, et mon impiété est punie.

MYRTO.

Et Plutus, ne le ramenez-vous pas ?

CHRÉMYLE, soupirant.

Plutus ? Hélas !

CARION.

Plutus a disparu, voilà le pire ! Un éclat de la foudre ayant de nouveau brûlé ses yeux, le perfide Mercure a profité du désordre et de la terreur où nous étions pour l'enlever en se moquant de nous.

CHRÉMYLE.

Ah ! c'est un grand malheur ; mais tout n'est pas perdu, puisqu'il me laisse beaucoup d'or et d'argent...

SCÈNE VI

Les Mêmes, LA PAUVRETÉ.

LA PAUVRETÉ.

Tout cela est perdu, Chrémyle. Pendant que vous couriez tous au temple, ta femme, effrayée de l'orage et craignant le courroux des dieux, s'est hâtée de jeter tous tes trésors dans le fleuve. Les flots emportent maintenant à la mer tes richesses d'un jour.

CHRÉMYLE.

O imbécile de femme !

MYRTO.

Mon père, elle a bien agi ; elle a désarmé Jupiter et préservé votre tête de la foudre.

BACTIS.

Chrémyle, il te faut prendre courage ; nous recommencerons tous à travailler.

CHRÉMYLE.

Il le faut bien ; allons, enfants, à l'ouvrage ! Tâchons de courir après nos gerbes et de sauver ce qui nous reste.

BACTIS.

Allons !

LA PAUVRETÉ, l'arrêtant.

Non, pas toi, si le cœur ne t'en dit pas, car tu es libre.

CHRÉMYLE.

Libre ?

LA PAUVRETÉ.

Plus que libre ! Il est citoyen de l'Attique !

MYRTO.

O dieux immortels ! Comment le sais-tu ?

LA PAUVRETÉ.

En ce moment, le sénat prend une décision dont l'histoire gardera le souvenir. Voulant, à ce qu'il semble, humilier l'orgueil de certains riches, qui n'ont envoyé à la flotte que leurs esclaves, et désirant encourager les braves quels qu'ils soient, les magistrats d'Athènes m'ont interrogée, et, sur ma réponse, ils ont rendu un décret qui élève à la dignité de citoyens tous ceux dont les noms sont inscrits sur la voile triomphale du combat des Arginuses.

MYRTO, à Bactis.

Hélas ! tu vas nous quitter ?

BACTIS.

Non, je reste avec vous pour vous aider, jusqu'à ce que, relevé de ce désastre, ton père te donne à moi pour récompense.

CHRÉMYLE, joignant leurs mains.

Bactis, tu vaux mieux que moi! Aide-moi, par ta piété, à désarmer la vengeance du ciel! (A la Pauvreté.) Et toi! toi dont j'ai trop méprisé les conseils, inspire-moi la patience, rends-moi le courage et l'espoir.

LA PAUVRETÉ, le bénissant.

Je te l'avais bien dit, que tu me rappellerais !

LE PAVÉ

NOUVELLE DIALOGUÉE

LE PAVÉ

NOUVELLE DIALOGUÉE

AVANT-PROPOS

Certaines situations de la vie intime ou certaines émotions individuelles sont plus aisément retracées par le dialogue que par le récit, et, sans songer à sortir du cadre du roman, nous avons quelquefois senti le besoin de leur donner la forme d'une conversation entre un petit nombre de personnages. Ces essais ne méritent ni le titre de *proverbes*, qui semble indiquer la mise en action d'une idée générale, ni celui de *saynètes*, qui promet une action particulière assez vive et spécialement dramatique. Nous nous contenterons donc de celui de *nouvelles dialoguées*, qui doit bien faire comprendre que ceci n'a jamais été destiné au théâtre.

Pourtant ces dialogues ont été récités sur la scène, mais entre amis, et devant un public d'amis intimes, fort restreint par conséquent, et il s'est produit là quelque chose d'intéressant. Convaincu que tout sujet est bon quand il est honnête et bien compris, nous nous plaisions à demander d'avance aux acteurs la donnée du dialogue qu'ils voulaient dire, et, sur cette donnée, la plus simple étant toujours, selon nous, la meilleure, nous leur indiquions dans un canevas détaillé les raisonnements et les contradictions, les volontés et les imprévus, les efforts et les spontanéités que leurs sentiments et leurs caractères nous semblaient devoir comporter. C'était un travail d'analyse qui leur plaisait, et, comme ils étaient libres de développer nos indications, nous les avons vus souvent composer leur rôle avec une rare intelligence, et trouver dans la liberté de leur étude, et même dans la chaleur de l'improvisation, les accents d'une vérité très-frappante, ou les aperçus d'une appréciation très-ingénieuse.

Nous avons pensé souvent à récrire ces dialogues, non pas tels que nous les avons entendus sur le théâtre de Nohant *(verba volant)*, mais sous l'impression qui nous en est restée, et de les publier en recueil pour les loisirs des réunions d'amateurs à la campagne.

Nous disons campagne avec intention. Ces petits essais conviendraient moins aux salons de Paris, où il faut de l'esprit et point du tout de naïveté, de l'art un peu factice comme les rapports superficiels que le monde exige et très-peu d'étude des passions. A la campagne, on devient tôt ou tard plus sérieux et plus simple. Ce n'est pas mal, comme disent les bonnes gens.

Nohant, 26 juillet 1861.

PERSONNAGES

M. DURAND.
LOUISE, sa servante.

JEAN COQUERET, son valet.
UN VOISIN de campagne.

La scène est dans une maison de campagne. Intérieur d'un cabinet de travail. Rayons chargés de minéraux, de fioles, de livres et de divers instruments à l'usage d'un amateur naturaliste. Bureau encombré, fauteuil de cuir; porte au fond donnant de plain-pied sur un jardin; porte à droite conduisant à une chambre à coucher; fenêtre à gauche. Un fusil de chasse et un carnier à la muraille.

SCÈNE PREMIÈRE

LE VOISIN, parlant à la cantonade. Au fond.

Bien, bien, Rosalie! Je me reposerai, j'attendrai un peu, et, s'il ne revient pas, ma foi, je m'en irai. (Il entre.) Ce diable d'homme! il me tarde de savoir s'il a fait la démarche. Ma sœur m'écrit qu'elle ne l'a pas vu; mais la lettre est du 25, nous voici au 30,... et, puisqu'il a dit ici qu'il reviendrait au bout de huit jours... Voilà les huit jours écoulés. Sans doute il s'est décidé à se présenter à sa future. Dès lors, il a quelque affaire à régler chez lui, sa maison à mettre en ordre... Pourvu que les fantaisies, les manies de la science ne l'y retiennent pas trop longtemps!... Mais je suis là pour le réveiller, moi! Ah! c'est lui.

SCÈNE II

DURAND, LE VOISIN.

LE VOISIN.

Que diantre apportez-vous là? Un pavé? Ah! oui, la minéralogie, la géologie... Allons, bonjour, ami Durand!

DURAND, *posant son pavé sur la table. Il est en costume de voyageur à pied.*

Ah! voisin, je suis content de vous voir! Ouf! bouf! quelle charge! Ça va bien chez vous?... Et ici? avez vous vu mon monde ici? Moi, je n'ai encore vu que ma cuisinière,... et je ne sais pas...

LE VOISIN.

Je peux vous en dire autant. Je n'ai vu qu'elle; mais je sais que vos autres serviteurs se portent bien.

DURAND, à part.

Pourquoi donc Louise n'est-elle pas ici quand j'arrive?

LE VOISIN.

Vous paraissez tout préoccupé : que cherchez-vous?

DURAND.

Rien. Si fait!... mon manteau de voyage. Je le tenais tout à l'heure.

LE VOISIN.

Vous l'avez sur les épaules; ce qui est fort étrange par la chaleur qu'il fait.

DURAND.

Ah! tiens! c'est singulier!

LE VOISIN.

Vous êtes toujours distrait? Fi! c'est devenu vulgaire. Si j'étais savant, moi, je voudrais me distinguer par une tenue excellente et une continuelle présence d'esprit, afin de montrer aux gens que j'ai la tête assez forte pour porter mon savoir.

DURAND.

C'est ce que Louise me dit. Grâce à ses remontrances, je me tiens fort propre, comme vous voyez; mais il m'est impossible de ne pas égarer ou perdre mes effets. Voyons, cette fois, je suis bien sûr de n'avoir rien oublié en route; tout était dans mon sac. Permettez que je m'en débarrasse. Ils m'ont mis des courroies neuves qui me coupent les épaules. J'ai été obligé deux ou trois fois de l'ôter pour le porter à la main. (*Il cherche à se débarrasser du sac qu'il n'a pas.*)

LE VOISIN, riant.

Qu'est-ce que vous croyez donc avoir sur le dos?

DURAND, se tâtant.

Je n'ai rien, c'est vrai ! Je vous jure que je croyais sentir les courroies. Il faut qu'elles m'aient blessé aux entournures.

LE VOISIN.

Mais le sac, où est-il?

DURAND.

Je viens de l'ôter apparemment dans le vestibule. Oui, oui, je me souviens : j'ai dû le mettre au portemanteau. (Il va pour sortir et s'arrête devant une étagère.) Bon ! qu'est-ce que c'est que ça ? La grauwacke schisteuse dans les roches primitives!... Cet imbécile de Coqueret ! Jamais il ne saura remettre en place un échantillon que son stupide plumeau fait tomber ! Ah ! quelle rage d'épousseter ! Il est vrai que Louise veut cela, et qu'il faut bien s'y soumettre. Pourvu que tout ne soit pas bouleversé ! (Il examine et range.)

LE VOISIN.

Ah çà ! dites donc, ami Durand, pensez un peu moins à vos pierres et faites-moi la grâce de m'écouter. Je suis venu pour vous parler d'autre chose, moi.

DURAND.

Parlez, parlez, mon cher ami, je suis tout à vous... Seulement, attendez... mon marteau ! Ah ! il est resté dans mon sac ; mais je trouverai bien ici... (Il ouvre un tiroir et prend un marteau.) Ah ! ah ! maître Jean Coqueret se sera exercé en mon absence. Voilà un outil ébréché, hors de service !... L'animal !... (Il en prend un autre.)

LE VOISIN.

C'est votre faute, vous voulez faire de vos valets des minéralogistes...

DURAND.

Mon cher, celui-là, j'aurais juré qu'il avait des dispositions étonnantes : il a ce que nous appelons familièrement *de l'œil*, c'est-à-dire qu'il a le sens oculaire admirablement développé ;

mais, dès qu'on veut lui mettre un nom exact ou une saine notion dans la cervalle, c'est un idiot !

LE VOISIN.

Eh bien, cela devrait vous faire rire !

DURAND.

Ça me fait rire quand je suis en train de rire ! Croiriez-vous qu'il appelle le mica du nouhat et les encrinites des *encritoires ?*

LE VOISIN.

Et Louise, est-ce qu'elle y mord, à tous vos noms barbares ?

DURAND, avec feu.

Louise ! c'est un phénix d'intelligence, mon cher. Ah ! si je m'étais occupé plus tôt de l'instruire ! Je n'y songeais pas : pourvu qu'elle fût ma ménagère, je croyais qu'elle en saurait toujours assez ; mais ne voilà-t-il pas que tout dernièrement je m'avise de lui dire : « Que ne sais-tu pas un peu de minéralogie ! tu ferais de l'ordre dans mes matériaux, que je n'ai pas trop la patience de ranger, et que ce petit laquais me place de manière à représenter l'image du chaos primitif. » Eh bien, mon cher ami, vous me croirez si vous voulez, en trois mois, Louise, cette petite paysanne qui sait tout au plus lire et écrire proprement, s'est mise à étudier mon *Index methodicus,* vous savez, l'ouvrage élémentaire que j'ai publié l'année passée, et la voilà qui connaît les roches principales et une bonne partie de leurs modifications aussi bien que vous et moi.

LE VOISIN.

Aussi bien que moi ! merci. Je n'en sais et n'en veux pas savoir le premier mot. Pauvre fille ! cela doit bien l'ennuyer.

DURAND.

L'ennuyer, elle ?... Vous ne savez pas ce que c'est que Louise ! Quel trésor de dévouement, d'abnégation ! Pourvu qu'elle se rende utile, elle est heureuse, n'ayant pas d'autre idée, pas d'autre instinct que le désir de servir et de contenter ceux qu'elle aime.

LE VOISIN.

Vous en parlez avec feu.

DURAND.

Eh bien, pourquoi donc pas? Y entendez-vous malice?

LE VOISIN.

Non. Je vous connais pour le plus rigide des hommes dans vos principes et dans vos mœurs ; mais je me demande si, l'aimant à ce point, vous ne songez pas à l'épouser.

DURAND, riant.

L'épouser, moi? Ah! la bonne idée! Il n'y a que vous pour avoir des idées pareilles.

LE VOISIN.

A mon tour, je vous dirai : Pourquoi donc pas? Vous êtes sans préjugés, vous!

DURAND.

Je ne sais pas ce que vous appelez des préjugés ; mais je sais que j'aime cette enfant d'un sentiment trop pur, trop paternel pour jamais songer à imposer mes quarante-cinq ans à sa verte jeunesse. Non, non, diable! à moi une jeune femme? Et le ridicule, et l'avenir, et le catarrhe, et le clabaudage, et la corruption inévitable autour des ménages mal assortis! Est-ce qu'une fille d'Ève, dans une pareille situation, peut sans désespoir rester fidèle à un vieillard? Non, vous dis-je! Laissons Thérèse à Jean-Jacques Rousseau. Ces escapades ne sont permises qu'aux hommes de génie, lesquels eux-mêmes ne s'en trouvent pas toujours fort bien.

LE VOISIN.

Puisque vous êtes dans de si sages idées, je vois que je peux vous parler raison. Une femme de trente-deux ans est ce qu'il vous faut. Avez-vous vu ma nièce à la ville?

DURAND, qui travaille son pavé.

Gryphée arquée! trigonie gibbeuse...

LE VOISIN.

Qui? ma nièce? une griffée, une bossue! Qu'entendez-vous par là, je vous prie? Il n'y a ni griffes ni gibbosités dans ma famille!

DURAND.

Eh ! je ne vous parle pas de votre nièce, mon cher ! J'examine ce que contient ce magnifique bloc d'oolithe; c'est une vraie trouvaille que j'ai ramassée sur la grande route au moment où le cantonnier allait l'employer. Ce sont des pavés de rebut qu'ils brisent pour ferrer la voie. En détruisent-ils, ces malheureux, des échantillons précieux et rares! Et pourquoi, je vous le demande ? Si tout le monde avait le bon sens de voyager à pied, comme je fais en tout pays et en toute saison...

LE VOISIN.

Vous êtes allé à la ville à pied et vous êtes revenu de même?

DURAND, examinant son pavé.

Parbleu ! — Dix-sept espèces de débris dans une seule pierre ! Et quand je dis débris, beaucoup de sujets sont dans un état de conservation parfaite ! Voici la térébratule épineuse, la pholadomya fidicula, nerinea hieroglyphica, cidaris coronata...

LE VOISIN.

Et patati, et patata !... Mon ami, vous devenez insupportable, et, puisqu'il n'y a pas moyen de vous arracher une parole qui ait le sens commun,... je suis votre serviteur ! (Il prend son chapeau.)

DURAND.

Non, voisin ! Allons donc, pardonnez-moi ! Un moment de patience... Il y a là quelque chose qui m'intrigue... Est-ce la dent palatale d'un poisson, ou bien...?

LE VOISIN.

Tenez, vous n'êtes peut-être pas si distrait que vous en avez l'air ! Vous faites la sourde oreille pour ne pas me répondre; mais je vous dis, moi, qu'il est temps de vous décider. Vous avez laissé faire des démarches, et j'apprends de ma sœur qu'étant allé à la ville pour voir sa fille, vous avez tout simplement oublié de leur rendre visite.

DURAND.

Eh bien, je n'ai rien oublié du tout. Je n'ai pu me résoudre, il est vrai, à faire cette visite embarrassante; mais j'ai vu votre nièce à la promenade. Je l'ai trouvée fort bien, et, comme le mariage est une chose grave qui demande réflexion, je suis revenu chez moi pour réfléchir un peu.

LE VOISIN.

A quoi diable voulez-vous réfléchir? Vous savez tout ce qui concerne cette jeune veuve. Elle est de bonne famille, elle n'a pas d'enfants, son âge est assorti au vôtre; elle est sage, belle, instruite, aimable. Il n'y a qu'une voix sur son compte; elle est au moins aussi aisée que vous...

DURAND.

Tout cela est vrai, mon voisin. Pourquoi vous enflammez-vous? Est-ce que je vous contredis? Je vous dis que je l'ai vue! C'est une grande blonde, mince, élégante, un peu maigre, par exemple!

LE VOISIN.

Que diable me dites-vous là?

DURAND.

Oui, oui, elle est un peu maigre... C'est dommage!... Et très-blonde... Je l'eusse préférée brune!

LE VOISIN.

Ah çà! voisin, vous qui parlez du sens oculaire, je vous déclare que vous en êtes tout à fait dépourvu. Élise est petite, brune et d'un aimable embonpoint, comme on disait de mon temps. C'est une autre que vous avez regardée; c'est son amie, madame de Saintos, que vous avez prise pour elle!

DURAND.

Ah!... Alors, votre nièce est cette brunette qui lui donnait le bras? Oui, oui, j'ai fait attention aussi à celle-là... Diantre! elle est jolie!... Un peu trop brune et un peu trop petite... Pourtant j'y penserai, elle le mérite... J'y pense! Donnez-moi le temps de m'habituer à l'idée d'une petite brune, moi qui, depuis trois jours, ne cessais de méditer sur les particularités physiologiques d'une grande blonde.

LE VOISIN.

Durand, voulez-vous que je vous dise ma façon de penser?

Vous ne vous souciez ni des brunes ni des blondes. Vous n'avez pas la moindre envie de vous marier, et vous vous êtes dépêché de revenir pour n'avoir plus à y songer.

DURAND.

Non; je suis un homme sincère, et je n'ai fait aucun raisonnement pour me dispenser de prendre un parti. Je suis revenu,... ma foi, parce que mes jambes m'ont ramené ici. Que voulez-vous! l'habitude, le besoin de travailler, l'impossibilité de rester oisif, d'aller dîner en ville, de faire ma cour... Je n'entends rien à tout cela, moi, que diable! Je n'ai jamais tenu de propos galants à une femme, je crains d'être l'âne qui contrefait le petit chien; j'ai senti qu'on allait me trouver parfaitement ridicule, et je me suis dit... Non, je ne me suis rien dit. J'ai pris mon sac de voyage, je me suis mis à marcher, et me voilà arrivé sans trop savoir pourquoi ni comment.

LE VOISIN.

Si vous ne le savez pas, je vais vous le dire, moi! Vous avez le mariage en horreur, et vous préférez rester vieux garçon. Je devais m'attendre à cela de la part d'un original de votre étoffe. Vous m'avez fait faire un pas de clerc en me priant d'écrire à ma sœur...

DURAND.

Ah! permettez, je ne vous en ai pas prié du tout; c'est vous qui me l'avez offert en me persuadant que je devais accepter.

LE VOISIN.

Vous n'avez pas dit non!

DURAND.

Je n'ai pas dit oui!

LE VOISIN.

Et, à présent, vous ne dites ni oui ni non? Eh bien, ma nièce n'est pas faite pour attendre votre bon plaisir, entendez-vous!... Elle ne manque pas de prétendants, elle ne vous connaît pas, et elle ne vous eût donné la préférence que pour me faire plaisir.

DURAND.

Oh! en ce cas, voisin, c'est pour le mieux! Je n'ai pas de scrupule à hésiter.

LE VOISIN.

Dispensez-vous d'hésiter davantage; ma nièce n'est pas pour vous. Je vais lui écrire sur l'heure de se décider pour un autre, en lui demandant pardon de la sotte démarche que mon amitié pour vous m'avait suggérée.

DURAND.

Oh! si vous vous fâchez...

LE VOISIN.

Eh! pardieu, oui, je me fâche! J'en ai le droit.

DURAND.

Non.

LE VOISIN.

Si fait, et je suis bien aise de vous dire, en vous quittant, que vous gâtez à plaisir votre existence avec des billevesées! Voilà un homme bien heureux et un citoyen bien utile, qui ne se plaît qu'à remplir sa maison de pavés de rebut et de coquilles cassées! Je vous avertis, moi, que vous ferez une sotte fin, que vous deviendrez un pédant ridicule, un cœur sec et frivole, un cerveau romanesque, un fantasque et un Cassandre!...

DURAND, riant.

Diable! voilà bien des maux à la fois.

LE VOISIN.

Oui, oui, et que vous tomberez dans quelque déplorable folie, car l'homme est fait pour la famille, pour la société, et celui qui ne veut pas vivre comme les autres, celui qui n'a pas le goût des choses raisonnables... Je ne vous dis que cela, monsieur Durand, je ne vous dis que cela, et souvenez-vous de ce que je vous dis! (Il sort.)

SCÈNE III

DURAND, seul.

En voilà, une kyrielle ! Faut-il que j'aie de la patience ! Mais il faut bien endurer quelque chose avec un homme en cheveux blancs, quand on est plus jeune d'une dizaine d'années et qu'on n'en a pas, de cheveux blancs. Ne dirait-on pas que c'est demain matin que je vais devenir cacochyme, que je dois me presser de chercher un bâton de vieillesse ? Eh ! allez vous promener avec vos sermons ! Avant de prendre un parti, il faut bien au moins que je consulte mon monde, mes parents, mon entourage, Louise même, Louise surtout, qui est nécessaire au repos et au bien-être de ma vie. Si elle craignait d'être rudoyée par une maîtresse acariâtre ! Louise s'est dévouée à moi, toujours, en toute chose, jusqu'à mordre à la science pour m'être utile. Quelle autre eût eu ce bon sens et cette générosité ? (Regardant sa collection.) Quand je pense qu'une femme ignorante et taquine pourrait jeter tout cela par la fenêtre et me forcer à m'occuper de ses chiffons, vouloir me mener au bal !... Mais où donc est Louise ? Elle est peut-être malade !... Et ce drôle de Jean Coqueret, pourquoi n'est-il pas là ? (Appelant.) Coqueret !... Coq...

SCÈNE IV

DURAND, COQUERET.

COQUERET, portant sur ses épaules le sac de M. Durand.
Voilà, monsieur ! Bonjour donc, monsieur ! Monsieur est revenu ?

DURAND.
Apparemment... Bonjour, mon garçon. Où est Louise ?

COQUERET.
Très-bien, monsieur. Et vous-même ?

DURAND.

Je te parle de Louise !

COQUERET.

En vous remerciant, monsieur ! Et vous pareillement ?

DURAND.

Quand tu auras fini tes salamalecs, tu me répondras peut-être. Je te demande où est Louise.

COQUERET, agité.

Monsieur est bien bon. Louise est... Je ne sais pas, monsieur, où elle est, la Louise ; mais je peux bien dire à monsieur qu'elle et moi, on est comme frère et sœur, ni plus ni moins !

DURAND.

Tiens, je l'espère bien ! (A part.) Est-ce qu'il y entendrait malice ? Non, il est trop simple. (Haut.) Ah çà ! trouve-moi mon sac, qui doit être quelque part par là.

COQUERET, qui a posé le sac sur la table.

Le v'là, monsieur, je l'ai trouvé !

DURAND.

Je l'avais donc perdu ?

COQUERET.

Oh ! monsieur ne l'avait pas perdu ; il l'avait laissé au bord de la route, sur un tas de pierres. Je m'en revenais du pré, où j'avais été conduire la vache avec Louise.

DURAND.

Alors, Louise est restée dans le pré ? Pourquoi disais-tu que tu ne savais pas où elle était ?

COQUERET.

Moi, j'ai dit ça ?

DURAND.

Oui, tu l'as dit.

COQUERET.

C'est étonnant, cela, monsieur. Je croyais bien avoir dit : « Elle est avec sa vache. »

DURAND.

Et pourquoi s'occupe-t-elle encore des vaches ? Je l'en avais dispensée.

COQUERET.

Oh ! monsieur, elle ne veut pas faire la demoiselle ! Elle aime tant les bêtes !

DURAND.

Enfin pourquoi m'as-tu dit : *Je ne sais pas ?*

COQUERET.

J'ai cru que monsieur me demandait où était la cuisinière.

DURAND.

Allons, tu seras toujours aussi fou, aussi distrait ! Une vraie tête de linotte !

COQUERET.

Oh ! non, monsieur ! Depuis huit jours que monsieur s'est absenté, je ne suis plus de moitié si bête !

DURAND.

C'est-à-dire que c'est moi qui te rendais bête ?

COQUERET.

Oh ! non, monsieur, toute la faute était à moi ! Mais, depuis que Louise a entrepris mon éducation...

DURAND.

Ah ! Louise a entrepris... ?

COQUERET.

Oui, monsieur. Elle m'a dit comme ça : « Vois-tu Jean, tu impatientes notre maître avec ta bêtise ; faut te forcer l'esprit pour lui complaire, faut apprendre ! Moi, j'ai appris à seule fin de t'enseigner, et je vais t'enseigner bien vite, du temps que monsieur n'y est pas. »

DURAND.

Alors,... selon toi, elle ne s'est donné la peine d'apprendre qu'à ton intention ?

COQUERET.

Oui, monsieur, c'est comme je vous le dis.

DURAND, avec dépit.

Elle est, ma foi, bien bonne !

COQUERET.

Oh! oui, monsieur, elle est diantrement bonne, c'est la vérité!

DURAND, à part. (Il prend son marteau et travaille sa pierre avec humeur.)

Et moi qui attribuais ce beau zèle à son dévouement pour moi!... Mais c'est pour l'encourager, ce qu'elle lui a dit là... Au fond, elle ne songeait qu'à le rendre moins impatientant pour moi; c'était encore une manière de me servir. Excellente fille! (Haut.) Voyons, que t'a-t-elle appris, mademoiselle Louise?

COQUERET.

La Louise? Elle m'a commencé par le commencement, par les...

DURAND.

Par les granites?

COQUERET.

Oui, monsieur.

DURAND.

Eh bien, qu'est-ce que le granit?

COQUERET.

Ce que c'est? ce que c'est? C'est ce qu'on place au commencement des livres et au numéro 1 sur les rayons. C'est les montagnes du côté de Saint-Pierre.

DURAND.

Bien! Après? Cela se compose de...?

COQUERET.

Ça se compose de,... ça se compose de... trois choses, qui sont le... trois choses qui sont le... le... (Il prend divers échantillons et les montre à Durand.)

DURAND.

Allons! tu ne sais pas les noms, tu ne les apprendras jamais; mais l'œil et la mémoire du fait y sont toujours. Il faudrait au moins avoir une idée de l'histoire du globe... D'où est sorti le granit, au commencement des choses?

COQUERET.

Oh! je sais, monsieur. Ça est sorti de l'eau, ou du feu, ou de l'air, c'est comme vous voudrez.

DURAND.

Comment! c'est comme je voudrai?

COQUERET.

La Louise m'a dit : « Monsieur n'est pas sûr, mais il aime mieux que ça soit sorti du feu, et ce sera ce que monsieur décidera. »

DURAND, à part.

On dirait qu'à eux deux, ils se sont moqués de moi! Au fait, je n'ai là-dessus que des hypothèses! (Rêvant en regardant le granit que Coqueret lui a apporté.) Qui résoudra à coup sûr le premier des problèmes? Qui a présidé au spectacle de ces étonnantes formations? O granit! la plus vulgaire et la plus mystérieuse des pierres! tu es la clef qui ouvre tout, sauf le point de départ! Derrière toi, il n'y a de prouvé que la fantaisie de nos systèmes! Tu es le poëme fabuleux (Louise entre) de nos rêveries, le témoin impénétrable des jours qui ne sont plus, le...

SCÈNE V

Les Mêmes, LOUISE.

LOUISE, qui a interrogé Coqueret du regard en entrant, et à qui celui-ci a fait signe que leur maître était dans les espaces. De la part de Coqueret, cet avertissement n'a rien d'ironique, il est, au contraire, respectueux et admiratif.

Bonjour, monsieur...

DURAND, tressaillant et quittant son pavé.

Ah! bonjour, ma Louise! bonjour, ma bonne fille! (Il l'embrasse au front, presque respectueusement.) Es-tu un peu contente de me revoir?

LOUISE.

Oh! oui, monsieur, bien contente.

COQUERET, bas, à Louise.

Pourquoi est-ce que tu ne l'embrasses pas, toi? Embrasse-le donc!

LOUISE, bas.

Non!

DURAND, à Coqueret.

Pourquoi lui parles-tu tout bas? (A Louise.) Qu'est-ce qu'il te disait?

LOUISE.

Rien, monsieur, des bêtises!

COQUERET.

Ah! non, monsieur, c'était pas des bêtises! Je lui disais d'embrasser monsieur. C'était pour faire plaisir à monsieur! Vrai!

DURAND, un peu ému.

Non! elle a raison d'être plus réservée, plus sérieuse dans ses manières, à présent qu'elle est grande.

COQUERET.

C'est donc ça qu'elle ne veut plus que je l'embrasse, moi? Mais, avec monsieur, qui est âgé, c'est pas la même chose.

DURAND.

Agé... âgé!...

LOUISE.

Voyons, monsieur, mettez-vous donc à votre aise! (A Coqueret.) Va lui chercher sa veste et ses pantoufles. (Coqueret sort en courant par la porte de droite, qui conduit à la chambre de M. Durand.)

SCÈNE VI

DURAND, LOUISE.

LOUISE.

Si vous êtes venu de la ville à pied, vous devez être las!

DURAND.

Las, moi? Ah çà! M. Coqueret, ton élève, t'a donc persuadé que je suis bien vieux?

LOUISE.

Vous n'êtes pas vieux; mais vous n'êtes plus tout jeune. Et votre vilain rhume que vous ne voulez pas soigner! Vous avez déjà toussé trois fois depuis trois minutes.

DURAND.

Bah! qu'est-ce que ça fait? Avec un petit mal chronique, on vit cinquante ans de plus! Voyons, qu'as-tu fait de bon en mon absence? Tu t'es faite l'institutrice de Coqueret, à ce qu'il m'a dit?

LOUISE.

Ah! il vous a dit...?

DURAND.

Que tu l'avais entrepris sur le granit; mais c'est peine perdue : tu n'en feras jamais rien qu'un âne.

LOUISE.

Pardon, monsieur, je vous en ferai un bon serviteur, car il est doux, courageux, de bonne volonté, et il vous aime. C'est bien quelque chose!

DURAND.

Oui, sans doute, il a de bons instincts; mais il ne sortira jamais de la vie d'instinct.

LOUISE.

Et quel besoin avez-vous d'un savant pour vous servir? est-ce que je ne suis pas là pour réparer ses petites gaucheries?

DURAND.

Oh! toi, Louise, c'est autre chose! Tu as une belle mémoire, une docilité admirable. C'est un plaisir de t'enseigner quelque chose. Tu es beaucoup pour moi, ma chère Louise. Tant de soins, d'attentions! Être servi comme un prince, dorloté comme un enfant, compris par quelqu'un qui s'intéresse à vos travaux, qui se prête à vos innocentes passions... Eh bien, qu'est-ce que tu as? Tu es triste?... A quoi penses-tu?

LOUISE.

A rien, monsieur; je regardais ce payé, c'est une belle pièce.

LE PAVÉ

DURAND, vivement.

N'est-ce pas? Figure-toi qu'il y a là une dent fossile... Je m'imagine qu'il y aura une mâchoire entière, et que ce pourrait bien être le... Mais tu ne m'écoutes pas, tu parais souffrante!

LOUISE.

Non, monsieur.

DURAND, regardant le pavé.

Si c'était ce que je pense,... ce serait une rareté... Mais tu es triste, et cela m'ôte la joie du cœur. Tu travailles trop, je parie!

LOUISE.

Moi? Il me semble, au contraire, que je ne fais rien pour vous payer de vos bontés. Après ce que vous avez fait pour moi, m'élever, m'instruire, me traiter toujours si doucement, avoir recueilli et soigné ma pauvre mère jusqu'à son dernier jour... Ça, voyez-vous, une pauvre femme que tout le monde repoussait et que vous m'avez appris à aimer et à respecter malgré tout le monde... Après une chose comme ça, si je n'avais pas bonne envie de vous servir et de vous soigner quand vous serez comme elle vieux et infirme...

DURAND.

Moi? Je ne serai jamais infirme. Avec la vie active et sage que je mène...

LOUISE.

Tant mieux! Mais je voudrais que vous eussiez besoin de moi : vous verriez si je me souviens!

DURAND.

Toi! tu es un ange, et je suis loin d'avoir fait pour toi ce que j'aurais dû faire. Je t'ai vraiment négligée jusqu'à présent. Je ne voyais pas combien tu es intelligente. Je te traitais comme une paysanne ordinaire. Je te tenais à distance, derrière la porte pour ainsi dire, me persuadant que c'était assez de t'assurer le bien-être matériel, ne devinant pas que ton esprit avait besoin de culture et qu'un jour je pourrais causer avec toi comme avec une amie. Oui, oui, je mérite des reproches. J'ai été absorbé par mes livres, et il n'y a pas plus de deux ou trois mois que j'ai commencé à t'apprécier, à t'écouter, à te regarder !

LOUISE, à part.

Ah ! comme j'ai eu tort de ne pas rester derrière la porte !

DURAND.

Pourquoi rêves-tu quand je te parle ? Ne vois-tu pas que j'ai à cœur de réparer ma négligence ? Ne te dois-je pas cela ? Ne m'as-tu pas fait un bien immense ? Tu m'as ouvert le cœur à l'amitié, à un sentiment plus doux encore, que sans toi je n'aurais jamais connu, le sentiment paternel ! C'est vrai, cela. Vieux piocheur, je me serais desséché, pétrifié avec mes cailloux, n'est-ce pas ? Je serais devenu sombre, hypocondriaque, insupportable ! Ça commençait. J'avais des moments d'humeur, même avec toi. Tu dis que j'ai toujours été bon ! Tu oublies que bien souvent je t'ai traitée de niaise et d'étourdie ; mais ça ne m'arrivera plus, va, je t'en réponds !

LOUISE, à part.

Hélas ! tant pis.

DURAND.

Non non !...je n'aurai plus la folie,... je n'aurai même plus la pensée de te faire pleurer, pauvre enfant ! J'ai ouvert les yeux. J'ai reconnu... Oui, je pensais à cela tantôt en revenant ici.

LOUISE.

Vous pensiez trop. Vous avez laissé votre sac de voyage au beau milieu de la route !

DURAND.

Méchante, tu me grondes. Que veux-tu ! je pensais à toi. Je me disais : « Une femme douce, instruite et charmante est un trésor dans une maison, un rayon de soleil dans la vie d'un pauvre ermite !... Qu'ai-je besoin d'aller chercher une compagne à la ville, quand tout près de moi... ? »

LOUISE.

Ah ! vous aviez l'idée de vous marier ? Votre voisin me l'avait dit. Eh bien, est-ce que vous y renoncez ?

DURAND.

Oui, oui, sois tranquille ! Personne autre que toi ne commandera ici !

LOUISE.

Mais, monsieur, au contraire, je...

DURAND.

Sois tranquille, je te dis ! Mais je crois que j'ai faim, Louise ; je ne sais pas si j'ai déjeuné ce matin. Je me sens la poitrine tout en feu...

LOUISE.

Je parie que vous n'y avez pas songé ! Votre repas vous attend. Allez donc, monsieur, allez donc vite.

DURAND.

Mais... tu vas venir, n'est-ce pas ? Je n'entends plus que tu me passes mon assiette, c'est l'affaire de M. Coqueret. Tu causeras avec moi, tu me parleras de tes poules, de ton chevreau. Il va bien, ton petit chevreau ?

LOUISE.

Oui, oui, monsieur, allez !

DURAND.

Ah ! ma foi, j'ai le cœur content d'être revenu, de revoir ma maison, mon jardin, et toi surtout ! Au revoir, Louisette !
(Il sort par le fond.)

SCÈNE VII

LOUISE, seule.

Y a-t-il sur la terre un meilleur homme, un plus doux maître que celui-là ? Non, il n'y en a pas, et plus il me gâte, plus j'ai de crainte et de souci ! Le bon Dieu sait pourtant que ça n'est pas de ma faute, ce qui arrive ! Jamais je n'aurais pensé...

SCÈNE VIII

LOUISE, COQUERET.

LOUISE.

Il est temps d'arriver !

COQUERET, qui apporte la veste et les pantoufles.

Ne me gronde pas, Louise ! Ce n'est pas ma faute. Je ne pouvais pas trouver les pantoufles, je n'en trouvais qu'une. C'est les rats qui avaient promené l'autre jusque sous le lit. Dame, c'est la faute à monsieur ! Il ne veut pas souffrir de chats dans la maison depuis ce gros matou qui t'avait mis le bras tout en sang, mêmement que monsieur en était sens dessus dessous, et que...

LOUISE.

Cours donc le servir, bavard ! Il est en train de déjeuner ! M'entends-tu ? A qui est-ce que je parle ?

COQUERET.

Eh bien, qu'est-ce que je fais ? J'y cours ! Mais écoute un mot, Louise ! T'as pas voulu écouter dans le pré ce que je voulais te dire. Tu m'as renvoyé très-durement, faut m'entendre ici !

LOUISE.

Non ! nous n'avons pas le temps.

COQUERET.

C'est le temps qu'il faut prendre ; monsieur vient d'arriver, il est de bonne humeur, je vais lui dire ça tout chaud.

LOUISE.

Comment ? Quoi ? Qu'est-ce que tu veux lui dire ?

COQUERET.

Je lui dirai que je t'aime, que je suis affolé de toi, que j'en deviens imbécile !...

LOUISE.

Oui ! essaye de lui dire ça, si tu veux qu'il t'envoie promener !

COQUERET.

Ça ne fait rien, ça sera dit, et, si tu veux dire comme moi...

LOUISE.

En voilà assez. Je t'ai dit que ça ne se pouvait pas, que je ne me voulais point marier de si tôt, et qu'il n'y fallait point du tout penser. Ne me parle donc plus de ça, je te le défends! (Coqueret, qui a mis la veste et les pantoufles sur une chaise, s'assied dessus avec désespoir et se met à pleurer, la tête dans ses mains. Louise le regarde un instant, se détourne et se cache pour pleurer aussi. Louise essuie ses yeux.) Monsieur sonne; allons! va!

COQUERET.

Non, je ne veux plus servir, je me veux faire mourir!

LOUISE.

Allons! es-tu fou? Veux-tu faire attendre monsieur?

COQUERET.

Il y a dix ans que je l'attends tous les jours, il peut bien m'attendre une fois!

LOUISE.

Tu veux me faire de la peine?

COQUERET.

Je peux bien t'en faire, je ne t'en ferai jamais autant comme tu m'en fais!

LOUISE, sévère.

Alors, tu n'as plus d'amitié pour moi? c'est fini?

COQUERET.

Pourquoi est-ce que j'aurais de l'amitié pour quelqu'un qui me déteste?

LOUISE.

Tu ne dis pas ce que tu penses. Nous avons été élevés ensemble, et tu sais que je t'aime beaucoup; mais je ne peux pas t'épouser. Ça ne dépend pas de ma volonté... Allons!...

COQUERET.

Tu mens! tu n'as plus ni mère, ni parents, ni rien! tu ne dépends que de la volonté de monsieur, qui fait tout ce que tu souhaites, et si... (On sonne encore.)

LOUISE.

Allons, tu ne veux pas obéir ? J'y vais, moi ! (Elle sort.)

SCÈNE IX

COQUERET, seul.

C'est comme ça ? Elle ne m'aime point ? C'est donc qu'elle en aime mieux un autre ? Quel autre ? Elle n'en connaît guère d'autres que moi ; elle ne sort point, je ne la quitte point, je suis bien sûr que personne ne lui en conte ! Alors, c'est que je lui déplais, je suis trop sot pour elle ! Ah ! si je m'écoutais... (Il prend le marteau de M. Durand.) Je me casserais... (menaçant les collections) tout ce qu'il y a ici ! Oh ! oui-da ! non ! ça ferait trop de chagrin à monsieur ! et, si je me fendais la tête, ça le contrarierait ; un si brave homme ! En voilà un homme ! C'est bien fait. Il serait dans le cas de me pleurer, et, s'il savait la peine que j'ai, il commanderait à Louise de m'aimer. Eh bien !... ma foi, c'est ça ! Je vais lui dire la chose comme elle est. Bon ! le v'là ! je vais lui dire,... et tout de suite...Ah bien, oui, mais... j'ose pas !

SCÈNE X

DURAND, COQUERET.

DURAND, à la cantonade.

Non, non, ma fille, je ne veux pas manger davantage, ce n'est pas mon heure... Envoie-moi le café ici. (Haut, à Coqueret.) Ah ! tu es là, toi ? Pourquoi ne viens-tu pas quand je sonne, au lieu d'envoyer Louise à ta place ? C'est elle qui prend toute la peine !

COQUERET.

Oh ! mon Dieu ! Louise et moi, c'est bien la même chose, monsieur ; la peine de l'un, c'est la peine de l'autre, et...

DURAND.

Hein ? Comment l'entends-tu ?

COQUERET.

Je l'entends,... je l'entends que monsieur m'excusera : j'étais indisposé.

DURAND, qui ôte ses guêtres et met ses pantoufles.

Ah! monsieur était indisposé? Louise ne m'a pas dit cela.

COQUERET.

C'est pour ne pas faire de peine à monsieur.

DURAND, souriant.

Tu crois donc que je t'aime bien tendrement?

COQUERET.

Je sais que monsieur m'aime beaucoup, parce qu'il sait que je l'aime encore plus que beaucoup, et, comme monsieur a un bon cœur...

DURAND, qui a endossé sa veste.

Allons! si tu le prends comme ça, tu n'as pas tort de compter là-dessus. Tu es insupportable, et pourtant tu es un bon garçon! Qu'est-ce que tu as? Voyons, la migraine?

COQUERET.

Non, monsieur.

DURAND.

Une courbature? un refroidissement?

COQUERET.

Non, monsieur.

DURAND.

Eh bien, quoi, alors?

COQUERET.

Je ne sais pas.

DURAND, impatienté.

Où as-tu mal?

COQUERET, intimidé.

Nulle part, monsieur. Ça va mieux, ça se passe.

DURAND.

Enfin que sentais-tu tout à l'heure? Parleras-tu? Te moques-tu de moi?

COQUERET.

Oh! monsieur, par exemple!

DURAND.

Tiens, sais-tu ? tu as le cerveau fêlé, voilà ta maladie.

COQUERET.

Oui, monsieur, justement ; c'est ça.

DURAND.

Tâche de guérir, ou tu ne seras plus bon à rien. Allons, va me chercher mon café... et mon journal ; dépêche-toi !

COQUERET, à part.

Je n'oserai jamais !... Faut que je trouve une idée ! (Il sort.)

SCÈNE XI

DURAND, seul.

On se donne bien de la peine pour trouver le bonheur, on le cherche toujours où il n'est pas. Ah ! les philosophes ont très-bien qualifié nos vaines convoitises en les appelant l'amour des faux biens ! C'est très-profond, ce mot si vulgaire ! Certes, il y a quelque chose de menteur et de factice dans les satisfactions que donnent la fortune, l'ambition, la vanité. Quel besoin l'homme sage et bien portant a-t-il de ce luxe énervant des villes, de ces spectacles frivoles, de ces amours où le cœur n'est pour rien ? La plus simple fleur des champs...

SCÈNE XII

DURAND, COQUERET.

COQUERET.

Monsieur, voilà votre café avec une lettre pour vous. (Pendant que Durand ouvre la lettre, à part.) J'ai trouvé mon idée, et elle est fameuse, celle-là ! Si ça ne réussit pas, ma foi ! j'aurai du malheur ! (Il s'éloigne un peu.)

DURAND, à part, ouvrant la lettre.

Ah ! c'est de mon voisin ! Est-ce un cartel qu'il m'envoie, ce vieillard terrible ? (Lisant.) « Je devrais n'avoir jamais aucun rapport avec vous; mais, en ce moment, j'ai la main forcée. Des personnes qui désirent vous connaître et qui viennent de descendre chez moi veulent absolument que je vous invite à dîner. Comme c'est la seule occasion qui vous reste de réparer vos torts, je compte que vous ne me refuserez pas. Je vous attends à six heures. » Ah! que le diable les emporte, ces personnes-là! Que faire? Je ne peux pourtant pas me brouiller avec ce brave voisin...

COQUERET.

Monsieur, on attend la réponse.

DURAND, avec dépit.

Dis que j'irai.

COQUERET, à la fenêtre, criant.

Monsieur ira. (Revenant, à part.) Il faut que je me dépêche de lui parler, puisqu'il va sortir. (Haut.) Monsieur... (A part.) Il ne m'écoute pas, il lit dans son journal. (Haut.) Monsieur, vous êtes un bon maître... un homme d'esprit... un grand savant... (A part.) Il ne m'entend pas du tout! Je vais me plaindre un peu. (Il fait de grands soupirs.)

DURAND.

Eh bien, qu'est-ce? Tu as mal aux dents?

COQUERET.

Non, monsieur, c'est dans le cœur.

DURAND.

Bah! c'est la croissance.

COQUERET.

Non, monsieur. Monsieur me prend toujours pour un enfant; j'ai vingt-deux ans et demi passés.

DURAND.

Tiens! c'est possible au fait. Eh bien, qu'est-ce que tu sens au cœur? des élancements?

COQUERET.

Oui, monsieur, ça me pique, ça me brûle et ça me poignarde!

DURAND.

Il y a quelque temps que tu éprouves cela?

COQUERET.

Il y a déjà quelque temps, oui, monsieur.

DURAND.

C'est quand tu te fatigues ?

COQUERET.

Non, monsieur, c'est quand je pense à la Louise.

DURAND, tressaillant.

Ah! oui-da! vous vous permettez d'aimer Louise, monsieur le drôle ?

COQUERET.

Bon! il a deviné ça tout de suite, ça va bien !

DURAND, tremblant de colère.

Répondez, faquin ! Vous...

COQUERET, effrayé.

C'est pas moi, monsieur, c'est elle.

DURAND.

Comment, c'est-elle ? Qu'osez-vous dire là !

COQUERET, se tenant la tête.

Oui, monsieur, c'est elle qui a idée de m'épouser. Moi, je ne m'en souciais déjà pas tant. Je lui disais : « Nous sommes trop jeunes ; » mais elle a dit comme ça : « Nous sommes en bon âge, moi dix-sept ans, toi vingt-trois ; c'est ce qu'il faut. » Mais, moi, j'allais toujours disant : « C'est trop tôt, Louise, c'est trop tôt ! » Pour lors, monsieur, elle est tombée dans un chagrin que, tout le temps que vous avez été absent, elle n'a fait que geindre et pleurer, si bien que je me suis laissé attendrir et que la pitié m'a rendu triste et malade, et que j'ai consenti à vous en parler, monsieur, pour lui faire plaisir, à cette pauvre fille ; car, pour elle, jamais elle n'oserait vous dire combien elle m'aime, mêmement que, si vous la questionnez, elle est dans le cas de vous répondre que j'ai pris ça sous mon bonnet ; mais faut croire ce que je vous dis et pas ce qu'elle vous dira, et, comme je vois bien qu'elle en mourra, me voilà dans l'idée de l'épouser, et je viens vous le dire comme au meilleur de mes amis, à seule fin que vous lui commandiez le mariage, et, comme elle vous est obéissante, aussitôt que vous aurez dit : *Il faut!* elle sera décidée, et vous aurez fait son bonheur. Voilà ce que c'est, monsieur ; pardonnez-moi si j'ai dit quelque bêtise.

DURAND, après un moment de silence, d'une voix altérée.

Sortez ! (Coqueret, stupéfait, hésite. Durand, hors de lui.) Sortez donc ! (Coqueret sort tout penaud.)

SCÈNE XIII

DURAND, seul.

C'est impossible ! Louise !... oh ! Louise !... aimer ce garçon-là ? Non, il est fou ! Je le chasserai, je chasserai Louise s'il est vrai que... je la tuerai ! (Silence.) Mais qu'est-ce que j'ai donc, moi ? qu'est-ce que cela me fait ?... Cela me fait... cela me fait qu'elle est en quelque sorte ma fille adoptive, et que la fille de mon cœur et de mon intelligence ne peut pas se mésallier de la sorte ! Quoi ! descendre des hauteurs où ma tendresse et mon admiration l'avaient placée pour tomber dans les bras d'un rustre !... Ah ! les femmes ! On me l'avait bien dit que c'étaient les derniers êtres de la création ! Et moi qui faisais d'elle un ange, une sainte ! Voilà comme les savants n'entendent rien, mais rien, à la vie réelle... Mais non, non ! cent fois non ! Cela n'est pas, cela ne peut pas être. Il faut que je lui parle, là, tout de suite, que je l'interroge jusqu'au fond de l'âme, et que je la foule aux pieds si elle avoue... Mais qu'est-ce que j'ai donc ? Je n'ai jamais ressenti une pareille colère ! C'est une colère fondée, oui, très-fondée, très-raisonnable. Une colère raisonnable ?... Non, la colère ne l'est jamais. Je veux me calmer, je veux prendre l'air, marcher, respirer ; oui, je veux chasser un peu, pour me remettre. (Il prend son fusil.) Après quoi..., de sang-froid, avec calme... Sortons ! je me sens très-mal ! (Il croit sortir, fait le tour de la chambre et tombe accablé devant son bureau, la tête dans ses mains, son fusil près de lui.)

SCÈNE XIV

LOUISE, DURAND.

LOUISE.

Monsieur... puisque vous dînez dehors, je crois qu'il serait temps de vous habiller. (Durand lui fait signe de ne pas le déranger.) Ah! il travaille, il travaille à réfléchir. Pauvre maître! il souffre peut-être... Non, il ne se rend pas compte;... mais je vois le danger, moi, et je ne sais plus comment me conduire... S'il m'aime, c'est qu'il est décidé à m'épouser. Quel malheur pour moi! J'en mourrai de chagrin!... Car de lui dire non après tout ce qu'il a fait pour moi, ça n'est pas possible. Je serais une ingrate, une lâche, un mauvais cœur! Si je m'en allais!... Ça serait pire; il aurait trop de chagrin; mais si je reste... ce pauvre Jean!... Mon Dieu! mon Dieu!... Pourquoi faut-il que monsieur ait pris tant d'amitié pour une pauvre fille qui aurait pu être si heureuse à son service avec...? Ah! le voilà qui se réveille de ses pensées... Comme il est pâle! Est-ce qu'il serait malade?... Il ne manquerait plus que ça!

DURAND, brusquement.

Qu'est-ce que tu fais là?

LOUISE.

J'attendais pour vous dire l'heure; mais... est-ce que monsieur n'est pas bien?

DURAND, de même.

Moi?... Tu es folle!

LOUISE.

Pourtant...

DURAND.

Ne me parle pas. Je suis préoccupé... Je travaille!... Va, laisse-moi! (Louise veut sortir.) Où vas-tu?

LOUISE.

Vous me dites de m'en aller.

DURAND.

Ce n'est pas une raison pour ne pas te demander où tu vas.

LOUISE.

J'irai où vous voudrez.

DURAND.

Ce n'est pas là une réponse... Où allais-tu ?

LOUISE.

Mais vraiment je ne sais pas, moi ! Je n'avais pas d'idée : je me retirais d'auprès de vous pour vous obéir, voilà tout.

DURAND, désarmé.

Écoute, Louise. (Il la regarde.) Non, rien, une autre fois... Je ne me sens pas disposé... (A part.) C'est incroyable, c'est absurde comme je souffre ! (Il se rassied accablé.)

LOUISE.

Si vous avez quelque reproche à me faire,... le plus tôt serait le mieux, monsieur ; je me dépêcherais bien vite de ne jamais recommencer.

DURAND, irrité.

Ah ! tu plaisantes ! Tu répètes les paroles de M. Jean Coqueret !

LOUISE.

Je voudrais vous faire rire. Quand vous riez, ça vous fait du bien !

DURAND.

Je n'ai aucune envie de rire. Assieds-toi, et réponds... Allons, réponds sérieusement.

LOUISE.

A quoi, monsieur ?

DURAND.

A quoi ! à quoi !... N'as-tu rien à me dire, aucune confidence à me faire ?

LOUISE.

Mais... non.

DURAND.

Tu hésites ! Tu mens !

11.

LOUISE.

Vous me faites peur aujourd'hui. Je ne sais que vous dire, ne sachant pas ce que vous me demandez.

DURAND.

Tranchons le mot. Veux-tu te marier, oui ou non ?

LOUISE.

Moi ? Est-ce que j'ai jamais parlé de ça ?

DURAND.

Je t'en parle, moi ; il faut répondre.

LOUISE.

Eh bien !... non ! Je ne souhaite pas me marier.

DURAND.

Pourquoi cela ? Réponds donc !

LOUISE.

Je ne sais pas... Est-ce que vous voulez que je me marie ?

DURAND.

Il ne s'agit pas de moi.

LOUISE.

Si fait, monsieur. Il ne s'agit que de vous... Tout ce que vous me commanderez sera bien, tout ce que vous me défendrez sera mal... Je ne considère que vous, je n'ai pas de volonté pour moi.

DURAND.

C'est trop de soumission. Elle me trompe ! (Haut.) Alors... si je te disais... que je te conseille de te marier... sans quitter la maison, bien entendu... car je sais que tu m'es attachée.

LOUISE.

Il faudrait me dire aussi : « Je le veux, et je veux que ce soit avec telle personne. » Autrement, je n'ai rien à vous répondre.

DURAND, avec effort.

Eh bien, si je te disais : « Je veux que tu épouses... ce garçon qui me sert ? »

LOUISE.

Dame !... ce garçon est très-honnête, très-doux...

DURAND, éclatant.

Ah! enfin nous y voilà! Elle l'aime!

LOUISE, à part.

C'était pour m'épouser! (Haut.) Monsieur, je n'ai pas dit que je l'aimais.

DURAND.

Tu l'as dit.

LOUISE.

Non, monsieur.

DURAND.

Tu le lui as dit à lui-même.

LOUISE.

Je vous jure que non!

DURAND.

Il me l'a dit.

LOUISE.

Il a menti!

DURAND.

Prends garde! je vais le lui faire répéter devant toi!

LOUISE.

S'il le fait, c'est qu'il a perdu l'esprit.

DURAND. (Il sonne.)

J'en aurai le cœur net! Louise, il en est temps encore. Confesse-toi à moi, cela vaudra mieux qu'un scandale.

LOUISE.

Ah! mon Dieu! mon Dieu! Mais de quoi donc m'accusez-vous? Je n'ai rien à me reprocher. Je ne peux pas confesser ce qui n'est pas!

DURAND.

Il vient!

LOUISE.

Qu'il vienne! (A part.) Pauvre Jean! qu'est-ce qu'il a donc pu dire?

SCÈNE XV

DURAND, LOUISE, COQUERET.

COQUERET.

Monsieur !

DURAND.

Avance et réponds, maître Jean Coqueret : veux-tu épouser Louise ?

COQUERET, vivement.

Oui, monsieur !

DURAND.

Et penses-tu qu'elle y consente ?

COQUERET.

Oui, monsieur, si vous lui faites entendre la vérité. Pourquoi ne voudrait-elle point de moi ? Elle n'est pas plus que moi. Elle n'est pas même tant. Elle est une champie, et moi, j'ai mes père et mère. Elle est plus savante que moi, parce que vous l'avez rendue savante ; mais qu'elle me rende savant, je ne demande pas mieux. Vous lui donnez de bons gages, mais vous m'en donnez aussi plus que je n'en mérite. D'ailleurs, j'ai une dot. Nous nous convenons donc assez bien. Je l'aime, elle ne peut me détester. Je suis un honnête homme, elle le sait bien ; vous aussi, monsieur, vous me connaissez. Par ainsi, dites-lui que ça vous contente, et elle fera son contentement de vous obéir.

DURAND, à Louise.

Tu l'entends ! Vous vous convenez, vous vous aimez, et vous n'attendez tous deux que ma permission pour vous marier.

COQUERET.

Oui, monsieur, c'est ça, vous parlez très-raisonnablement !

DURAND, à Louise, avec colère.

Allons ! n'essaye plus de mentir !

COQUERET.

Ne la grondez pas, monsieur. Si vous la grondez, elle n'osera pas se confesser !

DURAND.

Je la gronde parce qu'elle manque de franchise, et que je ne sais rien de plus lâche et de plus bas que le mensonge ?

COQUERET.

Parle donc, Louise, ou dis-moi de me jeter à l'eau, si je t'offense.

LOUISE.

Jean, vous vous y êtes mal pris pour réussir ! Vous pouvez m'aimer, je ne dis pas non, et je ne nie pas l'estime que je fais de vous ; mais je vous ai dit tantôt dans le pré, et ici tout à l'heure encore, que je ne voulais point me marier de long-temps et que je vous défendais de m'en reparler. Vous ai-je dit cela, oui ou non ?

DURAND, à Coqueret.

Te l'a-t-elle dit ? Réponds, parle ! Allons donc !

COQUERET.

C'est vrai qu'elle l'a dit.

DURAND.

Et pourquoi m'as-tu fait le mensonge qu'elle était folle de toi, qu'elle pleurait, qu'elle t'avait fait les avances, et qu'elle n'osait pas me le confier ?

LOUISE.

Tu as inventé tout ça ! C'est très-vilain, de mentir !

COQUERET.

J'espérais que monsieur te conseillerait à mon idée !

DURAND.

Eh bien, c'est une infamie, et, pour cela, je vous chasse !

COQUERET, pâlissant.

Ah !... Et toi, Louise ?

LOUISE, émue.

Moi, je...

DURAND.

Elle aussi vous congédie ! Dehors au plus vite !

COQUERET, très-sombre.

C'est bien, monsieur, on y va.

DURAND.

Attends ! tes gages !...

COQUERET.

Merci, je n'en ai pas besoin. (Il sort.)

SCÈNE XVI

DURAND, LOUISE.

LOUISE, courant après lui.

Jean ! écoute... écoute donc !

DURAND, la prenant par le bras avec violence et la faisant rentrer.

Laisse-le partir ! De quoi te mêles-tu ? Quand je te débarrasse d'un bavard et d'un menteur dont la sotte langue te déshonorait !...

LOUISE.

Il ne l'a pas fait à mauvaise intention, monsieur. Vous voyez bien qu'il a perdu la tête ! Pauvre garçon ! Il vous servait bien, il vous aimait. Sa simplicité vous divertissait plus souvent qu'elle ne vous impatientait... Vous le regretterez, monsieur ! Et qui sait si vous ne vous reprocherez pas... ?

DURAND.

Qu'est-ce que j'aurai à me reprocher ? Voyons ! tes regrets ? Ils sont donc bien grands ?

LOUISE.

Il ne s'agit pas de moi, monsieur ! Je ne vous parle jamais de moi, je ne vous ai jamais rien demandé pour moi !... Mais, pour vous-même, ne dois-je pas... ? N'est-ce pas bien sévère de renvoyer un bon sujet qui vous sert avec franchise depuis dix ans... depuis son enfance, pour une seule faute, pour un petit mensonge qui ne vous fait aucun tort, et dont moi seule aurais le droit de me fâcher ?

DURAND.

Ainsi, tu le lui pardonnes? On peut être insolent avec toi...

LOUISE.

Il ne l'a jamais été.

DURAND.

Ce n'est pas la dernière des impertinences de se vanter de ton affection?

LOUISE.

C'est selon comme il en parle. Il ne sait guère s'expliquer. S'il vous a dit que je l'aimais de grande amitié, il n'a pas menti. N'avons-nous pas été élevés ensemble, sous vos yeux, par la bonne Rosalie? Ne dois-je pas le regarder comme mon frère?

DURAND.

Non! car je ne le considère pas comme mon fils. Il est trop au-dessous de toi par l'intelligence.

LOUISE.

Bah! l'esprit!... C'est une belle chose, je n'en disconviens pas; mais ça n'est pas tout : la bonté vaut encore mieux, et je n'oublierai jamais que, quand tous les autres enfants de mon âge me repoussaient en me traitant de champie, les pauvres enfants, sans savoir ce qu'ils disaient et croyant me faire une grande honte, il y en avait un qui me consolait et me protégeait toujours, et celui-là, c'était Jean! Jean tout seul, pas d'autre que lui!

DURAND, avec douleur.

Et moi! et moi! Je ne t'ai donc pas consolée, je ne t'ai donc pas protégée, moi?

LOUISE.

Vous, cela n'est pas étonnant, un homme comme vous, qui n'a que l'idée de faire bien, et qui est au-dessus de tout le monde!... C'est comme le bon Dieu, il n'a pas de mérite à être ce qu'il est, il ne pourrait pas être autrement; mais ce pauvre petit Jean, qui, avant d'entrer chez vous, n'avait pas été mieux élevé qu'un autre...

DURAND, à part.

Ah! toujours lui, toujours ce Jean, cet imbécile, ce Jocrisse, ce Pierrot! Oh! les femmes! les femmes! Il y a de quoi devenir fou! (Regardant Louise, qui se penche à la fenêtre.) Eh bien, tu lui parles, tu l'appelles?

LOUISE.

Non, monsieur, je le regarde, je le suis des yeux. Savez-vous que ça m'inquiète, de l'avoir vu sortir en refusant ses gages et en me regardant d'un air... Le voilà qui se promène du côté de l'eau!...

DURAND, ému.

Est-ce que tu le crois capable...?

LOUISE.

De s'y jeter? Ma foi, que sait-on? Il m'en a menacé deux fois aujourd'hui. Il n'a pas la tête bien forte... Être chassé comme ça de chez vous, qui êtes si juste et si bon, c'est une grande honte, et on est capable de croire dans le pays qu'il a fait quelque chose de bien mal! Le voilà déshonoré pour un mot dont il n'a pas senti la conséquence, pauvre Jean!

DURAND, jaloux.

Louise, tu pleures!

LOUISE.

Eh bien, oui, monsieur, je pleure... C'est mon camarade, mon ami d'enfance, mon bon compagnon de travail, mon pareil, à moi!

DURAND, prenant machinalement son fusil.

Ah! malheureuse! c'est de la passion que tu as pour lui, et je ne sais ce qui me retient... (Il fait un pas vers la fenêtre.)

LOUISE.

Vous voulez le tuer? Eh bien, vous me tuerez d'abord!

DURAND, quittant son fusil, à part.

Mon Dieu! mon Dieu! préservez-moi! sauvez-moi! J'ai eu envie de la tuer aussi! (Haut.) Voyons, ne crains rien, quitte cette fenêtre...

LOUISE.

La quitter?... Mais non, monsieur! Voyez, le voilà qui

court tout droit vers la rivière... Monsieur! rappelez-le, pardonnez-lui!... (Criant.) Jean! reviens!... Monsieur te pardonne, Jean! Il ne m'écoute pas!... Ah! ce n'est pas possible de le laisser faire! (Elle sort en courant.)

SCÈNE XVII

DURAND, seul.

Elle en est folle, la maudite créature! folle de ce nigaud, de cet écervelé, de ce manant!... J'ai eu beau m'en moquer, le rabaisser à ses yeux, l'humilier devant elle : il est jeune, il est beau garçon, et cela suffit! Elle l'aime parce qu'il a vingt ans, parce que, le premier, il a osé lui parler d'amour! elle l'aime parce que cela me révolte! oui, par esprit de contradiction, pour me faire souffrir, pour me désespérer!... Pourtant, si c'était seulement de la bonté, de la pitié... J'ai eu un accès de violence... Certes, je lui ai fait peur. (Regardant par la fenêtre.) Ah! les voilà qui reviennent, il la suit comme un chien... Ils ne se parlent pas... Elle le ramène ici! Quoi! je vais le voir, lui parler?... Non, je ne veux pas, je le hais, ce misérable!... Les voilà qui s'arrêtent... Ils causent ensemble... Que peuvent-ils se dire? Peut-être se moquent-ils de moi... Malheur à eux, s'ils s'entendent pour exploiter ma faiblesse!... Si je pouvais surprendre... Non, ils entrent dans la maison;... mais, de ma chambre,... j'écouterai, oui! J'entendrai peut-être ce qu'ils diront ici, et, s'ils ont l'audace de me railler,... eh bien, je les tuerai tous les deux!... Ah! c'est horrible!... Non! je... je ne sais pas ce que je ferai. J'ai envie de me tuer tout de suite pour me préserver de la démence... (Il sort par la porte de droite en emportant son fusil d'un air égaré. Louise et Coqueret entrent par la porte du fond.)

SCÈNE XVIII

LOUISE, COQUERET.

LOUISE.

Voyons, entre, n'aie pas peur, remets-toi... Il n'est pas là... Ne lui montre pas ta peine, parle-lui honnêtement, et surtout ne pleure pas; car, de te voir pleurer, ça me fait perdre la tête, je ne sais plus ce que je dis ni ce que je fais!... Laisse-moi arranger tout cela du mieux que je pourrai.

COQUERET.

Tu ne peux rien arranger, puisque tu me hais!

LOUISE.

C'est faux! je t'aime!

COQUERET.

Oui, tu m'aimes comme ton petit chien, comme tes poules! Tu as bien pleuré quand la pigeonne blanche a été mangée par la belette!

LOUISE.

Tu dis des folies, des sottises! Je t'aime comme tu le mérites; mais tu vois bien que monsieur...

COQUERET.

Quoi! monsieur, monsieur? Toujours monsieur! Qu'est-ce que ça lui fait, tout ça, à monsieur? Est-ce que ça le regarde? est-ce qu'il me prend pour un mauvais sujet? est-ce qu'il ne me connaît pas? est-ce qu'il ne sait pas que je l'aime autant que tu peux l'aimer, que je me flanquerais dans le feu pour lui comme pour toi, et que, si j'étais à sa place et lui à la mienne, je le marierais avec toi, comme je souhaite qu'il nous marie?

LOUISE.

Ne parle pas si haut, Jean; monsieur est peut-être par là dans sa chambre! Tout ce que tu dis là, c'est justement ce qu'il ne faut pas lui dire! C'est ça qui le fâche! Il ne veut pas,... il ne veut pas de gens mariés à son service, tu sais bien ; il y a des maîtres qui n'aiment pas ça !

COQUERET.

Oui, oui, des mauvais maîtres qui ne pensent qu'à eux ; mais ça n'est pas des maîtres comme M. Durand, qui veut qu'on soit heureux chez lui. Vois-tu, Louise, s'il est fâché, c'est ta faute ! Si tu avais dit comme moi ;... mais tu ne pouvais pas dire comme moi, puisque tu ne veux point de moi.

LOUISE.

Ça n'est pas ça, Jean ! Voyons ! écoute-moi... (L'attirant vers la fenêtre et lui parlant à demi-voix.) Je t'épouserais bien s'il le voulait, et je...

COQUERET, avec joie.

Vrai ?... bien vrai, Louise ?

LOUISE.

Bien vrai ! mais ça n'est pas si aisé que tu crois ! il y a des raisons que tu ne devines pas, que je n'ose presque pas deviner moi-même, et que j'ose encore moins te dire. Est-ce que tu ne peux pas faire un effort pour les deviner ? Voyons ! si monsieur, en me voyant devenir grande, avait pensé malgré lui...

COQUERET, haut, sans intention.

Louise ! ça n'est pas bien, ce que tu veux me donner à entendre. Comment ! tu crois,... tu t'imagines...? Non, ça n'est pas bien ; c'est faux ! Monsieur est un homme raisonnable, et tu le prends pour un fou ; c'est un homme qui a de l'esprit plus que toi et moi, et tu le prends pour une bête ; enfin monsieur est le plus honnête homme que la terre ait jamais porté, et tu t'es mis dans l'idée qu'il avait de mauvaises idées sur toi ? Tiens ! ça me fâche, ça me met en colère !... Si un autre que toi me disait ça, il aurait déjà mon poing sur la mâchoire !

LOUISE.

Allons ! tu ne comprends donc pas encore ? Je te dis que monsieur a certainement l'idée de m'épouser. Est-ce que, sans cela, il serait jaloux de moi? Non, va! je le connais aussi bien que toi : c'est le plus grand cœur d'homme que le bon Dieu ait fait, et jamais il ne m'empêcherait d'aimer quelqu'un d'honnête, s'il n'était pas décidé à me prendre pour sa femme.

COQUERET.

Eh bien, ça n'est pas vrai, Louise, ça ne se peut pas! Songe donc! Monsieur t'aurait donc élevée comme ça à la brochette pour te dire un beau matin : « Te voilà jeune fille et me voilà vieux homme, tu vas me payer mes bontés, mes soins, tout ce que j'ai fait pour toi,... c'est-à-dire pour moi, et tu ne pourras pas me refuser, car j'ai été bon pour ta mère, et je te prendrai par le plus sensible de ton pauvre cœur, et, encore que tu aimes le petit Jean, faudra l'oublier pour n'aimer que moi. » Non, non! Louise, ça serait d'un égoïste, et, mordieu! monsieur ne l'est pas. Va-t'en le trouver, dis-lui que tu m'aimes, et tu verras. Oui! j'en mets ma main au feu, monsieur te dira : « Louise, je n'ai eu qu'une idée en te prenant chez moi, c'est de te rendre heureuse, et, si tu pensais le contraire, cela serait un affront et une injustice que tu me ferais. » Voilà ce que monsieur te répondrait, si tu avais le courage de m'aimer franchement; mais tu ne m'aimes pas assez pour l'avoir, ce courage-là, et peut-être que l'ambition te tire par un bras pendant que l'amitié te retient par l'autre.

LOUISE.

Eh bien, non, Jean, ça n'est pas comme ça! Je n'ai point d'ambition, et j'étais entre deux amitiés sans savoir à laquelle entendre; mais ce que tu viens de me dire change mes idées, et je vois que tu n'es en rien au-dessous de monsieur, puisque tu ne veux pas douter de lui. Qui sait même si ce n'est pas lui qui est pour le moment au-dessous de toi?... Tu as bien parlé, Jean; tu vaux mieux que moi, et c'est pour ça que me voilà décidée. Va-t'en m'attendre au jardin, je veux lui parler tout de suite; et, sois tranquille, je ne craindrai plus tant de lui faire de la peine. Tu m'as fait comprendre que, s'il ne surmontait pas cette peine-là, il ne serait plus lui-même, et ne mériterait plus de nous tant d'estime et de respect. Va vite, et ne crains rien ! Je t'aime, mon bon Jean ! Je t'aime de tout mon cœur !

COQUERET.

Oh ! merci, merci, ma Louise. (Il sort.)

SCÈNE XIX

LOUISE, seule. Elle va pour entrer chez Durand.

Tiens ! pourquoi donc a-t-il ôté sa clef ? Il ne l'ôte jamais. Il sait bien que personne n'entrerait chez lui sans frapper. Est-il malade, qu'il s'est enfermé comme ça ? (Elle frappe.) Monsieur, c'est moi, Louise ! Il ne répond pas, il ne bouge pas, il dort peut-être... Dormir dans le jour, ce n'est pas sa coutume. Il n'aime pas ça. Il faut donc qu'il soit bien fatigué ? Cela m'inquiète ! S'il a entendu ce que nous disions... Non ! on n'entend pas de sa chambre, à moins de se mettre tout près de la porte, et monsieur n'est pas homme à écouter comme ça ! Et, d'ailleurs, Jean n'a dit sur lui que de bonnes paroles,... des paroles que je veux lui dire à lui-même... Aurai-je ce courage-là ? Il souffrait tant tout à l'heure ! Ah ! il souffrait bien, puisqu'il était méchant ! Pauvre homme, mon Dieu ! je ne sais plus que faire !... Est-ce que... ? Mais oui ! il a repris son fusil ! Qu'est-ce qu'il avait besoin d'emporter son fusil dans sa chambre ? Bah ! je suis folle !... J'aurais bien entendu !... Pourtant j'ai été un peu loin pour chercher Jean. Du temps que je courais, il aurait pu... (Appelant.) Monsieur ! monsieur ! (Elle frappe.) Pas de réponse ? Ah ! ça me fait une peur que j'en deviens folle ! Monsieur !...

SCÈNE XX

DURAND, LOUISE.

DURAND, un livre à la main.
Eh bien, qu'as-tu donc ? Est-ce que le feu est à la maison ?
LOUISE, confuse.
Mon Dieu, monsieur, excusez-moi, je me figurais... Je pensais que vous dormiez !
DURAND.
N'ai-je pas le droit de me reposer, et faut-il me faire un pareil vacarme ? Que veux-tu ? à qui en as-tu ?
LOUISE.
C'est que,... comme vous dînez en ville...
DURAND.
Après ?
LOUISE.
Il faudrait vous habiller, monsieur ! Vous n'allez pas sortir avec vos pantoufles et votre habit du matin ?
DURAND.
Bah ! à la campagne !
LOUISE.
Et puis, monsieur,... c'est... c'est Jean qui est revenu.
DURAND, feignant la préoccupation.
Quel Jean ? M. Coqueret ? Eh bien ?
LOUISE.
Monsieur l'avait chassé, et moi...
DURAND.
Je l'avais chassé, et toi... Je n'y suis plus du tout. (Il affecte de regarder son pavé.)
LOUISE, à part.
Le voilà retombé dans sa fantaisie, Dieu soit loué ! (Haut.) Alors, monsieur ne pense plus du tout... ?
DURAND.
Voyons ! tu me déranges, tu me tourmentes, il faut en finir.

J'ai chassé Coqueret pour un mensonge. S'est-il justifié? se repent-il?

LOUISE.

Oh! oui, monsieur, beaucoup, et...

DURAND.

Et tu lui as pardonné? Ça te regarde, ma chère enfant, ça te regarde, si tu le juges digne de pardon...

LOUISE.

Bien certainement, et même...

DURAND.

Tu comprends que je ne peux pas attacher à cela une grande importance, moi! C'est à toi de réfléchir, et, si tu crois devoir...

LOUISE.

Monsieur, vous êtes encore fâché contre lui ou contre moi!

DURAND, sèchement.

Où prends-tu ça, ma chère?

LOUISE.

Dans votre air d'indifférence. Je ne veux pas me marier si ça contrarie monsieur; mais, si monsieur voulait me permettre de lui expliquer la conduite de Jean...

DURAND, jouant mieux son rôle.

Ma chère enfant, tu me conteras cela un autre jour. Tu vois que je n'y ai pas la tête aujourd'hui. J'ai mille préoccupations beaucoup plus graves : un travail à terminer, des affaires à régler, des préparatifs,... car tu sais qu'il est question pour moi d'un mariage avantageux.

LOUISE.

Ah! vraiment, monsieur? vous voilà décidé? Quel bonheur!

DURAND.

Quel bonheur! quel bonheur!... Pour moi, oui, peut-être! mais pour toi? Si tu déplais à ma femme?...

LOUISE.

Oh! que non, monsieur! Je l'aimerai tant! je la servirai si bien! Vous verrez qu'elle m'aimera aussi!

DURAND.

Espérons-le. Pourtant... tu es jeune... tu n'es pas... précisément jolie... Es-tu jolie? passes-tu pour jolie, toi? J'avoue que je ne m'y connais guère, et que l'habitude que j'ai de ta figure fait que je ne la juge pas.

LOUISE.

Eh bien, monsieur, je ne suis pas du tout jolie; mais qu'est-ce que cela peut faire à madame?...

DURAND.

Ah! tu sais, il y a des femmes jalouses,... ridicules! si la mienne allait se persuader que je t'ai remarquée, que j'ai du plaisir à te regarder? Ce serait assurément une grande folie, une grande erreur! De ma vie, je n'ai songé...

LOUISE.

Oh! monsieur, je le sais bien, et madame verra bien vite qu'elle peut être tranquille là-dessus, surtout si je suis mariée...

DURAND.

Ah! voilà. C'est ce qu'il faudrait; mais tu ne veux pas! tu hésites du moins.

LOUISE.

Oh! mon parti est pris. Du moment que ça peut être utile, nécessaire même au repos et au bonheur de monsieur, je suis bien contente de pouvoir contenter monsieur.

DURAND, avec ironie.

Il ne faudrait pourtant pas te sacrifier!

LOUISE.

Non, monsieur, je ne me sacrifie pas, et, si vous me permettez de suivre mon inclination...

DURAND, fronçant le sourcil.

Ton inclination?... (Se remettant.) Allons, je suis fort aise que tu veuilles bien en convenir à la fin! Je vois que Jean ne m'avait pas trompé, et que tout s'arrange pour le mieux! Ce garçon est un excellent sujet, une bonne nature... Dis-lui que *je regrette de l'avoir mal jugé,... et dis-lui aussi que c'est ta faute plus que la mienne.*

LOUISE.

Ça, c'est vrai ! je n'aurais pas dû le démentir.

DURAND.

Va le trouver, et laisse-moi travailler. J'ai encore une demi-heure avant le dîner de mon voisin.

LOUISE.

Votre voisin ? Mais le voilà, monsieur, il vient vous chercher.

DURAND.

Alors, laisse-nous. (Louise fait la révérence au voisin qui entre. Elle sort.)

SCÈNE XXI

DURAND, LE VOISIN, puis COQUERET, puis LOUISE.

LE VOISIN.

Vous n'êtes pas plus prêt que ça ? Je parie que vous alliez oublier de tenir votre promesse !

DURAND.

Non, cher voisin, pas du tout. Mais est-ce que vous exigez que je sois en toilette ?

LE VOISIN.

Oui, certes; les personnes qui veulent faire connaissance avec vous sont des dames.

DURAND.

Alors, c'est différent. (Il sonne.) Vous ne m'aviez pas dit... (A Coqueret qui entre.) Mon habit noir, une cravate blanche ! (Coqueret entre dans la chambre à droite.)

LE VOISIN.

Est-ce que vous n'êtes pas bien ? Je vous trouve la figure allongée depuis ce matin.

DURAND.

C'est possible. J'ai éprouvé une grande secousse.

LE VOISIN.

Quoi donc? Un accident?

DURAND.

Oui! un pavé...

LE VOISIN, montrant le pavé.

Ah! vous pensez toujours à vos gryphées, à vos gibbosités?

DURAND.

Non! c'est un autre pavé qui, en parlant par métaphore, m'est tombé sur la tête, un pavé bien lourd, et qui m'a surpris dans mon rêve de bonheur égoïste! Mais vous aviez raison, mon ami, les rêves nous égarent, et il faut quelquefois faire comme tout le monde. (Regardant Coqueret, qui lui présente son habit.) Les gens les plus simples en savent quelquefois plus long sur la morale du cœur et les délicatesses de la conscience que les plus orgueilleux savants. (Passant son habit.) Vous permettez? (A Coqueret.) Merci, mon garçon! Et la cravate?

LOUISE, qui est entrée avec la cravate.

Voilà, monsieur!

LE VOISIN, pendant que Durand met sa cravate.

Je suis content de vous voir dans le vrai. Avec un homme d'esprit comme vous, il y a toujours de la ressource... J'étais fâché contre vous tantôt! oh! mais très-fâché. Je le disais à ma sœur...

DURAND.

Tiens! Elle est donc chez vous, votre sœur?

LE VOISIN.

C'est elle qui veut vous voir. Sans elle et sans ma nièce, qui a pris votre parti...

DURAND, qui met des souliers avec l'aide de Coqueret.

Et votre nièce aussi est chez vous? Diable!...

LE VOISIN.

Comment, diable?... Allez-vous me dire encore qu'elle est trop grande, trop petite, trop brune, trop blonde? Ces dames ont voulu venir vous enlever. Elles sont là, dans ma voiture. Regardez! (Il le mène à la fenêtre.)

DURAND.

Comment! c'est là votre nièce? Eh bien, ce n'est pas elle que j'ai vue! Je ne la connaissais pas du tout.

LOUISE, près de la fenêtre.

Ah! monsieur, elle est belle comme un ange, cette dame!

DURAND.

Oui, certes! une beauté sérieuse et douce!

LOUISE.

Vous voyez bien que vous avez des yeux!

LE VOISIN.

Rendez grâce à votre étoile, mon cher. Elle est entichée de science; car, sans vous avoir vu, et rien que sur le bien qu'on lui a dit de vous, elle s'est fourrée dans les livres depuis huit jours, et sa mère craint qu'elle n'en devienne folle.

DURAND, ému.

Ah! vous croyez qu'elle s'intéressera...? (A Coqueret.) Attache donc ce cordon de soulier... (Au voisin.) Et elle a la bonté de...?

LOUISE.

Attendez, monsieur, votre cravate va très-mal! Et puis il ne faut pas avoir l'air d'un ébouriffé! (Elle lui arrange les cheveux.)

DURAND.

Ne la faisons pas attendre! Partons, partons, voisin!

COQUERET.

Et notre mariage, monsieur?

DURAND.

En même temps que le mien, mon garçon! Bientôt!

LE VOISIN.

Ah! vous les mariez? Vous faites bien! (Ils sortent.)

SCÈNE XXII

LOUISE, COQUERET.

COQUERET.

Eh bien, qu'est-ce que je te disais, ma Louise ? Tu vois bien que...

LOUISE.

Oui, mon Jean, tu avais raison ! Monsieur a sauvé sa dignité, et tu as sauvé notre bonheur !

LA NUIT DE NOEL

FANTAISIE D'APRÈS HOFFMANN

LA NUIT DE NOEL

FANTAISIE D'APRÈS HOFFMANN

AVERTISSEMENT

On a dit que les Allemands ne font pas autant de cas que nous des contes fantastiques d'Hoffmann, qu'avant et après lui ils en ont produit de meilleurs que nous n'avons pas admis à la même popularité, qu'enfin il est tout à fait passé de mode. Peu nous importe. Nous ne savons, malheureusement pour nous, pas un traître mot d'allemand, et nous ignorons si la traduction de M. Loève-Veimars a embelli le texte; mais ces contes ont ravi notre jeunesse, et nous ne les relisons jamais sans nous sentir transporté dans une région d'enivrante poésie.

Maître Floh est une des plus bizarres créations d'Hoffmann. Est-ce une critique de certaine science puérile et inféconde? Est-ce un conte de fées? Y a-t-il au fond de ce roman une moralité cachée ou une amertume profonde? On y peut voir tout cela, mais en réalité on le voit à travers un brouillard, ou tellement aveuglé d'éclairs, qu'on ne saurait se vanter de l'avoir compris, ni affirmer que l'auteur se soit compris lui-même. Telle est la puissance fascinatrice du génie d'Hoffmann, qu'on aime à voyager dans l'inconnu sur les ailes de sa fantaisie, et à ne pas trop savoir quels mondes éblouissants ou burlesques il vous a fait traverser. Ses récits sont courts, c'est la condition du genre. Il faut pouvoir lire vite ce qui ne permet pas la réaction de la froide raison.

Pourtant il y a toujours dans ces contes, même dans les plus merveilleusement impossibles, des caractères et des situations d'une vérité charmante, des figures d'une simplicité adorable et des traits de mœurs qui offrent de ravissans tableaux. C'est le côté par lequel, soit habileté, soit véritable *humour*, il vous saisit et vous force à suivre ses personnages à travers le monde de l'hallucination.

Pérégrinus Tyss (dans le conte de *Maître Floh*) est un de ceux qui nous ont toujours le plus touché. Ce grand enfant qui se cherche et veut se retrouver dans le rêve de ses premières années, cette douce folie qui ouvre le récit par une scène de touchante puérilité, sont les éléments de l'heureux prologue qui annonce l'arrivée des êtres fantastiques. L'ami George Pépush, si fantastique lui-même, aussi bien que les deux docteurs qui se *battent au microscope*, est prédestiné à devenir la victime des forces surnaturelles évoquées par l'examen. Mais, si ces personnages sont on ne peut mieux préparés par leurs idées, leurs intérêts et leurs passions, à recevoir toutes les impressions du monde ultra-idéal, il n'en est pas moins certain qu'à leur point de départ, et même à travers leurs rêveries, ils sont et demeurent très-réels et très-humains. Non-seulement la bonté douce et généreuse de Pérégrinus le fait aimer, mais encore on trouve dans son isolement, dans son célibat et dans sa timidité, les causes très-plausibles de sa disposition à devenir la proie des chimères. George Pépush, mélancolique et soupçonneux, mais loyal et brave, a un côté comique parfaitement *nature* : c'est lorsqu'il écoute avec dédain les gens qui déraisonnent autour de lui, pour s'écrier tout à coup qu'il en sait plus long qu'eux, et pour entrer beaucoup plus avant dans le monde de la folie. Il y a une très-bonne scène entre lui et Pérégrinus. Il le blâme de ses manies et lui dit les choses du monde les plus sensées pour l'en guérir; mais, dès que Pérégrinus lui répond avec douceur : « Pardonne-moi ! ces manies sont des fleurs que je répands sur ma vie, laquelle autrement ne me semblerait plus qu'un champ triste et stérile, couvert d'épines et de chardons ! — Que parles-tu de chardons ? s'écrie George avec violence. Pourquoi les méprises-tu ? Ignores-tu que le *cactus grandiflora* appartient à cette famille ? Et l'*aloès zéhérit* n'est-il pas le plus beau cactus qui soit sous le soleil ? Pérégrinus, je te l'ai longtemps caché, parce que longtemps je l'ai ignoré moi-même, mais apprends que je suis moi-même l'aloès zéhérit ! »

C'est ce côté humain, à la fois plaisant et sérieux, qui place les contes d'Hoffmann au-dessus des purs caprices de l'imagination. On peut donc les prendre sous un de leurs aspects, et trouver encore dans celui de la réalité un élément comique ou attendrissant. Le côté principalement artiste et merveilleux a été mis en scène avec succès. *Les Contes d'Hoffmann*, drame fantastique représenté à l'Odéon il y a quelques années, était un ingénieux résumé des caprices les plus originaux du poëte. L'humble fantaisie à quatre personnages que nous avons appropriée aux moyens très-restreints d'un théâtre de famille devait s'attacher plus particulièrement à développer, après une certaine transformation permise, les caractères si bien ébauchés et si heureusement indiqués par Hoffmann. Il ne nous était pourtant pas possible de supprimer absolument le merveilleux, et, tout en nous bornant à ce qui était réalisable sur une très-petite scène, nous avons fait intervenir les esprits familiers dans cette évocation qui est le début du roman de Pérégrinus. Ce point de départ nous a suffi pour imaginer un ensemble d'action et une succession de scènes intimes qui ont intéressé quelques artistes autour de nous, et qui leur ont paru dignes d'être bien dites et bien écoutées. Ceci, il ne faut pas l'oublier, n'ayant pas la prétention d'être un ouvrage de théâtre, permet une liberté absolue quant à l'interprétation de la charmante énigme d'Hoffmann, et souffre des développements qui valent ce qu'ils valent, mais qui ne peuvent rien gagner et rien perdre à la lecture. Tout ce qui a été ingénieusement produit à la représentation, la scène des jouets d'enfant, l'apparition des petits animaux, l'audition de leurs petits bruits mystérieux, etc., eût fait honneur à la science du Leuwenhoek de *Maître Floh*; mais l'effet de ces moyens inusités n'était dû qu'à la petitesse du théâtre, à la proximité du spectateur et à l'invention du metteur en scène. C'est pourquoi nous les avons fait apparaître dans notre texte sous la forme descriptive, non pas de la même manière qu'ils apparaissent dans les rêves prodigieux d'Hoffmann, mais sous l'impression que cette vision naïve nous a laissée.

Ce que l'art général pourrait gagner à ces essais particuliers, c'est, en supposant que de nombreux essais fussent tentés sur plusieurs points, le goût que le public pourrait prendre, en détail, pour un genre de théâtre très-intime, très-soigné et très-étudié, où certains développements d'idées, confiés à des artistes délicats en présence d'auditeurs choisis, saisiraient l'attention et charmeraient l'esprit, le cœur ou l'imagination sans avoir recours à des moyens et à des effets d'une grande puissance. Ces grands moyens et ces grands effets seront toujours nécessaires aux grands théâtres, et l'on se préoccupe surtout aujourd'hui de rendre ceux-ci propres à contenir des foules et à produire des illusions grandioses. Cela est fort bien vu; mais en même temps nous aimerions à voir la conservation et même la création de nombreux petits théâtres qui rivaliseraient d'invention dans tous les genres, et qui garderaient les traditions de l'art intime. Plus nous élargirons les scènes, plus nous reculerons les spectateurs, et plus nous perdrons les effets que la vérité peut produire. Nous aurons de grands artifices; mais l'auteur aussi bien que les interprètes, forcés d'agir sur une multitude et dans un lointain, devront renoncer à leurs vrais moyens individuels pour recourir à des moyens d'emprunt d'une généralité banale ou d'un emploi funeste. On saura de plus en plus comment le mot, la situation, l'effet, la physionomie, le geste, la voix, doivent porter aux extrémités d'une vaste enceinte; mais, devant cette nécessité qui nous mènera peut-être jusqu'au masque, au porte-voix et aux échasses du théâtre antique, le sentiment délicat des choses, le génie individuel de l'acteur, sa grâce ou son charme naturels deviendront nécessairement des qualités inutiles. Déjà les voix ne résistent plus aux conditions des grands opéras; déjà, sur les grands théâtres, le jeu des acteurs est devenu une convention inévitable qui ne produit pas la même satisfaction de près que de loin. Rachel, Rachel elle-même, brisant les dernières cordes de son admirable instrument pour remuer toutes les ondes de son public, était, vue de la coulisse, une victime de l'épilepsie. Mademoiselle Déjazet, cette merveille de finesse, dure et durera encore, parce qu'elle a toujours gagné à être vue et entendue de près. Donc, les vraies individualités ont besoin du petit temple grec et périssent dans le vaste cirque byzantin.

Nous voilà bien loin de la bluette allemande qu'on va lire, mais il n'est pas de si humble sujet qui n'ait ses déductions utiles à rappeler.

PERSONNAGES

PÉRÉGRINUS TYSS.   NANNI.
MAX.   LE SPECTRE.

La scène se passe à Francfort-sur-le-Mein, dans la maison et dans le cabinet de travail de Pérégrinus. — A gauche, un gros poêle de faïence; à droite, une fenêtre, devant laquelle est placée une table d'horloger garnie et entourée d'outils. — Au fond, dans le pan coupé de gauche, une fenêtre d'où l'on voit le haut des toits de la rue et le ciel blafard et nuageux. — En regard de cette fenêtre à droite, un escalier tournant conduisant à des chambres supérieures. — Au fond, une porte à deux battants donnant sur l'antichambre, qui est censée ouvrir à gauche sur un escalier descendant à la rue; à droite, sur la salle à manger. — Épars ou ornant le cabinet, tableaux, instruments de musique, baromètre, pièces mécaniques, etc. — Près du poêle est dressée une grosse bûche ornée de rubans, un vieux fauteuil devant l'établi. — Une lampe brûle sur la table. — Une vieille horloge, surmontée d'un coq doré, est placée au-dessus de la porte du fond.

ACTE PREMIER

SCÈNE PREMIÈRE

NANNI, seule; belle jeune fille, costume pauvre et propre, jupe rayée, tablier noir.

Voyons! ai-je pensé à tout? au vin muscat, aux gâteaux... aux fruits?... Oui, le souper ira assez bien, et M. Pérégrinus sera content. Puis il est si doux! il est le contraire de son ami, M. Max, qui critique toujours! Mais j'aimerais bien le voir rentrer, M. Tyss! Je n'aime guère à être seule le soir, moi! Ce n'est pas que j'aie peur; mais cette vieille maison... avec tout ce qu'on dit, les bruits qu'on y entend... et la veille de Noël... Et ce mauvais temps ! Comme la lune est verte ! et comme les nuages sont noirs ! Pourvu que le nouveau domestique soit en bas !... (Allant au fond.) Fritz ! êtes-vous là ? — Je crois qu'il m'a répondu. Je n'en suis pas sûre, mais je suis si sotte... Je n'ose pas descendre ! Bah ! où serait-il, puisque je lui ai dit d'attendre la rentrée de son maître ? Je vais voir là-haut si on n'a pas besoin de moi chez nous. (Approchant de l'escalier.) Par là, c'est le plus court... Ah bien, oui ; mais il faut passer devant la chambre fermée, la chambre qui fait peur... Oh ! certainement, je ne crois pas à tout cela ; mais j'aime autant prendre par le grand escalier. (Elle sort par le fond.)

SCÈNE II

On entend la pluie qui fouette les vitres et le vent qui mugit, puis la sonnette de la rue en bas, et Max dehors, criant.

MAX, seul, hors de vue.

Hé ! holà ! ouvrez donc ! (Il sonne, il maugrée, sonne encore avec violence ; au moment où Nanni reparaît en haut de l'escalier tournant, on entend la cloche tomber avec fracas.)

SCÈNE III

MAX, en dehors ; NANNI, descendant vite.

Eh ! mon Dieu, on y va ! Il est donc sourd, ce Fritz ? (On frappe à tout rompre ; au moment où Nanni va passer dans l'antichambre, on entend enfoncer la porte d'en bas. — Elle rentre effrayée.) Ah ! mon Dieu ! on casse tout ! C'est donc des voleurs ! (Elle va pour remonter l'escalier, Max paraît au fond.)

SCÈNE IV

MAX, entrant; NANNI.

MAX, vêtu de noir, très-râpé, les cheveux hérissés, singulièrement pâle, l'œil vif, le ton bref.

Ah çà! tout le monde est donc mort, ici?

NANNI.

Comment! c'est vous, monsieur Max? Ah! comme vous m'avez effrayée!

MAX, s'essuyant et se séchant devant le poêle.

Il n'y paraissait guère, mademoiselle Nanni! car vous n'êtes pas venue au secours de la cloche et de la porte que j'ai mises, je crois, en déconfiture!

NANNI.

Mais oui! vous avez fait du dommage ici! Qu'est-ce que M. Tyss va dire?

MAX.

Mon digne et paisible ami, maître Pérégrinus Tyss, ne dira rien, parce qu'il est assez riche pour payer le *dégât*, et il se contentera de penser que sa maison est mal gardée, puisque ses amis sont forcés d'enfoncer les portes ou de se morfondre sous les torrents glacés que vomissent les gargouilles!

NANNI.

Ah çà! Fritz est donc sorti?

MAX.

Fritz! qu'est-ce que c'est que ça? le nouveau domestique?

NANNI.

Oui, celui qui est entré hier.

MAX.

Il commence bien, celui-là! Et pourquoi a-t-on renvoyé Ignace?

NANNI.

Je ne sais pas, monsieur.

MAX.

Vous ne savez pas? bien vrai?

NANNI.

M. Tyss ne me raconte pas ses affaires.

MAX.

Vous voilà pourtant à son service?

NANNI.

Non, monsieur, je ne suis au service de personne.

MAX, ironique.

Oui, oui, c'est vrai, pardon! Votre père exerce la savante industrie de relier des livres! Il demeure là-haut sous les toits et ne paye pas de gros loyers, j'imagine, à maître Pérégrinus.

NANNI.

Il paye ce qu'il doit, monsieur. Que voulez-vous dire?

MAX, froidement.

Rien... Je dis que vous êtes jolie, très-jolie.

NANNI.

Je le sers parce que je veux le servir. C'est un homme si bon, lui! Il faut bien que je mette au courant ce petit Fritz...

MAX.

Et vos parents ne s'opposent pas...? Il est vrai que l'humeur bien connue de Pérégrinus ne vous expose pas à de grands dangers! Est-ce qu'il ose vous dire bonjour?

NANNI.

Oui, monsieur, très-honnêtement.

MAX.

Et bonsoir?

NANNI.

Oui, monsieur.

MAX.

Mais voilà tout?

NANNI.

Il me parle tout à fait quand il monte chez nous. Il aime beaucoup mon père et ma mère, il est très-aimable avec eux.

MAX, *roulant du pied la grosse bûche ornée de rubans.*

Qu'est-ce que c'est que ça? La bûche de Noël, parée comme une demoiselle! (*Allant s'asseoir devant l'établi; il touche à tout avec préoccupation et dérange sans scrupule tout ce qui lui tombe sous la main.*) Ce pauvre Pérégrinus! Il suit en conscience tous les vieux us de l'antique Allemagne!

NANNI.

Oh! cela est vrai! Dans tout Francfort, il n'y a pas un bourgeois qui les suive mieux que lui.

MAX.

Et pourtant l'usage ici est de se marier jeune afin d'avoir beaucoup d'enfants, et le voilà qui a passé la trentaine sans y songer. Qu'est-ce que vous pensez de ça, mademoiselle Nanni?

NANNI.

Moi? Je pense qu'il n'a pas le temps : il cherche tant de choses!

MAX, *riant.*

Lui, chercher! Quoi donc, s'il vous plaît?

NANNI.

Que sais-je? Ne l'a-t-on pas chargé de réparer le calendrier perpétuel de la fameuse horloge du dôme, qui a si bien marché, dit-on, pendant deux cents ans, et qui ne marche plus!

MAX.

Bah! le vieux Rossmayer, son maître, a cherché cela aussi, et ne l'a pas trouvé.

NANNI.

Mais, si M. Tyss le trouve, ça lui fera beaucoup d'honneur!

MAX.

Est-ce qu'on trouve quelque chose quand on ne cherche rien?

NANNI.

Ah! vous croyez que...? Mais cela ne me regarde pas, moi, et il serait temps de mettre la bûche dans le poêle pour que monsieur ne la trouve pas dans ses jambes... Ce Fritz n'y a pas songé... (Elle relève la bûche avec peine.)

MAX.

Dites-moi, comment se porte-t-il, maître Pérégrinus ?

NANNI, à genoux près du poêle.

Mais bien ! Est-ce que vous ne le voyez pas tous les jours ?

MAX.

Il y a près d'une semaine que je ne l'ai vu, et on m'a dit... Comme vous vous y prenez mal pour faire entrer cette bûche dans le poêle ! Vous voyez bien que vous placez la plus forte aspérité dans le plan vertical de l'ouverture, et que, si vous cherchiez un angle...

NANNI.

Oh ! dame, vous êtes savant vous, monsieur le docteur !... Mais... voyez...

MAX.

Faites-lui faire un demi-tour à droite, elle entrera.

NANNI.

Je vous jure qu'elle ne veut pas.

MAX.

Elle ne veut pas ? Voyez-vous cette bûche remplie de malice ! (Il pousse la bûche avec son pied.) Tenez, la voilà qui entend raison.

NANNI.

Mais elle sort trop, elle fumera.

MAX.

Eh bien, laissez-la se raccourcir en brûlant, et vous la pousserez tout à fait. (A part.) Cette grande fille manque de raisonnement, et je perdrais mon temps à vouloir l'interroger sur ce qui se passe ici. Il vaut mieux voir par soi-même.

NANNI.

Ah ! j'entends Fritz en bas ! (Elle va au fond.) Qu'est-ce que c'est ? Un paquet à recevoir ? J'y vais. (Elle sort.)

SCÈNE V

MAX, seul, assis à gauche.

Je suis bien sûr qu'Ignace m'a dit la vérité ce matin, et qu'on ne l'a pas renvoyé pour d'autre méfait qu'un peu de bavardage. Pauvre Pérégrinus! cela devait arriver! Une tête faible, des idées puériles, une vie mal employée, c'est-à-dire pas employée du tout! Un bel état, horloger! On devient horloge soi-même, on se meut sur place dans un étui! Il y a fait sa fortune, je le veux bien; mais il y a défait son intelligence. (Il retourne à l'établi.)

SCÈNE VI

MAX, NANNI, au fond, parlant à la cantonade. Elle porte une grande corbeille couverte.

NANNI.

Oui, oui, c'est bien dix thalers à inscrire pour le compte de monsieur. C'est bien! fermez la porte comme vous pourrez, Fritz! (Elle passe au fond, se dirigeant vers la salle à manger.)

MAX.

Mademoiselle Nanni!

NANNI, s'arrêtant.

Quoi, monsieur?

MAX.

Qu'est-ce que vous portez donc là?

NANNI.

Je ne sais pas.

MAX.

Oh! que si fait! Vous êtes dans la confidence.

NANNI.

Mais non! c'est maître Tyss qui a acheté quelque chose, et qui l'envoie chez lui par le commis du magasin.

MAX, qui s'est vivement approché d'elle, enlève brusquement le papier blanc qui couvre la corbeille.

J'en étais sûr ! Ignace m'a dit la vérité. Voilà qui est déplorable !

NANNI.

Comment ! des poupées, des soldats, des jouets d'enfant ! Ah ! comme il y en a ! et comme ils sont jolis !

MAX, prenant les jouets et les brisant.

Oui, il y en a pour dix thalers, et ils sont jolis, jolis !

NANNI.

Ah ! monsieur ! qu'est-ce que vous faites là ?

MAX.

Vous le voyez, je détruis une chose nuisible, funeste !

NANNI, stupéfaite.

Funeste ? nuisible ?

MAX, cassant toujours.

Oh ! vous ne comprenez pas ? Vous comprendrez plus tard... si vous pouvez ! Allons, allons, au feu les soldats de plomb ! au diable les oiseaux, les roquets, les bonbons dorés !

NANNI.

Ah ! monsieur, grâce pour cette petite demoiselle en bleu ! Elle est si jolie !

MAX.

Pas de grâce ! Brûlez, brûlez !

NANNI, lui montrant la bouche du poêle obstruée par les bûches trop longues.

Impossible !

MAX.

Ah ! oui. La bûche ne *veut* pas ? Eh bien, par la fenêtre, alors ! (Il ouvre la fenêtre ; un vent épouvantable mugit au dehors. Max jette les débris des jouets dans la rue.) Nous verrons si le vent refuse d'emporter ces guenilles !

NANNI, à part, pendant que Max est à la fenêtre.

Ah ! si je pouvais sauver quelque chose ! (Elle tire un objet du fond de la corbeille.) Tiens ! un petit arbre de Noël !

MAX, *qui s'est retourné, le lui arrache des mains.*

Parfait! Le voilà! Je m'y attendais. Ça va justement servir à faire flamber la bûche! (Il casse le petit arbre en allumettes, qu'il fourre dans le poêle.)

NANNI.

Ah! monsieur Max! Détruire cela aussi! c'est mal! Vrai, cela peut vous porter malheur!

MAX, *irrité et jetant la corbeille par la fenêtre.*

Ah! sotte fille! Porter malheur! C'est vous qui entretenez le pauvre Tyss dans toutes ces plates croyances! Eh bien, savez-vous ce qui porte malheur à l'homme?

NANNI, *intimidée.*

Non, monsieur.

MAX.

Et à la femme?

NANNI.

Non. Qu'est-ce que c'est?

MAX.

C'est la bêtise humaine, ma chère! (On entend des voix en bas.) Ah! voilà ce pauvre homme qui rentre. Je vais au-devant de lui. Balayez, emportez, rangez, cachez tout cela! Vite, allons! (Il sort.)

SCÈNE VII

NANNI, *seule, ramassant les débris.*

L'homme étrange que M. Max!... Il me fait peur!... Et toutes ces jolies choses détruites! Il n'y a pas bien longtemps que je me serais amusée avec ces jouets, moi! Ç'aurait été pour moi comme un rêve du paradis!... Mais pour qui donc M. Pérégrinus avait-il acheté tout cela? Est-ce qu'il voulait, comme l'année dernière, faire des cadeaux à mes petits frères et à mes petites sœurs! Ah! méchant docteur Max!

SCÈNE VIII

NANNI, MAX, PÉRÉGRINUS.

PÉRÉGRINUS, enveloppé d'une douillette, cheveux blonds en queue bouclée, figure calme, rose et souriante, habits bourgeois en velours de fantaisie, couleurs douces. Toilette modeste et soignée. A Max, en entrant.

Mais oui, mais oui, ça va très-bien, je te l'ai déjà dit. Mais qui donc a cassé la porte? (Voyant Nanni, avec une émotion contenue.) Ah!... vous êtes là, ma chère demoiselle Lœmirt?

MAX.

Lœmirt? Ah! oui, c'est mon vieux relieur?

PÉRÉGRINUS.

Un digne homme, un très-habile artisan, un artiste, on peut dire!

NANNI.

Je vous ai descendu tantôt votre gros volume, monsieur Tyss.

PÉRÉGRINUS, qui a ôté dans un coin sa douillette et ses guêtres.

Lequel? Ah! mon *Traité de mécanique*... Quoi! déjà relié?

NANNI, lui présentant le livre.

Oui, nous savions que vous ne pouviez pas en être privé longtemps; nous y avons travaillé tard la nuit dernière.

PÉRÉGRINUS, ému et timide.

Vous aussi? vous-même, mademoiselle Nanni?

NANNI.

Oh! quand c'est de l'ouvrage pour vous, mon père ne veut pas d'autre apprenti que moi pour l'aider. Il dit que vous n'aimez pas les lettres qui ont bu, c'est-à-dire qui dansent tout de travers dans le dos d'un volume comme des gens ivres.

PÉRÉGRINUS, examinant.

Vous travaillez dans la perfection, mademoiselle Lœmirt, et

votre père a bien raison d'être fier de vous. Avez-vous apporté la note ?

NANNI.

Non, monsieur. Mon père vous prie d'accepter ce petit travail en reconnaissance des soins que vous avez donnés à ma grand'mère.

PÉRÉGRINUS.

Moi ? Je n'ai rien donné du tout !

NANNI.

Oh ! si fait ! du bon vin vieux, et des oranges de Malte, et de si bonnes paroles, tant de consolations ! Vous nous l'avez sauvée, notre pauvre vieille, et, aussi longtemps que nous vivrons, vous serez béni chez nous.

MAX, à Pérégrinus, bas, railleur.

Tu ne lui réponds pas grand'chose, mais tu te laisses assez bien faire la cour. C'est un progrès, sais-tu ? N'oublie pourtant pas que je viens te voir.

PÉRÉGRINUS.

Je ne l'oublie pas, j'en suis charmé.

MAX.

Charmé, charmé !... Il n'y a pas d'excès !... Tu avais si bien défendu ta porte, que j'ai été forcé de l'enfoncer.

PÉRÉGRINUS.

Ah ! c'est toi qui... ?

MAX.

C'est bien simple ! Je te cherche, tu me fuis. Je veux te voir, un obstacle se présente... une chose en fer et en bois que je ne puis persuader... C'est à qui sera le plus fort.

PÉRÉGRINUS, souriant.

Oui, oui, c'est juste. Je suis content de la vigueur de ton poignet ; mais où prends-tu que je te fuis ? (Un peu embarrassé.) J'avais à travailler, il est vrai... mais, du moment que c'est toi...

MAX.

Tu fais contre mauvaise fortune bon cœur ?

PÉRÉGRINUS.
Pourquoi me dis-tu cela?

MAX.

Quand on est tant soit peu physionomiste, mon cher, on voit la préoccupation des gens à travers leur parole gênée et leur sourire contraint. (Ironique, et baissant la voix.) Tu aimerais peut-être mieux rester seul, avec Zerline, don Juan?

PÉRÉGRINUS, naïf.

Ah! fi!... (Haut.) Je vous remercie, mademoiselle Nanni. Je ne veux pas vous retenir plus longtemps. (Max va s'asseoir sur le fauteuil de gauche.)

MAX, vivement.

Ah! mais non! Je soupe ici, moi, et, si ton nouveau valet sert les mets comme il ouvre les portes, j'aime autant que mademoiselle Nanni s'en mêle.

NANNI.

Oui, oui, je vais veiller au souper; ne vous tourmentez de rien, monsieur Tyss!

PÉRÉGRINUS.

Vous êtes trop bonne!... (La prenant à part au fond.) Et dites-moi, vous n'avez pas vu...? on n'a pas apporté...?

MAX, qui l'écoute sans se déranger.

Un grand panier? Si fait, si fait! Il est rangé. Allez, allez, mademoiselle Nanni, ceci me regarde. (Nanni sort.)

SCÈNE IX

MAX, PÉRÉGRINUS, NANNI.

PÉRÉGRINUS, inquiet.

Alors, ce panier...?

MAX.

Il ne s'agit pas de panier! Assieds-toi là, que je t'interroge!

PÉRÉGRINUS va s'asseoir devant l'établi.

Tu veux m'interroger? Sur quoi?

MAX.

Comment te sens-tu?

PÉRÉGRINUS.

Où prends-tu que je sois malade?

MAX.

Réponds!

PÉRÉGRINUS.

Je me sens bien. Après?

MAX.

Voyons ton pouls!

PÉRÉGRINUS.

Pourquoi? Ah! c'est quelque étude que tu fais sur la circulation?... (Pendant que Max compte les pulsations.) Tu es donc enfin décidé à te faire médecin?

MAX.

Médecin, moi? Dieu m'en garde! C'est bien le plus sot métier!...

PÉRÉGRINUS.

Ah! je croyais... Qu'est-ce que tu veux donc faire de toute ta science?

MAX.

Il ne s'agit pas de moi... Regarde-moi là, dans les yeux!

PÉRÉGRINUS, toujours doux et calme.

Comme tu voudras. (Une pause.) Eh bien?

MAX, lui tâtant la tête.

Le front... la forme... la densité...

PÉRÉGRINUS.

Tu t'occupes aussi de crânologie?

MAX.

Moi, croire à une ânerie pareille?

PÉRÉGRINUS.

Eh bien, alors...?

MAX.

Ton pouls est calme, ton œil est pur, ton front est moite... Tu es bien constitué... Tu as de l'appétit?... Dors-tu bien?

PÉRÉGRINUS.

Comme un loir.

MAX.

Pas de tristesse?

PÉRÉGRINUS.

Pas du tout!

MAX.

Ni d'inquiétudes?

PÉRÉGRINUS.

Je n'en ai point sujet.

MAX.

Pas d'ambition?

PÉRÉGRINUS.

Pas si sot!

MAX.

Et pas de haine?

PÉRÉGRINUS.

Je ne sais ce que c'est.

MAX.

Mais de l'amour? Ah! l'amour, voyons, sois franc.

PÉRÉGRINUS, souriant et un peu embarrassé.

L'amour... Bah! l'amour me laisse bien tranquille, va!

MAX.

Alors, mon pauvre ami, ça va bien mal, et je ne donnerais pas un kreutzer de ta peau.

PÉRÉGRINUS.

A qui en as-tu? et que signifie ce badinage?

MAX, retournant son fauteuil devant lui et parlant comme un professeur dans sa chaire.

Je ne plaisante pas! Mon ami Pérégrinus, tu es perdu! perdu sans retour, si tu ne changes de régime, de caractère, d'habitudes, de mœurs et d'occcupations. Malheureux! ne vois-tu pas que tu t'es atrophié déplorablement dans le bien-être épais et nauséabond de la vie régulière? Crois-tu donc que l'homme soit fait pour s'absorber dans une spécialité industrielle? Encore, si tu cherchais quelque perfectionnement à cette spécialité? Mais te voilà riche, et tu te crois quitte envers toi-même. Est-ce une existence normale que de passer les étés dans un petit bien de campagne à tailler des espaliers et à greffer des roses; l'hiver, à se dorloter au coin d'un bon feu, à collectionner des gravures, des cannes et des tabatières? A ce train-là, mon bon ami, avec cette santé splendide et cette insouciance, tu vas tout droit au crétinisme. Voyons, qu'as-tu à répondre?

PÉRÉGRINUS, souriant.

Trois petits mots pour tes grandes phrases : *Je suis heureux!*

MAX.

Heureux! heureux! Voilà bien une réponse d'horloger! Heureux! ils croient avoir tout dit, ces routiniers ignorants, quand ils ont prononcé avec emphase la formule de leur sottise : *Je suis heureux!*

PÉRÉGRINUS.

Eh! mais, si c'est une sottise que de se contenter de son sort, je veux être sot tout à mon aise, et je te prie de me laisser comme je suis!

MAX.

Voilà de quoi je me garderai bien! Je te porte trop d'amitié pour y consentir... Écoute-moi et tâche de comprendre... N'ayant pas conscience de ton être, et remplaçant le travail de la pensée par des contemplations vagues et des images incohérentes, il arrivera de ton cerveau comme de ces murs abandonnés auxquels s'attachent les champignons et la moisissure. Secoue-toi, mon pauvre ami, secoue-toi; car, un de ces matins, tu pourras bien t'éveiller colimaçon, et tu voudras ramper sur le tronc des arbres, ou tu te croiras chauve-souris, et tu fuiras éperdu devant la lumière.

PÉRÉGRINUS.

Ce serait bizarre, mais j'espère que ça ne m'arrivera pas. Tu es un peu exagéré dans tes théories, et, à force d'étudier les organes du cerveau, tu as peut-être vu de trop près le danger. Je le sais bien aussi, moi, que la raison tient à un fil, et que la limite entre la sagesse et l'extravagance est aussi déliée que l'ombre d'un cheveu sur la muraille ; mais rien ne sert de s'en tourmenter, et je ne vois pas que ta délirante activité te préserve mieux que ne fait ma douce nonchalance. Je vois que tu pèches par l'excès contraire ; tu négliges trop la vie physique. Tu passes des semaines presque sans dormir et sans manger, privé d'air pur et séchant sur tes livres... Je doute que ce soit là un bon régime pour l'esprit et pour le corps !

MAX.

Oh! moi, mon cher, je ne risque rien ! J'ai doublé mon cerveau d'un acier impénétrable, la logique ! J'ai vu le danger. J'avais de l'imagination tout comme un autre ; mais j'ai mis cette folle à la porte du logis, à grands coups de pied dans le dos, c'est-à-dire à grand renfort de savoir, d'expérimentations et de raisonnements positifs. La raison, mon cher Pérégrinus, la raison pure, implacable gardienne de nos facultés, tout est là, et il n'y a que cela !

PÉRÉGRINUS.

Savoir !

MAX.

Comment, savoir ?

PÉRÉGRINUS.

Eh! mon Dieu, oui, qui sait? Pour moi, tout se résume en espérance, et j'aime mieux croire des choses riantes et un peu chimériques que d'être absolument sûr qu'elles n'existent pas.

MAX.

Ah ! nous y voilà : le fantastique ! Tu as toujours eu cette tendance...

PÉRÉGRINUS.

Eh bien, pourquoi pas? Je suis Allemand, moi, un bon et vrai Allemand de toutes pièces !

MAX.

Oui, poésie à échappement avec rouages et pivots !

PÉRÉGRINUS.

Raille, je le veux bien! Toi, tu affiches le cosmopolitisme, tu cherches l'omniscience, tu apprends mille belles choses... C'est bien, j'admire; mais tu veux tout palper, tout soumettre au raisonnement, tout juger... Je ne vois pas que cela te conduise à un but. Te voilà presque aussi âgé que moi, sans état, sans repos, sans avenir peut-être!...

MAX.

Mon cher ami, écoute bien : quand je me sentirai le besoin d'être classé dans le troupeau de la routine, je donnerai six semaines ou deux mois au perfectionnement d'une spécialité quelconque. Avec l'habitude d'examen que je possède, il ne m'en faudra pas davantage, et je n'aurai que l'embarras du choix. Je tirerai au sort dans mon chapeau, vois-tu, mon bonhomme!

PÉRÉGRINUS.

Tu n'es pas modeste, mais c'est ton droit; tu es un homme supérieur, toi! tout le monde ne peut pas...

MAX.

Tout le monde peut se défendre de l'abrutissement, et l'abrutissement est la conséquence du développement exclusif d'une spécialité. C'est ce qui a fait inventer le proverbe que les cordonniers sont les plus mal chaussés. Exemple : quelle heure est-il?

PÉRÉGRINUS, surpris. Il cherche dans sa poche et autour de lui.

Quelle heure?... Dame, il doit être environ huit...

MAX.

Quelle heure est-il au juste?

PÉRÉGRINUS.

Au juste, je ne sais pas.

MAX.

Ceci prouve d'une manière péremptoire que les horlogers ne servent à rien. Veux-tu que je te dise l'heure, moi, à une demi-minute près? Je n'ai qu'à me mettre à cette fenêtre et regarder la première étoile venue : ce n'est pas plus malin que ça.

LA NUIT DE NOEL

PÉRÉGRINUS, riant.

Je t'en défie !

MAX.

Tu m'en défies ? (Il ouvre la fenêtre.) Ah ! ce n'est pas ma faute s'il n'y a pas une seule étoile à découvert.

PÉRÉGRINUS.

Tu vois que les horlogers peuvent servir à quelque chose ?

MAX, fermant la fenêtre.

Ce n'est toujours point ici le cas. Tu n'as pas seulement une montre !

PÉRÉGRINUS.

Tu m'en perds ou tu m'en casses une par semaine ! Tu sais bien que je t'ai donné la dernière l'autre jour.

MAX.

Ah ! tiens, c'est vrai ! je l'ai là. Eh bien, je t'en remercie, mais elle est détestable, elle ne va pas.

PÉRÉGRINUS.

Voyons ! (Il remonte la montre de Max.) Ce n'est pas étonnant, tu as oublié...

MAX.

Mais la pendule, cette précieuse antiquaille, qui est arrêtée depuis l'année dernière ?

PÉRÉGRINUS, lui rendant sa montre et lui montrant le bureau.

La pendule de... ? Le mouvement est là. Je suis en train de le réparer, et justement, ce soir, je comptais la mettre dans son étui...

MAX, regardant la pendule en imitation de Boule qui est sur un socle accroché à la muraille, au-dessus de la porte du fond.

Oui, dans son monument ! Mais à quoi bon une machine pour compter les heures de ton néant ?

PÉRÉGRINUS.

Ah çà ! qu'est-ce que tu as donc à me rabrouer de la sorte aujourd'hui ? Je ne t'ai jamais vu si terrible !

MAX.

Tu veux savoir ce que j'ai contre toi?

PÉRÉGRINUS.

Oui, j'aime mieux savoir.

MAX.

Eh bien, sais-tu ce que c'est qu'un arbre de Noël?

PÉRÉGRINUS, surpris et embarrassé.

Un... arbre de Noël?

MAX.

Oui, un jouet d'enfant, avec des bougies allumées, avec des rubans, des fruits, des bonbons, des pantins pendus aux branches? Un bon Allemand comme toi sait de reste que c'est la surprise obligée, la veille de Noël, pour tous les marmots au-dessous de sept ans?

PÉRÉGRINUS.

Je sais ça : après?

MAX.

Eh bien, que penses-tu d'un marmot de trente ans qui, chaque année, se donne, à lui tout seul, en grand secret, le divertissement de se surprendre ainsi lui-même? Moi, je pense que c'est un malheureux qui tombe en enfance, un homme qui devient idiot ou fou, et cet homme-là, c'est toi!

PÉRÉGRINUS, troublé, se levant.

Max qui t'a dit cela?

MAX.

Le valet que tu as chassé hier. Il est venu tantôt me révéler ta manie, et il a bien fait, car je suis accouru, comme tu vois.

PÉRÉGRINUS.

Si tu écoutes les propos d'un valet ivrogne...

MAX.

Oh! n'essaye pas de me tromper! J'ai vu arriver ici certaine corbeille que tu réclamais tout à l'heure, et je t'avertis que tu ne la reverras pas, car j'en ai fait bonne et prompte justice : j'ai tout jeté au feu et dans la rue!

PÉRÉGRINUS, très-affecté.

Ah !... vous avez jeté... ? vous avez brûlé...? Eh bien, Max, vous m'avez fait de la peine, beaucoup de peine !

MAX.

Ah ! voilà !

PÉRÉGRINUS.

Oui, voilà ma folie, je le veux bien ; mais la vôtre est plus cruelle : vous avez voulu effacer de ma vie un rêve bien modeste, bien caché ! Et pourquoi, je vous le demande ? Pour rendre hommage à je ne sais quel fantôme de raison creuse et froide, qui vous trahira peut-être, vous, tout le premier. Laissez donc aux gens humbles qui se taisent leurs innocents plaisirs et leurs mystérieuses contemplations. Tenez, je suis fâché de vous le dire, mais vous avez fait là une méchante action, et, si ma maison n'était protégée par une influence supérieure à la vôtre, vous lui eussiez porté malheur. J'ai senti le contre-coup de votre procédé barbare : en rentrant chez moi tout à l'heure, j'ai marché sur des débris ; il m'a semblé que j'entendais sous mes pieds de faibles plaintes, et que de mon toit pleuvaient des larmes. Ma cloche était cassée ; ma serrure, ouvrage excellent et précieux d'un vieux ami... (Max lève ses épaules) — que vous n'avez peut-être pas assez apprécié ! — la serrure de maître Rossmayer était forcée et gâtée. Le marteau, usé par la main de mes pères, gisait sur le pavé, dans la boue ! Enfin mon seuil était violé et outragé ! Un froid mortel a passé sur mon front comme un souffle diabolique... Max, je ne veux pas oublier notre amitié d'enfance ; mais je vous déclare qu'en insultant à de pieux souvenirs, — que vous ne comprenez pas, — vous avez contristé mon âme et peut-être offensé une mémoire qui m'est chère ! (Il se rassied très-ému sur son fauteuil.)

MAX.

Ainsi, tu avoues ton mal ? tu proclames ta sottise ? Tu gémis sur des jouets de filasse et de carton comme sur des créatures vivantes que j'aurais massacrées ? Vraiment, oui !

et pour un peu tu me traiterais d'Hérode! Ne dirait-on pas, à te voir ainsi, d'une mère à qui l'on a ravi ses enfants?

PÉRÉGRINUS, impatienté.

Ses enfants, ses enfants... Eh bien, qu'en sait-on si je n'ai pas d'enfants?

MAX.

Dis-tu vrai? Tu serais père, et tu me l'aurais caché?

PÉRÉGRINUS.

Mêle-toi de tes affaires et ne t'occupe pas des miennes!

MAX.

Allons, calme-toi!

PÉRÉGRINUS.

Oui, calmons-nous, on vient!

SCÈNE X

MAX, PÉRÉGRINUS.

NANNI, toute tremblante.

Monsieur Pérégrinus, le souper vous attend.

PÉRÉGRINUS, agité.

Oui, bien! Merci, mademoiselle Lœmirt. Viens, Max. (Il sort. Nanni, inquiète, le suit des yeux d'un air étonné.)

SCÈNE XI

MAX, NANNI.

MAX, s'arrêtant au fond et revenant.

Un mot, Nanni, vite! Est-il vrai que Pérégrinus ait un enfant?

NANNI.

Ah! mon Dieu!... Je n'ai jamais entendu parler de ça!

MAX, à lui-même.

Je suis bien sûr qu'il veut me tromper ; mais...

NANNI.

Ah ! pourtant, s'il vous l'a dit !

MAX.

N'importe, je reste ici, je ne le quitte pas ! Faites-moi faire un lit dans son appartement.

NANNI.

Mais il n'y a de lit que le sien...

MAX, montrant l'escalier tournant.

Eh bien, là-haut !

NANNI, reculant d'effroi.

Dans la chambre fermée ?

MAX.

Oui, la chambre du vieux Rossmayer. Il y revient, je sais ça ; mais ça m'est égal. J'aime les revenants, moi ! (Il sort.)

SCÈNE XII

NANNI, seule.

Qu'est-ce qui se passe donc d'affreux ici ? M. Pérégrinus qui paraît en colère... et qui a un enfant !... Et M. Max qui veut coucher dans la chambre du revenant ! Quels événements, grand Dieu !... Et ce vent qui gronde !... Je ne sais plus où j'en suis ! (Elle sort.)

ACTE DEUXIÈME

Toujours le vent et la pluie.

SCÈNE PREMIÈRE

PÉRÉGRINUS, seul, venant de la droite, au fond.

Puisque voilà mon persécuteur savourant son café et absorbé dans je ne sais quel problème à propos de la manière de casser les noix,... je voudrais bien savoir de mademoiselle Lœmirt... (Regardant au fond.) Mais je n'ose lui faire signe. Quand on cherche à être seul avec une jeune fille, on a toujours l'air... Certes, je ne songe pas à lui en conter, moi! Une personne si honnête,... si respectable!... (Ému.) Ah! la voilà... Qu'est-ce que je voulais donc lui dire?

SCÈNE II

PÉRÉGRINUS, NANNI.
Pérégrinus feint de chercher quelque chose sur l'établi.

NANNI, à part, le regardant.
Je voudrais bien le questionner, mais je n'ose pas.
PÉRÉGRINUS, feignant la surprise.
Ah! c'est vous, mademoiselle Nanni?
NANNI.
Vous cherchez quelque chose, monsieur Pérégrinus?
PÉRÉGRINUS.
Je cherche... sans chercher! Ah! dites-moi,... vous étiez là quand Max a brisé et brûlé des objets que je destinais...

NANNI.

A votre petit enfant, n'est-ce pas, monsieur Tyss ? Oh ! ne craignez rien, je vois bien que votre mariage est un grand secret, et je le garderai fidèlement, soyez-en sûr. Est-ce qu'il va venir, le petit?

PÉRÉGRINUS.

S'il vient,... ce ne sera que vers minuit, et vous serez endormie à cette heure-là...

NANNI.

Quel malheur ! moi qui aurais tant voulu le voir !

PÉRÉGRINUS.

Il ne viendra peut-être pas ! A quoi bon ? Je n'ai plus de divertissement à lui donner, plus d'arbre de Noël, plus rien,... car Max a tout détruit, n'est-ce pas?

NANNI.

Hélas ! tout !

PÉRÉGRINUS.

Même l'arbre ?

NANNI.

Il en a fait des allumettes pour le poêle ! Mais il n'est que neuf heures, monsieur Tyss; on pourrait faire venir d'autres jouets.

PÉRÉGRINUS.

Non, c'est inutile. Max est résolu à ne pas me quitter, et je ne veux pas...

NANNI.

Vous ne voulez pas qu'il voie votre fils ?

PÉRÉGRINUS.

J'ai donc dit que c'était un fils ?

NANNI.

Je croyais ! Pendant le souper...

PÉRÉGRINUS.

Oui, j'ai dit cela pour... (Surpris, écoutant des pas qui résonnent au-dessus du plafond.) Mais qui donc marche là-haut, dans la chambre fermée ?

NANNI, effrayée.

Ah! Jésus! on marche?

PÉRÉGRINUS.

Ce doit être Fritz.

NANNI.

Ah! oui, c'est Fritz, à qui M. Max a donné l'ordre de lui faire un lit.

PÉRÉGRINUS.

Dans cette chambre inoccupée depuis plus de vingt ans?

NANNI.

Vingt ans!

PÉRÉGRINUS.

C'est là que demeurait un vieux ami de ma famille, un homme bien simple en apparence, vulgaire même, un pauvre ouvrier, mais un homme de génie dans sa partie.

NANNI.

Oh! je sais, le vieux mécanicien, maître Rossmayer. Ma grand'mère m'en parle souvent, elle l'a connu. Il passait pour un peu sorcier à cause des beaux ouvrages qu'il faisait... Et cela vous contrarie, que l'on dorme dans sa chambre?

PÉRÉGRINUS.

Oui, surtout Max, qui se moque toujours.

NANNI.

S'il allait vouloir casser les meubles!

PÉRÉGRINUS.

Non! Max est un homme raisonnable, et il n'aurait pas de motifs cette fois... Ah! pourtant vous me faites penser à quelque chose... Il y a là-haut certain jouet précieux... Oui, oui, sous prétexte de me corriger d'une manie, Max pourrait bien le détruire aussi! Je cours le chercher pour le mettre en sûreté. (Il monte l'escalier et disparaît.)

NANNI.

Ah! si j'avais su que cela lui faisait de la peine, je n'aurais pas donné les clefs à Fritz; mais peut-être serait-il encore temps d'empêcher M. Max de rester!

PÉRÉGRINUS, redescendant avec une grande boîte.

Tenez, chère demoiselle, voilà mon trésor : où le mettons-nous ?

NANNI.

Qu'est-ce que c'est donc ?

PÉRÉGRINUS.

Une boîte remplie de marionnettes ! Cela n'a de prix que pour moi à cause de... (Il lui remet la boîte et remonte.) Permettez ! il y a aussi le théâtre, que j'ai posé là... (Rapportant le théâtre de marionnettes.) Je vous expliquerai...

NANNI.

Ah ! vite, sous l'escalier ! Voilà, je crois, M. Max ! (Ils cachent la boîte et le théâtre.) Et puis je vais lui dire que la chambre de là-haut est trop délabrée.

PÉRÉGRINUS.

Il n'en sera que plus obstiné, et il ne l'est pas peu. Puis il fait toujours un temps...

NANNI.

Puisqu'il demeure tout près d'ici... Ne faites pas semblant, le voilà !

SCÈNE III.

PÉRÉGRINUS, NANNI, MAX.

MAX, tenant une noix qu'il examine. — Il a sa serviette pendue, par distraction, à sa boutonnière.

Tu disais donc qu'il était plus difficile de faire une montre que de casser une noix ; et moi, je te disais que l'un est aussi simple que l'autre ; je vais te le démontrer.

PÉRÉGRINUS.

Non, non, merci ! j'aime autant te donner raison.

MAX.

Ah ! la paresse ! Ton cerveau ne peut plus faire le moindre effort d'attention ! Quand je te le disais, que tu deviendrais...

14

PÉRÉGRINUS.

Oui, colimaçon, chauve-souris, tout ce que tu voudras (Max s'est assis et lit dans le *Traité de mécanique*, qui est sur l'établi.

NANNI, bas, à Pérégrinus.

Ne lui répondez pas, où il se tiendra là deux heures !

PÉRÉGRINUS.

Vous avez raison. Je vais faire semblant de me retirer. (Haut) Bonsoir, Max ; bonne nuit !

MAX.

Ah ! tu te couches à neuf heures à présent ?

PÉRÉGRINUS.

C'est ma coutume, tu le sais bien.

MAX.

Soit ! Bonsoir... Tu te lèves matin ?

PÉRÉGRINUS.

De grand matin.

MAX, railleur, tenant toujours son livre.

A minuit peut-être ?

PÉRÉGRINUS.

Pourquoi me dis-tu cela ?

MAX.

Bien, bien ! je ne dis rien ; bonsoir.

NANNI, bas, à Pérégrinus.

Allez ! allez ! Quand il sera monté, j'enverrai Fritz vous avertir. Il ne faut pas renoncer à fêter la Noël ; je m'en charge, moi !

PÉRÉGRINUS, ému et timide, bas.

Ah ! vraiment ! vous... vous êtes...? (A part, en sortant.) Elle est un ange pour moi, cette demoiselle !

SCÈNE IV

MAX, NANNI.

MAX.

Il est charmant, mon ami Pérégrinus ! Il est d'une finesse !...

NANNI.

Vous vous imaginez...

MAX.

Je n'imagine rien ! Comment donc ! je vois clairement qu'il tombe de sommeil... Et vous aussi, vous allez bâiller tout à l'heure ! Tout cela, ce n'est pas pour me renvoyer ! certes, vous n'y songez pas ! (Il lit toujours.)

NANNI, à part.

Ce vilain homme devine tout ! Eh bien, je vais lui parler de... (Haut.) Tenez, monsieur Max, vous devinez qu'il y a quelque chose ! M. Tyss craint vos moqueries ; mais, moi, cela m'est fort égal, moquez-vous tant que vous voudrez ; je ne vous en dirai pas moins que vous avez tort de rester ici malgré...

MAX.

Malgré quoi ?

NANNI.

Malgré les esprits de la maison, qui n'aiment pas qu'on les dérange pendant la nuit de Noël.

MAX.

Les esprits ? Ah ! oui-da ! c'est pourtant une maison où l'esprit manque beaucoup !

NANNI.

Non pas quand vous y êtes, monsieur Max !

MAX, saluant.

Merci.

NANNI.

Alors, vous ne croyez pas...? (On entend craquer fortement les boiseries.) Ah ! tenez !

MAX, qui n'a pas bougé.

Les boiseries qui craquent quand le poêle chauffe ? Si elles ne subissaient pas l'effet de la température, elles seraient en révolte contre la loi du retrait, qui est une loi physique des plus connues ; et c'est alors que vous auriez sujet de vous étonner et de vous effrayer.

NANNI.

Ah! c'est possible. (On entend une course effrénée de souris avec de petits cris.) Ah! mon Dieu!

MAX, impassible.

Il paraît que les rats tiennent là-haut cour plénière? Je serai fort aise d'observer leur ébats.

NANNI, à part.

Il n'a peur de rien, et je me fais peur à moi-même en lui parlant des esprits! (Haut.) Alors, vous ne croyez à rien, vous monsieur Max?

MAX.

Comment, à rien? Peut-on ne croire à rien? Je crois à tout ce qui est.

NANNI.

Oui, à tout ce qu'on peut voir et toucher?

MAX.

Non; car je ne peux pas toucher la lune, et je ne peux pas voir le principe de la vie; mais je crois à ce que le raisonnement me démontre.

NANNI.

Et pourtant si vous voyiez un fantôme?

MAX.

Je me dirais que je ne vois réellement pas, et que j'ai une hallucination; mais je n'en aurai jamais, moi! Elles ne viennent qu'à ceux qui y croient.

NANNI.

Je vous jure, monsieur Max, que ma grand'mère n'est pas peureuse, et qu'elle a vu bien souvent...

MAX.

Le vieux mécanicien, n'est-ce pas? (On entend éternuer tout près de Max à plusieurs reprises.) Ah! ah! voilà un revenant qui est enrhumé du cerveau!

NANNI, épouvantée.

Ah! tenez, avec vos moqueries, vous mettez les esprits en colère, et moi, je... Vrai, j'ai trop peur, je ne reste pas là. (Elle s'enfuit et ferme la porte derrière elle.)

SCÈNE V

MAX, seul, riant.

Ah ! ah ! la petite s'est prise dans son propre piége... Elle a cru... (Éternument fantastique.) Bon ! c'est tout près de mon oreille !... Quelque fissure de la muraille m'apporte les bruits qui se produisent dans la salle à manger... ou ailleurs. Voyons ! puisque j'ai jeté un coup d'œil sur ce bouquin... Cela ne me paraît pas sorcier, à moi, la mécanique ! (Un petit rire sec et mystérieux auprès de lui.) Hein ?... Ah ! oui, toujours la transmission acoustique !... C'est donc à compulser ce livre vénérable que mon ami Pérégrinus a usé sa vie ! Il l'a étudié... annoté... Mais je n'y vois aucune trace des travaux de son maître. Je sais bien que le vieux Rossmayer savait à peine écrire ; c'était un illettré complet, parlant mal et radotant tout à fait dans les dernières années de sa vie. (Craquement répété des boiseries. Max n'y fait aucune attention.) Mais il aurait pu laisser quelques figures... quelque plan ;... car, en somme, il avait une idée, ce vieux ! il avait du moins l'air de chercher quelque chose ! (Ricanement mystérieux.) Quelque chose de plus malin, je pense, que des horloges à musique, des coucous et des calendriers perpétuels. (Il rêve.) Perpétuels !... le mouvement perpétuel !... (Rire plus accusé.) Non, il ne cherchait pas cela. Il n'aurait jamais osé ! Quand on fait des niaiseries, des jouets d'enfant comme cela... (Il prend le mouvement de la pendule resté sur l'établi.)

UNE VOIX, bizarre et cassée, partant de la gauche de Max.

Touchez pas, touchez pas !

MAX, sans y faire attention, tandis que quelque chose de noir s'agite derrière les vitres de la fenêtre de gauche.

Car voilà un de ses derniers ouvrages, cette fameuse pendule, qui, en sonnant, faisait chanter un coq, au grand ébahissement des marmots et des servantes ! (Il étudie le mouvement.)

Oui, voilà les tiges qui faisaient mouvoir les ailes, et ici, sous ma main, le ressort qui produisait... (Il prend sur l'établi un instrument pointu pour toucher le mouvement. La fenêtre de gauche s'ouvre et une chouette paraît sur le bord.)

LA CHOUETTE.

Touchez donc pas ! touchez donc pas !

MAX, absorbé, entendant machinalement.

Touchez donc pas?... C'était le cri de détresse du vieux Rossmayer quand nous approchions de ses instruments. (Sentant le vent, sans se retourner.) Tiens ! c'est le vent qui a ouvert la fenêtre et qui m'apporte de la rue des paroles qui semblent s'adapter... Ce que c'est que le hasard ! voilà pourtant comment se produit le fantastique dans les esprits crédules ! (Il pose le mouvement sur l'établi.) Mais il fait froid, diantre ! (Il se lève, va à la fenêtre et voit la chouette qui roule ses yeux hagards et agite ses ailes.) Bon ! qu'est-ce que vous venez faire ici ? Voyons, oiseau de Minerve, allez à vos affaires; je ne crois pas aux présages, moi ! (La chouette s'envole en criant. Max ferme la fenêtre et revient à l'établi.) Oui, le but d'une science si bornée serait de trouver... Si je mordais à cela, moi, je voudrais simplifier !... (Il a repris l'instrument pointu et l'enfonce dans le mouvement.) Ceci d'abord, qui me paraît... (Il touche le ressort, qui se détend sous ses doigts. Le timbre sonne avec furie. Max remet le mouvement sur l'établi et reste un moment surpris et immobile. Le coq doré qui est sur la pendule agite ses ailes et chante par trois fois au-dessus de l'étui vide. Max se retourne stupéfait. Le timbre cesse de sonner sur l'établi.)

LA VOIX DE LA CHOUETTE, derrière la vitre.

Cassée, cassée ! vous l'avez cassée !

MAX, regardant vers la fenêtre.

Encore cette voix ?... Et ce coq qui chante tout seul là-haut quand son mécanisme est là sous ma main ?... Ah ! j'y suis. Il y a dans cette chambre un écho qui déplace l'audition normale !... Quelque objet placé par hasard de manière à produire une apparente aberration du sens de l'ouïe. C'est très-curieux ! Voyons ce que ce peut-être... (Il regarde partout.) Je ne vois rien de changé ici... Pourtant cela doit venir de l'escalier... (Il regarde dessous, dans l'enfoncement.) Ah ! cette boîte !... Elle n'est pas là ordinairement. Ce doit être la cause... (Il prend la boîte de marionnettes et la place au milieu de la chambre.) Voyons maintenant ! (Il retourne à l'établi, prend un marteau et frappe sur le timbre, qui rend un son sec et fêlé.) Je l'ai donc cassé ?... Voyons autre chose ! (Il frappe sur l'établi.) Ceci est un bruit normal ! (Il frappe avec le marteau sur la boîte de marionnettes, qui répond par un bruit formidable.) Ah ! (Il soulève, examine et secoue la boîte.) C'est léger, cela semble vide... Pourtant, c'est fermé !... Mais je peux bien briser le couvercle ! (Il frappe à plusieurs reprises sur le couvercle, qui résiste, et, à chaque coup de marteau, le bruit fantastique se répète avec une intensité effrayante et risible. — S'essuyant le front et laissant tomber son marteau, troublé.) Je ne comprends pas ! Moi, ne pas comprendre ? Allons donc ! L'explication... la voici : c'est un phénomène qui se produit en moi seul ! c'est une exaspération, un égarement ; non ! un développement subit, et tout à fait remarquable, des fonctions de l'ouïe. Je le savais bien, moi, qu'à force d'exercer mes facultés intellectuelles, j'arriverais à décupler la puissance de mes organes ! (Un peu égaré, à part.) Certes tout est miracle dans la nature, et il appartient aux organisations supérieures de posséder ces puissances merveilleuses que le vulgaire attribue à la magie... (Prenant la lumière sur l'établi.) Je vais monter dans la chambre de Rossmayer, et, de là, planant sur la ville, j'entendrai tous les bruits de l'horizon, j'exercerai cette faculté nouvelle que je possède... Et qui sait à quelle découverte peut me conduire... (Il disparaît en parlant jusqu'au haut de l'escalier.)

SCÈNE VI

Le théâtre reste un instant vide et sombre. On entend le vent mugir par rafales et la pluie tomber à flots. La chouette crie sur les toits; les girouettes grincent. La boîte, qui est restée au milieu de la chambre, s'ouvre d'elle-même, et il en sort une quantité de jouets d'enfant; après quoi, le spectre de maître Rossmayer, petit, grêle et incolore, sort à son tour et se met à errer légèrement, quoique courbé et cassé par l'âge. Il est vêtu d'une chemise poudreuse, d'une culotte grise râpée et d'un vieux tablier de cuir. Une petite queue mince sort de son bonnet et s'agite singulièrement. Sa voix chevrotante ressemble à celle d'un perroquet, et crie plus qu'elle ne parle.

LE SPECTRE.

Paix ! silence ! tais-toi, vieille chouette ! (La chouette se tait.) Monsieur le vent et madame la pluie, c'est bien, bien travaillé, très-bien; mais ne menez pas si grand bruit. (Le vent s'apaise.) On est chez soi, que diable ! on veut s'entendre causer. (Les girouettes crient plus doucement.) Bon ! amusez-vous avec les girouettes, esprits de la nuit ! on les a mises là-haut pour vous. Et vous, esprits du foyer, amusez-vous aussi, trémoussez-vous ! C'est la nuit de Noël, où vous donnez le bal dans la maison des bonnes gens. La fête commence, allons ! (Silence complet.) Eh bien ?... Ah ! je comprends, vous n'osez pas vous y mettre avant l'heure ? Mais il faut commencer pourtant pour que le prodige s'accomplisse ! Allons, pendule, allons, ma fille, prête-nous minuit pour un instant. Tu n'as pas besoin de ton mouvement pour ça; l'habitude !... (La pendule vide fait apparaître un cadran; elle sonne et marque minuit.) Très-bien ! Allons, vieux poêle ! éclaire donc tes invités ! (Le poêle s'ouvre et répand une lueur rouge qui éclaire la chambre.) Chantez, cri-cris ! craquez, vieux meubles ! détendez vos tentures tout à votre aise ! trottez, souris, criez... Et vous autres, petits messieurs, petites dames, petits chevaux, petits ouvriers, qu'est-ce que vous faites là ?... (Les jouets s'agitent.) Oh ! mais en mesure, donc ! (Il prend à la muraille le vieux violon, dont il tire des sons aigres et discordants. Sabbat. Tous les jouets se mettent à agir : les petits moulins tournent, les petits ouvriers travaillent, les roquets aboient, les voitures marchent, les cavaliers galopent, les dames dansent, une nuée de souris trottent autour du Spectre, qui dirige leurs ébats en marquant du pied les figures. Le vent et la pluie font rage au dehors. Le poêle ronfle prodigieusement; la chouette, les cri-cris, les girouettes, le timbre, la cloche de la rue, qui a retrouvé la voix, font un vacarme étrange, et le Spectre saute aussi d'une façon désordonnée, comme s'il voulait s'envoler, et comme s'il allait se casser.) Assez! (Tout se tait brusquement.) J'entends venir la bonne Nanni, ma protégée; elle cherche quelque chose qu'elle ne peut trouver dans la maison et qu'il s'agit de lui donner! Allons, bûche de Noël, on t'a fait de la musique, on t'a mise en belle humeur; il s'agit de nous donner une branche verte sans cesser de brûler. Vite, vite, grosse bûche! pousse un peu, verdis et donne. Allons, courage! (Une longue branche verte sort de la bûche enflammée.) Voilà qui est bien! merci, bonne bûche! Tes cendres iront sur le pré, et tu revivras en beau foin plein de fleurs! Cache-toi, pendule, ma mie! (Le cadran disparaît; le poêle se referme, on n'entend plus que de faibles bruits.) Silence par là dans les coins! ces souris n'en ont jamais assez, de la danse! (Remettant le violon à la muraille.) N'effrayez plus Nanni, je vous le défends! (Il rentre dans la boîte, qui disparaît avec lui et qui reparaît aussitôt sous l'escalier d'où Max l'avait tirée.)

SCÈNE VII

NANNI, PÉRÉGRINUS, la suivant avec une lumière.

NANNI, au fond.

Venez, venez, monsieur Pérégrinus! j'ai entendu M. Max entrer là-haut. Il a fait bien du bruit; mais à présent tout est tranquille, et je crois qu'il dort. (S'arrêtant devant les jouets.) Ah!...

PÉRÉGRINUS.

Qu'est-ce que cela veut dire? Est-ce que c'est vous...?

NANNI, *qui tient d'autres jouets dans son tablier.*

Mais non! tenez, j'avais descendu tout ce qui reste de ceux que vous aviez donnés aux enfants de chez nous, l'année dernière... Ils sont malheureusement bien cassés; mais en voilà de superbes, et cette belle branche pour remplacer notre arbre de Noël! Voyons donc!

PÉRÉGRINUS.

Je n'y comprends rien, et je ne vois que Max qui ait pu apporter... Est-ce qu'il est sorti pendant que je faisais semblant d'être couché?

NANNI.

Je ne sais pas, moi! j'étais montée chez nous. Est-ce que vous croyez qu'il serait capable de...?

PÉRÉGRINUS.

Eh! mon Dieu, Max est bon, quoiqu'il affiche la dureté. Il aura vu qu'il m'avait fait de la peine, il aura voulu réparer son méfait.

NANNI.

C'est singulier!

PÉRÉGRINUS.

Enfin, il faut bien que ce soit lui, puisque ce n'est ni vous ni moi!

NANNI, *qui s'est débarrassée de ses jouets, et qui, aidée de Pérégrinus, ramasse tous ceux du Spectre.*

Au fait, nous allons toujours les ranger, n'est-ce pas?

PÉRÉGRINUS.

Et vous les emporterez demain chez vous.

NANNI.

Eh bien, et votre petit garçon, à vous, c'est donc décidé qu'il ne viendra pas?

PÉRÉGRINUS.

Si fait! l'enfant viendra, puisque...

NANNI.

Oh! alors, je vais dresser l'arbre, le parer et l'arranger. J'ai justement descendu des rubans!

LA NUIT DE NOEL

PÉRÉGRINUS.

Vous voulez prendre cette peine ?

NANNI.

Oui, oui ! j'ai tout le temps; il n'est pas dix heures.

PÉRÉGRINUS.

Mais vos parents seront inquiets de vous ?

NANNI.

Non pas. Je leur ai dit que vous attendiez un petit filleul, et que, si vous aviez besoin de moi pour l'amuser, je resterais jusqu'à minuit.

PÉRÉGRINUS, attendri et timide.

Alors... puisque vous avez pensé à tout... Savez-vous, mademoiselle Lœmirt, que vous êtes bien bonne, bien aimable, bien... bien obligeante !

NANNI.

Oh ! ce que je peux faire pour vous est si peu de chose ! Mais, puisque vous m'estimez un peu, monsieur Pérégrinus, faites-moi un grand plaisir, parlez-moi de lui. Dites-moi quel âge il a.

PÉRÉGRINUS.

Qui ? l'enfant ?

NANNI.

Oui, et comment il se nomme.

PÉRÉGRINUS.

Vous vous intéressez donc beaucoup à lui ?

NANNI.

Oh ! je l'aime de tout mon cœur ? Vous me permettrez bien de le voir, n'est-ce pas ? Où donc est-il ? Et quand est-ce qu'on va l'amener ?

PÉRÉGRINUS.

Chère mademoiselle Lœmirt, voulez-vous me permettre de vous raconter une histoire ?

NANNI, qui s'est assise et qui s'occupe à éplucher un peu la branche et à faire des nœuds de rubans.

Oh ! oui, par exemple. Pendant que je travaille, cela va bien m'intéresser.

PÉRÉGRINUS, allant chercher une chaise et venant s'asseoir devant elle, près du poêle.

Eh bien, je commence. Il y avait une fois dans la belle et célèbre ville de Francfort-sur-le-Mein...

NANNI.

Dans notre ville? dans notre rue peut-être?

PÉRÉGRINUS.

Précisément. C'était dans la rue de Kalbach et dans une vieille maison fort semblable à celle-ci! Dans cette ville, dans cette rue, dans cette maison, vivait une honnête et nombreuse famille du nom de... Mais je vous dirai le nom plus tard.

NANNI.

Oui, oui, quand vous voudrez!

PÉRÉGRINUS.

Les sept enfants...

NANNI.

Ils étaient sept?

PÉRÉGRINUS.

Et même huit, car il y avait aussi le fils d'un voisin, et celui-là s'appelait Max, comme mon ami le docteur ès sciences. Or, c'étaient de beaux enfants, sauf le plus jeune, qui, sans être contrefait ni maussade, était si réservé, si peu bruyant, si timide, qu'on l'oubliait volontiers dans un coin pour ne s'occuper que des autres, plus aimables ou plus spirituels.

NANNI.

Pauvre petit! c'est celui que j'aurais aimé le mieux.

PÉRÉGRINUS.

Il n'était point à plaindre, car, bien qu'il ne sût ni flatter ni caresser, il aimait beaucoup! Il adorait ses parents, ses frères et sœurs, et son ami Max, et il était content de les aimer. Il n'avait pas besoin d'autre chose. Il y a des caractères comme cela (pliant le genou peu à peu devant Nanni), des personnes qui ne savent rien exprimer, rien demander... et qui pourtant... (Nanni le regarde étonnée; il ramasse un ruban qu'elle a laissé tomber, et le lui présente respectueusement.) Et, d'ailleurs, il avait un ami, un vieux parrain qui le choyait particulièrement.

NANNI, inquiète.

Un parrain?

PÉRÉGRINUS.

Oui, l'excellent homme et habile ouvrier maître Noël Rossmayer.

NANNI.

Ah! mon Dieu! est-ce qu'elle fait peur, votre histoire, monsieur Pérégrinus?

PÉRÉGRINUS.

Non! ne craignez rien. Or, le savant horloger enseignait son art au filleul en question, et, dans ses moments de loisir, il lui fabriquait des jouets fort ingénieux, des marionnettes, des soldats à ressort qui faisaient l'exercice, des animaux qui semblaient marcher tout seuls, des moulins qui tournaient, et, la veille de Noël, il lui donnait tout cela pendu à un bel arbre tout brillant de lumières. L'enfant respectait ces beaux jouets et ne les eût jamais brisés; mais ses frères, plus turbulents, et Max surtout, Max, curieux de voir ce que les joujoux avaient dans la tête et dans le ventre, les détruisaient sans pitié. Et le parrain grondait! Chaque année, il disait au filleul : « Voici les derniers présents que je te fais, si l'an prochain tu ne peux pas m'en montrer au moins un entier... ou raccommodé par toi! » L'enfant pleurait. Il n'eût osé chercher à réparer quoi que ce soit, tant il avait de respect pour la science de son maître, et il ne savait rien refuser à ses frères, à son ami. Il ne savait ni mentir, ni cacher, ni appeler à son secours; il eût craint de faire gronder et punir ces chers tyrans qui lui prenaient tout. Un jour, le parrain, qui était bien vieux, bien vieux, se sentit mourir, et, l'ayant appelé, il lui dit : « Mon pauvre Pérégrinus... »

NANNI.

Il s'appelait comme vous?

PÉRÉGRINUS.

Il s'appelait comme moi, et il avait alors douze ans. Et, comme il pleurait de voir son maître si pâle et si tremblant : « Tu pleures parce que tu m'aimes, lui dit le vieillard; mais tu es faible de caractère. De même que tu as toujours laissé prendre et détruire les jouets que j'inventais pour toi, de même tu laisseras effacer par le temps et les distractions les sages conseils et les utiles leçons que je t'ai donnés. Tu seras un artisan consciencieux, mais sans génie et sans invention. Tu seras riche, estimé; mais tu n'auras jamais la gloire d'attacher ton nom à une découverte, à moins que je ne m'en mêle, et... Mais il est trop tard à présent... je ne sais plus moi-même... Adieu! sois honnête et charitable, et pense à ton parrain, au moins une fois l'an... la veille de Noël! » Or, ma chère demoiselle Lœmirt, le parrain, c'était mon parrain; l'enfant, c'était moi, et l'arbre de Noël que vous préparez, c'est comme un bouquet de fête que j'offre en secret, chaque année, à la mémoire de mon très-digne et cher ami maître Noël Rossmayer.

NANNI.

Eh bien, vous avez raison, monsieur Pérégrinus, et je n'aurai plus peur de lui. Je l'aime à présent que je sais comme il vous a aimé. Est-ce que... est-ce que vous le voyez, la veille de Noël?

PÉRÉGRINUS, allant reporter sa chaise.

Non, je ne le vois pas, bien qu'après minuit je reste là à veiller jusqu'à deux heures dans ce cabinet où il me donnait mes leçons, et au milieu des objets qui me viennent de lui; je trouve du bonheur à me rappeler sa figure, ses paroles; car, si je n'ai pas fait grand honneur à son enseignement, du moins je lui ai tenu ma parole d'être honnête homme et de ne pas l'oublier.

NANNI.

Oh! oui, certes! Mais ce n'est donc pas vrai, ce qu'on dit, qu'il revient?

PÉRÉGRINUS.

Plût au ciel qu'il voulût revenir! il serait chez moi le bienvenu! Aussi, je fais tout mon possible pour m'imaginer que je l'entends et que je m'entretiens avec lui.

NANNI.

Ah ! vous vous imaginez... ?

PÉRÉGRINUS.

Ma chère enfant, je ne suis pas comme mon ami Max, je ne veux pas sonder les profondeurs, et je serais désolé de pouvoir nier avec certitude de certaines choses mystérieuses et douces. Tenez ! j'ai retenu ce vers d'un vieux poëte français :

Au cœur bien net et pur, l'âme prête des yeux.

Cela en dit beaucoup, et il n'y a rien là d'effrayant ni de risible.

NANNI.

Je comprends, monsieur Tyss ! Permettez-moi d'allumer l'arbre de Noël avec vous à minuit, de penser un peu avec vous au parrain... et puis je vous laisserai veiller tranquillement tout seul.

PÉRÉGRINUS.

Ah ! ma chère... chère demoiselle Lœmirt... c'est un grand plaisir que je vous devrai.

NANNI, très-émue.

Je vais emporter tout cela dans la salle à manger pour attacher les bougies, et vous, puisque vous devez veiller, il faut dormir à présent une heure. J'irai frapper à votre porte quand sonnera le quart avant minuit.

PÉRÉGRINUS.

Vraiment ?... vous voulez que je vous quitte, au lieu de vous aider ?

NANNI.

Oui, oui, je n'ai plus du tout peur, voyez ! je m'en vais toute seule ! Reposez-vous ! (Elle sort.)

SCÈNE VIII

PÉRÉGRINUS, seul.

Elle me rend service de s'en aller ! j'étais si attendri... charmante fille ! ah ! si j'osais... Mais elle veut que j'aille dormir un peu... pour lui faire plaisir ;... puisqu'elle le veut, je vais faire semblant ! (Il sort avec la lumière.)

SCÈNE IX

LE SPECTRE, seul, sortant à demi de la bouche du poêle.

Poltron, va ! maladroit ! C'est ça ! va te coucher ! Ah ! je n'en ferai jamais rien, de cet enfant-là ! (Il disparaît.)

ACTE TROISIÈME

L'arbre de Noël est dressé, orné et allumé. Nanni seule achève d'y attacher quelques objets. — Le ciel est étoilé. Le vent s'est apaisé.

SCÈNE PREMIÈRE

NANNI, seule.

Le voilà prêt ! Est-il joli ? Oui, j'ai fait de mon mieux ! (Une horloge sonne au loin.) C'est le quart avant minuit ! Fritz est couché ; M. Max est bien endormi, je ne l'entends plus marcher. Je vais ranger un peu là dedans, et puis j'éveillerai M. Pérégrinus... (Regardant encore l'arbre de Noël.) Pourvu qu'il soit content ! Oh ! oui, il sera content, je crois ! (Elle sort par le fond.)

SCÈNE II

MAX, seul, descendant lentement l'escalier et rêvant.

Oui, certainement, le mécanisme sidéral et le mouvement de toutes les parties de l'univers peuvent être comparés aux fonctions d'un organisme bien réglé, et il ne serait pas impossible d'en résumer la pensée... — Mais tout ceci m'assiége tumultueusement l'esprit, et je ferai bien d'écrire à mesure, puisqu'il y a ici de la lumière... (Voyant l'arbre.) Ah ! ah ! la folie de maître Pérégrinus triomphe ; la voici dans tout son éclat ! Il faut lui rendre le service de détruire encore une fois ce trophée de sa démence, car il n'est pas plus père que moi, et il n'engendrera jamais que des sottises. (Il va pour renverser l'arbre, qui s'éteint tout entier subitement avant qu'il y ait porté la main.)

LA VOIX DU SPECTRE.

Touchez pas !

SCÈNE III

MAX, LE SPECTRE.

La chambre n'est éclairée que par le reflet verdâtre de la lune. Le Spectre sort du milieu de l'escalier que Max vient de descendre. Max le regarde un instant dans un silence méditatif.

MAX.

Qui êtes-vous ?

LE SPECTRE.

Tu me connais bien ! (Son visage s'éclaire d'une lueur plus nette.)

MAX, surpris.

J'ai connu le vieux Rossmayer dans mon enfance, et vous êtes quelqu'un qui lui ressemble, voilà tout !

LE SPECTRE.

C'est pourtant lui que tu vois.

MAX.

Laissez-moi donc tranquille ! Vous êtes mort et enterré depuis vingt-trois ans, mon brave homme !

LE SPECTRE.

On a beau être un grand savant, on ne sait pas tout, petit Max ! Cherchez, enfants, le secret de la vie ; mais celui de la mort, touchez pas, touchez pas !

MAX.

Petit Max !... touchez pas !... — Ma foi, vous l'imitez bien, je crois l'entendre.

LE SPECTRE.

Tu me vois et tu m'entends. Est-ce qu'on meurt ! Est-ce que la vie se pourrit comme une vieille noix mise en terre !

MAX.

Ce n'est pas trop mal raisonné pour un mort, et tout à l'heure justement je pensais, à propos d'une noix et d'une montre;... mais je ne veux pas rêver tout éveillé, ni m'égarer le cerveau dans le souvenir de vos vieux paradoxes. L'esprit ne revêt pas le même corps qu'il a usé, que diable !

LE SPECTRE.

Qu'en sais-tu ?

MAX.

J'en sais,... j'en sais... Vous prétendez avoir repris le cours de votre existence juste où vous l'avez quittée ?... Vous auriez cent vingt et un ans ! Alors, vous êtes trop vieux, vous radotez, vous battez la campagne, monsieur le spectre, et je suis bien bon de vous écouter ! (Il veut sortir par le fond.)

LE SPECTRE.

Tu t'en vas, petit Max ; tu as peur !

MAX.

Moi, peur ? Par exemple ! De quoi voulez-vous que j'aie peur ? De rien, car vous n'êtes rien, rien qu'un fantôme de mon imagination !

LE SPECTRE.

Aurais-tu le courage de me donner la main ?

MAX.

Toucher le vide ? (Il va toucher la main que lui tend le Spectre.) Diantre ! vous avez froid !... Mais, vois-tu, spectre, dans le rêve même, un vigoureux esprit se rend compte de l'illusion qu'il est forcé de subir,... et... Laissez donc ma main ! (Redescendant avec effort et avec trouble les marches de l'escalier qu'il a montées.) Je ne suis pas don Juan, que diable ! et je n'ai pas tué le plus petit commandeur ! (Voyant le Spectre près de lui.) Ah ! de l'obsession ?

LE SPECTRE.

N'as-tu pas quelque chose à me demander ?

MAX, effrayé.

Vous le savez ?... (Souriant.) Eh ! oui, certes, puisque vous êtes ma propre pensée revêtue d'une image fantastique. Eh bien, fantôme, réponds : qu'est-ce que tu cherchais si obstinément durant ta vie?

LE SPECTRE.

J'ai cherché ma vie durant ce que tu cherches depuis une heure.

MAX.

Ah!... Eh bien, oui, la, je le cherche! Prétendez-vous l'avoir trouvé, vous?

LE SPECTRE.

Peut-être, je ne sais pas.

MAX, s'animant.

Bon! vous divaguez! C'est une chimère qui vous a rendu fou.

LE SPECTRE.

Alors, prends garde à toi-même!

MAX.

Ah! vous m'ennuyez à la fin!... Voyons! si vous avez découvert quelque chose qui approche tant soit peu du but, dites-le, je vous en défie! Vous cherchiez ce qu'on appelle le secret du diable, et le diable n'a pas voulu vous aider.

LE SPECTRE.

Il ne t'aidera pas davantage.

MAX.

Alors, vous n'avez rien trouvé?

LE SPECTRE.

On trouve toujours quelque chose.

MAX.

Quoi? Dites donc!

LE SPECTRE.

Si je ne suis que ta propre pensée, c'est à toi de répondre.

MAX.

C'est juste!... Ma propre logique me parle admirablement... Je travaillerai,... je chercherai dans mon génie, et je trouverai, moi!

LE SPECTRE, ricanant.

Que tu ne compteras plus tant sur toi-même.

MAX.

Tu railles, fantôme sournois ! Va-t'en ! Tu ne peux rien m'enseigner. Tu n'étais qu'un ignorant, tu ne savais pas écrire !

LE SPECTRE.

Je savais chiffrer... J'ai laissé mon idée en chiffres.

MAX.

Où ça ? Tu déchirais à mesure. On n'a rien trouvé dans tes notes qui eût le sens commun !

LE SPECTRE.

Nanni a trouvé.

MAX.

Quoi ? un plan, un modèle ? Je le lui demanderai.

LE SPECTRE.

Oui-da ! L'aura qui sera aimé d'elle !

MAX.

Et pour se faire aimer... ?

LE SPECTRE.

Il faut aimer ! (Il disparaît.)

MAX.

Aimer, aimer !... Quand on aime la science, on se soucie bien des femmes !... Voyons, parlons sérieusement, si cela t'est possible... Eh bien, tu t'es évanoui au moment... ? Voyons, écoute encore !

LA VOIX DU SPECTRE, sortant du poêle.

Non !

SCÈNE IV

MAX, seul.

Alors... bien le bonsoir, vieux fou ! (Il s'assied fort troublé et luttant encore.) Ouf ! plus rien ! Voilà un rêve bien conditionné que je viens de faire ! une véritable hallucination ! La vue, l'ouïe, le toucher,... c'était complet ! Je n'aurais jamais cru que cela pût m'arriver, à moi !... C'est un peu pénible, et pourtant, comme cette notion-là me manquait... Mais voyons donc ! Les visions portent toujours le caractère des idées qui nous occupent... Peut-être sont-elles des révélations d'une vérité,... d'une certitude latente qui est en nous... Je crois me rappeler, à présent, que Rossmayer avait laissé un papier qu'il recommandait aux méditations de Pérégrinus,... et que Pérégrinus a négligé de méditer... Je ne rêve plus, je me souviens !... Le vieillard croyait avoir fixé son rêve ! Nanni,... le chiffre,... l'amour,... le mouvement perpétuel,... quelle confusion dans tout cela ! Je me sens fatigué... J'ai mal à la tête, je crois !

SCÈNE V

NANNI, MAX, absorbé.

NANNI, à part.

Ah ! mon Dieu ! il est là ! (Faisant des signes au fond. — Bas.) Ne venez pas encore, monsieur Tyss ; attendez ! (Haut.) Vous ne pensez donc pas à dormir, monsieur Max ? Minuit va sonner.

MAX, tressaillant.

Ah ! Nanni, écoutez ! Où est ce chiffre ?

NANNI.

Bonté divine ! quel chiffre ?

MAX.

Un plan chiffré, ou quelque chose comme cela, provenant du vieux mécanicien.

NANNI, mettant la main à sa poche.

Ah ! c'est peut-être...

MAX.

Donnez, donnez !

NANNI.

Mais non, ce n'est pas à vous !

MAX.

C'est à moi, si vous m'aimez. (Il veut la prendre dans ses bras.)

NANNI, le repoussant.

Mais je ne vous aime pas du tout.

MAX.

Il faut m'aimer, Nanni ! je le veux ! La femme est faite pour subir l'ascendant de l'homme et pour répondre à son initiative. C'est une loi naturelle. Aimez-moi, puisque je réclame votre présence, et donnez-moi ce précieux chiffre !...

NANNI.

Vous vous moquez, vous ne l'aurez pas !

MAX.

Alors, je le prendrai ! (Il veut user de violence. Pérégrinus, qui écoutait au fond, s'élance entre eux.)

SCÈNE VI

PÉRÉGRINUS, MAX, NANNI.

PÉRÉGRINUS, très-ému.

Max ! en voilà assez ! Vous devenez bien extravagant pour un homme si sage ! J'ai de la patience, mais,... devant de certaines audaces, j'en manquerais peut-être... Allez-vous-en.

MAX.

Tu me chasses de chez toi ?

PÉRÉGRINUS.

Non ; mais...

MAX.

Mais tu veux rester seul avec ta conquête ?

PÉRÉGRINUS, en colère.

Assez ! trop ! Va-t'en !

MAX.

Pauvre sot ! Voilà que tu t'échauffes la bile pour une femme à présent ! Il ne te manquait plus que cela ! Je vous laisse et vous bénis, mes enfants ! Est-ce que j'ai besoin d'un sot grimoire ? Est-ce que je ne trouverai pas tout seul ?... Oui !... à l'air, sur les quais... A demain, Pérégrinus ! (Il sort.)

SCÈNE VII

PÉRÉGRINUS, NANNI.

PÉRÉGRINUS.

Cela me fait de la peine, de le renvoyer ainsi ; mais vraiment...

NANNI.

Vous avez bien fait, monsieur Tyss ! il prétendait...

PÉRÉGRINUS.

Oui, j'étais là, j'entendais ! Qu'est-ce donc que ce plan, ce chiffre ?...

NANNI, cherchant dans ses poches.

Je ne sais pas. C'est un vieux papier tout jauni que j'ai trouvé dans la couverture de votre gros livre. Je parie que vous ne le saviez pas là !...

PÉRÉGRINUS, prenant le papier.

Ah ! ce doit être... quelque chose que j'ai beaucoup cherché. (Il le regarde.)

NANNI.

Je l'ai trouvé en défaisant la vieille reliure, et j'avais oublié de vous le remettre tantôt. Cela vous fait donc plaisir, de le retrouver ?

PÉRÉGRINUS.

Sans doute, bien que je ne sache pas si c'est là le secret qu'il voulait me léguer.

NANNI.

Qui ? le parrain ? Voyez, alors !

PÉRÉGRINUS.

Ce ne sont que chiffres, et il faut étudier cela. (Il met le papier sur son établi.) Ce n'est pas encore le moment ; occupons-nous de notre arbre.

NANNI.

Aidez-moi à le rallumer, puisque M. Max l'a éteint. Comment le trouvez-vous ?

PÉRÉGRINUS, aidant Nanni à rallumer les bougies de l'arbre, qui se rallument d'elles-mêmes sans qu'ils s'en aperçoivent.

C'est un chef-d'œuvre, Nanni! C'est un bouquet digne de la circonstance,... et offert par vous!... C'est bien à vous!... et je voudrais vous dire... Que vous disait-il donc, lui?

NANNI, distraite.

M. Max?

PÉRÉGRINUS, préoccupé.

Oui! Est-ce que... est-ce que vous compreniez ce qu'il entendait par initiative,... par...?

NANNI.

Mon Dieu, non! Il avait l'air tout égaré. Il disait... je ne sais quoi! qu'il avait le droit de me commander.

PÉRÉGRINUS.

Et cela vous offensait sans doute?

NANNI.

Mais... oui!

PÉRÉGRINUS, allumant toujours avec distraction.

Il disait pourtant qu'il est dans la nature de la femme, quand elle est l'objet d'une préférence, et que l'homme le lui déclare...

NANNI.

Mais cela ne suffit pas, il me semble! Si l'homme ne plaît pas?

PÉRÉGRINUS, tristement.

Ah! vous pensez...? Sans doute, sans doute! si l'homme ne plaît pas!

NANNI.

Mais voilà toutes nos bougies allumées, et tout à l'heure...

PÉRÉGRINUS.

Ah! attendez. J'allais oublier...

NANNI.

Quoi donc?

PÉRÉGRINUS, allant sous l'escalier.

Le théâtre de marionnettes!

NANNI.

Ah! vous allez les faire jouer?

PÉRÉGRINUS.

Non, je ne saurais pas. Je n'ai jamais eu d'esprit, moi. C'est lui qui savait, le parrain! Il nous jouait des scènes où il se moquait de nous en nous contrefaisant pour nous montrer nos défauts et nos ridicules. (Il tire une marionnette de la boîte.)

NANNI.

Ah! qu'est-ce que c'est que celle-là?

PÉRÉGRINUS.

C'est lui! c'est une figure faite par lui à sa ressemblance et habillée comme il s'habillait.

NANNI, qui l'a suivi, prenant une autre marionnette.

Et ce petit-là si gentil?

PÉRÉGRINUS.

Ce petit-là, c'est moi... jadis! Il y en a bien d'autres; mais laissons-les dormir dans leur boîte, puisque le bon magicien n'est plus là pour leur rendre le mouvement et la parole. (Revenant avec le théâtre.) Quant au théâtre...

NANNI, très-enfant.

Ah! qu'il est joli! tout doré autour!

PÉRÉGRINUS, attendri.

Bonne Nanni! Ce jouet-là est le seul que Max ne m'ait pas cassé dans notre enfance; aussi je le mets tous les ans ici en évidence, pour moi seul. (Il place le petit théâtre sur le poêle.) Avec l'arbre... ici (il place l'arbre à côté du poêle), afin que tout me rappelle autant que possible la dernière fête de mon vieux ami!... Mais, aujourd'hui, je ne suis pas seul, mademoiselle Lœmirt, puisque vous avez la... complaisance de prendre part à mes sentiments, à mes souvenirs, à ma folie peut-être!

NANNI.

Je ne vois pas là de folie, monsieur Tyss, et la preuve,... c'est que j'ai retenu un compliment de fête que ma grand'-mère m'a appris pour la circonstance.

PÉRÉGRINUS.

Ah! vraiment?

NANNI, récitant.

Ami Noël, tu viens nous voir
Avec des présents...

PÉRÉGRINUS.

Eh! mon Dieu, c'est le même compliment que je lui disais la dernière fois...

NANNI.

Oui, c'est vous qui l'aviez composé. (Récitant.)

Ami Noël, tu viens nous voir
Avec des présents pleins d'espoir.
Pour nous, Noël est un beau soir.
Pardonne-nous nos maladresses...

Vous riez?

PÉRÉGRINUS.

De ma poésie, oui.

NANNI.

Mais, moi, je trouve cela très-bien, pour un petit enfant que vous étiez alors. (Récitant.)

Pardonne-nous nos maladresses;
Nous te faisons bien enrager,
Et souvent l'on t'entend gronder;
Mais c'est ta manière d'aimer,
Et nous connaissons ta tendresse.

Ah! tenez, minuit sonne, notre compliment est dit, notre arbre est bien brillant, la bûche brille et chante. Je vais vous laisser finir votre veillée, comme c'est convenu.

PÉRÉGRINUS, chagrin.

Ah! déjà? vous partez?

NANNI.

Sans doute ; maman serait inquiète.

PÉRÉGRINUS, tremblant.

C'est juste, oui, c'est juste. Bonsoir donc, mademoiselle Nanni. Merci... et... Merci ! bonsoir ! (Nanni va pour sortir, les portes se ferment d'elles-mêmes.)

NANNI, effrayée.

Qu'est-ce que c'est ?

PÉRÉGRINUS, voulant vainement ouvrir.

Qui donc se permet... ? Max ! Fritz ! est-ce vous ?... Qui est là ?... Ouvrez donc ! (On entend frapper trois coups dans le théâtre des marionnettes, et une petite musique d'ouverture part du violon qui est suspendu à la muraille opposée. L'archet joue de lui-même sur l'instrument.)

NANNI.

Ah ! mon Dieu ! quelqu'un s'amuse à vouloir nous faire peur !

PÉRÉGRINUS, stupéfait, à part.

Quelqu'un dans le poêle allumé ? (A Nanni, qui se jette effrayée dans ses bras.) Ne craignez rien, chère Nanni ! Je suis là. (La toile du petit théâtre se lève. On voit un joli décor et deux marionnettes en scène, le vieillard et l'enfant qu'on a déjà vus dans les mains de Pérégrinus, et qui avaient été remis dans la boîte sous l'escalier.)

SCÈNE DE MARIONNETTES.

UN VIEILLARD, UN ENFANT.

LE VIEILLARD. — Allons, allons, petit Pérégrinus, as-tu fini ton dessin ?

NANNI, effrayée.

Il parle !

PÉRÉGRINUS, à part, bouleversé.

Et c'est sa voix, je n'en peux pas douter. (Haut, à Nanni.) Écoutons.

LE VIEILLARD, *marionnette*. — Tu as laissé chiper ton modèle, je parie !

L'ENFANT, *marionnette*. — C'est Max qui en a fait des cocottes, vrai, mon parrain !

LE VIEILLARD. — Toujours la même histoire! nigaud! endormi! Tu ne sauras donc jamais te défendre? (*Le vieux frappe avec bruit sa tête de bois sur l'appui de la scène: l'enfant pleure. Tous deux disparaissent.*)

NANNI.

Ah! vraiment, c'est comme votre histoire, monsieur Tyss? Mais qu'est-ce qui fait donc parler...?

PÉRÉGRINUS.

C'est... Je ne sais pas... Ce sont des automates! (A part.) Je ne sais que lui dire pour la rassurer! (Haut.) Tenez, voilà une autre scène!

LES MARIONNETTES.

LE MÊME VIEILLARD, UN JEUNE HOMME.

LE VIEILLARD. — Oui, Pérégrinus, mon enfant, tu m'as invoqué la veille de Noël, et je reviens en ce monde pour te dire que tu n'auras jamais de gloire, si tu ne cherches pas mieux.

LE JEUNE HOMME. — Mais, mon ami, le mouvement perpétuel est une chimère!

LE VIEILLARD. — A qui le dis-tu! Mais, en cherchant cela, on trouve toujours quelque chose! Tiens, tu ne sauras jamais rien inventer! (*Il frappe sa tête avec bruit sur le bois. Tous deux disparaissent.*)

NANNI.

Eh bien, monsieur Tyss, cela vous rend triste?

PÉRÉGRINUS.

Oui, toujours des reproches! Est-ce ma faute, si...?

NANNI.

Mais c'est une marionnette ou un esprit fâché qui dit tout cela... Ah! les voilà qui reviennent. Cela me fait peur et m'amuse en même temps.

LES MARIONNETTES.

LE VIEILLARD, UN HOMME HABILLÉ COMME PÉRÉGRINUS.

LE VIEILLARD. — Pérégrinus, mon ami, tu dis que tu aimes cette bonne fille ?

NANNI, *interrompant, et regardant Pérégrinus.*

Ah! qui donc?

PÉRÉGRINUS.

Je n'ai rien dit !

LA MARIONNETTE DE PÉRÉGRINUS. — Oui, j'aime Nanni de toute mon âme; mais je n'oserai jamais le lui dire !

LE VIEILLARD. — Alors, mon pauvre garçon, tu ne sauras jamais te faire aimer !

NANNI, *se levant et interpellant les marionnettes, qui disparaissent, et dont la toile se ferme.*

Ce n'est pas vrai !

PÉRÉGRINUS, *tombant à ses pieds.*

Chère Nanni, que dites-vous?... Serait-il possible ? Ah! répétez-le, ce que vous avez dit là !

NANNI.

Mon Dieu, je n'en sais plus rien, monsieur Tyss ! Je crois que je viens de rêver ! Étiez-vous là ? Avons-nous vu et entendu ?...

PÉRÉGRINUS.

Si c'est un rêve, Nanni, nous l'avons fait tous deux. Nous avons vu les fantômes de mes souvenirs, nous avons entendu les voix de mon passé. Ces petits personnages sont sans doute des esprits familiers, de bons lutins qui, dans leur naïveté grondeuse, ont résumé les misères du pauvre homme que je suis, mon enfance craintive, ma jeunesse timide, mon âge mûr défiant ! Mais cette défiance n'est qu'envers moi-même, Nanni ! Si vous saviez ce qu'il y a en moi de confiance et de respect... Ma paresse est dans l'esprit, elle n'est pas dans le cœur. Seulement, je suis gauche, et ma langue ne rend pas mieux mes sentiments que mes idées. (Les portes s'ouvrent.) Mais, tenez, les portes se rouvrent d'elles-mêmes... Le bon génie qui me gourmande m'assistera peut-être. Allons trouver vos parents, et, devant eux, ne craignant plus de vous offenser, je crois que j'oserai dire tout ce que j'ai dans l'âme !

NANNI.

Mais,... monsieur Tyss, ils seront endormis, à minuit passé !

PÉRÉGRINUS.

Eh bien, réveillez-les... Priez-les de se lever ; je veux leur parler tout de suite.

NANNI.

Dans un quart d'heure, alors ?

PÉRÉGRINUS.

Oui, je monterai.

NANNI.

J'y vais... Mais qu'est-ce que vous voulez donc leur dire ?

PÉRÉGRINUS.

Allez, allez toujours, Nanni, vous verrez ! (Elle sort.)

SCÈNE VIII

PÉRÉGRINUS, seul.

Elle ne devine pas, c'est singulier ! Ah ! j'aurais dû parler de mariage, et je n'ai pas su placer ce mot-là ! Une jeune fille honnête ne comprend pas le mot amour tout seul ! — Il est vrai que je n'ai pas su le placer non plus. — Ah ! vous aviez raison, mon parrain, je ne suis bon à rien ! Je n'ai ni volonté, ni expansion, ni courage !... En aurai-je devant les parents de cette chère Nanni ? Aurai-je l'éloquence de la persuader, elle ? Je sens si bien ma médiocrité ! J'en rougis à présent. Son père est un maître dans sa partie, et moi,... je suis riche, et voilà tout ! Ah ! si j'avais fait comme vous, Rossmayer, si j'avais cherché !... Mais avait-il trouvé, lui, ce qui le tourmentait jusqu'à sa dernière heure ?... Ce papier... auquel il attribuait sans doute une grande importance, puisqu'il l'avait si bien caché?... (Il s'arrête à son établi et regarde le papier.) Je crains de l'examiner! Je tremble d'y trouver le désordre d'un esprit troublé par la vieillesse ou par des chimères!

SCÈNE IX

PÉRÉGRINUS, MAX.

MAX, sans chapeau, ébouriffé, exalté.

J'ai trouvé! oui, j'ai trouvé! Écoute-moi bien, Pérégrinus!

PÉRÉGRINUS, absorbé, sans se retourner.

Ah! c'est toi, Max? Comment donc es-tu rentré?

MAX.

Parbleu! j'ai cassé tantôt la porte!

PÉRÉGRINUS.

Tiens, c'est vrai!

MAX.

Voyons, tu m'écoutes?

PÉRÉGRINUS.

Non, pas maintenant. J'ai là quelque chose qui m'intéresse davantage.

MAX.

Quoi donc? le fameux chiffre? Tu as le chiffre de Rossmayer?

PÉRÉGRINUS, toujours absorbé.

Oui.

MAX.

Le secret du mouvement...

PÉRÉGRINUS.

Perpétuel? Non, Dieu merci! mais il avait raison tout à l'heure.

MAX.

Tout à l'heure? Tu as donc vu aussi le spectre?

PÉRÉGRINUS, qui ne l'écoute plus.

Laisse-moi, laisse-moi, attends!

MAX.

Non pas, je veux savoir. En quoi avait-il raison ?

PÉRÉGRINUS.

En ceci, qu'il est bon d'avoir un but, fût-ce un idéal insaisissable, parce qu'en explorant l'inconnu, on rencontre toujours un chemin vers le mieux.

MAX.

Et ce chemin, quel est-il ? Dis !

PÉRÉGRINUS.

La, tiens, le moyen de réparer l'horloge du dôme !

MAX, riant.

Voilà tout ?

PÉRÉGRINUS.

L'horloge du dôme n'est que le prétexte. L'important, c'est une simplification admirable dans tout le système de notre art.

MAX.

Et rien de plus ?

PÉRÉGRINUS, sans l'écouter, examinant toujours le plan.

Que c'est ingénieux ! — Ah ! pourtant... voilà une erreur... grave !... une combinaison... impossible ! Quel malheur !

MAX.

Allons donc ! rien n'est impossible.

PÉRÉGRINUS.

Tu dis peut-être vrai, Max ! Laisse-moi trouver la rectification de ce calcul, et, si je l'obtiens sans déranger le résultat,... eh bien, mon cher ami, je te saurai gré d'avoir secoué mon indolence; mais, pour Dieu, ne me parle plus ! (Tout en travaillant avec la plume et l'équerre.) J'ai besoin d'un instant de recueillement. Je ne suis pas un homme d'initiative, tu le sais bien ! (Il réfléchit avec l'expression du calme et de la patience. Max s'agite derrière lui, va, vient, absorbé aussi, mais avec une bizarrerie fébrile et des attitudes singulières.)

MAX, à part.

Pauvre homme ! Cherche, va ! Tu l'as dans le cerveau, le mouvement perpétuel, puisque Rossmayer te l'avait révélé à ton insu ; mais, pour l'en faire sortir, il faut une puissance comme la mienne, une découverte comme celle que je tiens, moi !

PÉRÉGRINUS.

Tais-toi donc ! tu parles toujours ! (A part.) Je tremble de me tromper ; mais pourtant il me semble... Je veux recommencer ce calcul...

MAX, se parlant à lui-même.

En résumé, une idée est le produit d'une faculté, une faculté est le résultat d'un organe ; or, si l'organe possède la faculté de produire une idée, et que l'idée aboutisse à une découverte d'où résulte une œuvre, une machine par exemple, en remontant de l'effet à la cause et à toutes les causes subséquentes, on arrive à se convaincre de ceci : que la machine est immédiatement dans le cerveau, et qu'en ouvrant adroitement le cerveau, on doit s'emparer de la machine. Ceci est d'une admirable clarté, et je défie bien qu'on le réfute, quelque mauvaise foi qu'on y mette !

PÉRÉGRINUS, toujours attentif et calme.

Pauvre parrain ! s'il avait pu vivre jusqu'à présent et profiter des progrès de l'industrie, lui si ingénieux, il aurait bien moins de peine que moi à rectifier son erreur.

MAX, égaré.

Or, je conclus ! Pérégrinus Tyss étant donné, le mouvement perpétuel dont il est l'inerte et aveugle dépositaire étant placé... là !... (Il montre la place de son propre crâne.) Oui, c'est juste là que se trouve le timbre, et ce n'est peut-être pas sans raison qu'on se sert de cette expression de *timbrée* pour désigner une cervelle fêlée. Dans le cas présent, *cerveau* est donc identique à *timbre*.

PÉRÉGRINUS, impatienté.

Eh ! il ne s'agit pas du timbre ! ce n'est pas là ce qui m'embarrasse.

MAX, toujours plus avant dans un délire de sang-froid et parlant avec conviction.

Comme l'ignorance est de mauvaise foi ! Il nie le timbre !

Des timbres, il y en a partout ! mais il n'y en a qu'un bon, c'est le sien, et il ne s'en doute seulement pas. Or, moi, d'une main sûre, en le frappant là !... (Penché derrière Pérégrinus, il lui effleure le front avec son doigt. Pérégrinus fait le mouvement de chasser une mouche. Max prend un marteau sur l'établi où travaille Pérégrinus.) Il est solide ?

PÉRÉGRINUS.

Quoi ? mon marteau ? Parbleu ! Allons, prends et ne me dérange plus. (Les boiseries craquent comme pour avertir Pérégrinus.) Quel bruit tu fais !

MAX, à part.

J'enfoncerai gaiement la cavité cérébrale qui recèle le mouvement perpétuel, et, opérant avec la même dextérité sur moi-même, je l'insinuerai dans mon propre organe ; rien de si aisé. Ah bien, oui !... Mais comment vivra-t-il après, lui ?... Bon ! c'est bien simple ! l'échange sera si rapide, qu'il ne s'en apercevra seulement pas, et... (tirant de son gousset la montre que Pérégrinus lui a donnée), avec cette idée... cette idée qui vient de lui, qui est sa propre idée... il fonctionnera tout aussi bien qu'auparavant. (Il approche de Pérégrinus, les cri-cris sautent et chantent avec exaspération.) Allons ! ces grillons vont le déranger. Vous tairez-vous, sottes bêtes ? (Il écrase les cri-cris avec ses pieds.) Le voilà bien tranquille, allons ! (Il va pour frapper Pérégrinus avec le marteau : la bûche de Noël, tout embrasée, repousse la porte du poêle et s'élance dans les jambes de Max avec une détonation épouvantable. En même temps, la voix du Spectre dit : « Touchez pas ! » Max, surpris, et sentant la brûlure, saute au fond de la chambre en laissant tomber le marteau.)

PÉRÉGRINUS, qui s'est levé.

Que diable fais-tu ? des expériences de physique ou de chimie dans mon poêle ? Tu veux donc faire sauter la maison ? (Il ramasse la bûche et la remet dans le poêle ; il parle en balayant la cendre et la braise éparses sur le plancher.) Après ça, on dit que, quand la bûche de Noël fait grand bruit, c'est signe de bonheur, et qu'on doit échapper à tous les dangers de l'année. Tant mieux pour nous deux ! Allons, réjouis-toi, Max, j'ai trouvé ! l'erreur est réparée, l'invention est superbe et fera beaucoup d'honneur à Rossmayer, un peu à ton ami Pérégrinus... Je vais demander la main de Nanni à ses parents, et je sens que je ne serai plus timide. J'apporte une belle idée, un perfectionnement bien utile, et, dès demain, je commence un bel ouvrage. Nanni en sera fière, j'aurai beaucoup de bonheur et un peu de gloire ! Embrasse-moi donc, et oublie... (Il voit Max immobile sur un fauteuil.) Tu dors ?... Ma foi, oui !... il s'est endormi là !... (Il le touche.) On dirait qu'il a la fièvre ! Pauvre Max, il travaille tant ! et il veille trop, il s'épuise. Laissons-le se reposer, et allons... Mais j'ai de l'encre aux mains ; je cours faire un peu de toilette pour me présenter convenablement là-haut. (Il sort par le fond avec la lumière.)

SCÈNE X

MAX, endormi ; puis LE SPECTRE.

MAX, agité, rêvant.

Moi, fou ? Allons donc ! vous voulez m'enfermer ?... Laissez-moi !... (Il se débat.) Ah ! c'est horrible !

LE SPECTRE, paraissant derrière lui.

Eh bien, monsieur le railleur, vous avez reçu une petite leçon ? Ça vous apprendra à traiter les anciens de radoteurs... Mais en voilà assez, petit Max ! Je t'ai vu naître, je ne veux pas sitôt te voir mourir. Reprends ta raison, et sois un peu moins sûr de toi à l'avenir ! (Il lui souffle sur le front.) Allons, sortez, vertige ! sortez, je le veux ! (Une chauve-souris sort de la tête de Max et vole effarée par la chambre. Le Spectre va ouvrir la fenêtre.) Allons, allons, dehors, méchant esprit ! Ah ! si je prends le balai ! (Il prend le balai et poursuit la chauve-souris, en faisant, pour l'atteindre, des sauts fantastiques et des bonds impossibles. La bête s'envole par la fenêtre, et le Spectre s'envole aussi en la poursuivant toujours. La fenêtre se referme.)

SCÈNE XI

MAX, endormi, paisible; NANNI, descendant l'escalier; PÉRÉGRINUS, en bel habit de soie. Il vient par le fond. Ils ont tous deux une lumière à la main.

PÉRÉGRINUS.
Ah ! Nanni ! Vous venez...
NANNI.
Oui, on vous attend. Figurez-vous que j'ai trouvé ma grand'mère tout éveillée, et... c'est bien étonnant, cela ! elle dit qu'elle vient de voir votre parrain, qu'il lui a parlé et annoncé votre visite.
PÉRÉGRINUS.
Et notre prochain mariage, n'est-ce pas, chère Nanni ?
NANNI, stupéfaite.
Notre... ? Ah ! ne parlez pas si haut ! M. Max qui est là !
MAX, s'éveillant.
Hein ? qu'y a-t-il ? Comment diable suis-je ici ? Ah ! je dormais bien ! Figure-toi, Pérégrinus, que je rêvais de toi ; tu épousais Nanni, tu m'avais fait présent d'un bel habit gorge de pigeon,... comme le tien, juste ! et je dansais à ta noce.
PÉRÉGRINUS.
Eh bien, tu auras un bel habit et tu danseras, mon ami ; car nous voici bientôt fiancés, elle et moi.
NANNI.
Est-il possible ?
MAX.
Vrai ? Tant mieux ! c'est une digne et brave personne, et tu es le meilleur des hommes, mon ami d'enfance, mon seul ami, pardieu ! Allons, je me sens bien, je me sens heureux de ton bonheur ; embrassons-nous.
PÉRÉGRINUS.
Ah ! cher Max ! c'est toi qui parles, je te retrouve ! Viens !

MAX.

Où ça ?

PÉRÉGRINUS.

Viens parler pour moi, je vais faire ma demande.

MAX.

Oui, certes ! Tiens, j'ouvre la marche. (Il monte l'escalier. Pérégrinus fait passer Nanni, qui se retourne sur la première marche.)

NANNI.

Mais, pour m'épouser, c'est donc que... ? Car vous ne m'avez encore pas dit...

PÉRÉGRINUS, à ses pieds.

Ah ! Nanni, je t'aime ! je t'aime depuis longtemps, et de toute mon âme !

LE SPECTRE, apparaissant tout en haut de l'escalier.

Allons donc !

MARIELLE

COMÉDIE EN TROIS ACTES ET UN PROLOGUE

MARIELLE

PERSONNAGES

MARIELLE, dit Scaramouche, chef d'une troupe de comédiens italiens. — soixante ans. Costume grave au prologue et au premier acte; costume de Scaramouche au deuxième acte.
FABIO, dit Cinthio, premier amoureux dans la troupe de Marielle. — Vingt ans. Costumes jeunes et sentant la coquetterie, même en voyage; habit paré de Léandre au deuxième acte.
ERGASTE, dit Fracasse, capitan dans la troupe. — Cinquante cinq à soixante ans. Costume de matamore au deuxième acte.
FLORIMOND, dit Mezzetin, jouant les rôles à masque. — Trente à quarante ans. Costume de Mezzetin au deuxième acte.
DESŒILLETS, factotum de théâtre. — Soixante-cinq ans. Costume noir râpé.
PIERROT, petit paysan. — Quinze ans (rôle de femme). Costume classique de Pierrot au deuxième acte.
SYLVIA, première amoureuse dans la troupe de Marielle, appelée sœur Sylvie dans le prologue. — Trente ans. Habit et voile de novice dans le prologue.
SŒUR COLETTE, religieuse, sœur de Marielle. — Soixante et dix ans. Costume de religieuse.

— 1660 —

PROLOGUE

A Turin. — Une chambre d'hôtellerie. Des bagages sont épars sur le théâtre.

SCÈNE PREMIÈRE

MARIELLE, ERGASTE, FLORIMOND.

Marielle, à part, lit un manuscrit. Ergaste et Florimond achèvent de manger, assis à une petite table.

ERGASTE.

Allons, ne nous querellons plus et buvons sans colère le coup de l'étrier. Je n'aime point les vers ; toi, tu fais montre de ceux que tu sais...

FLORIMOND, déclamant.

Tu rechignes en vain ta trogne mal contente...

(Parlant naturellement.) Je te soutiens, moi, que la comédie que nous jouons, *comedia dell'arte*, comédie bouffonne, comédie à sujet, comédie à l'impromptu, comédie à canevas, comédie italienne en un mot, passera de mode en France singulièrement ; et que la *comedia sostenuta*, la comédie noble, comédie académique, comédie sérieuse, comédie française pour tout dire, fera oublier notre vieux genre libre et burlesque.

ERGASTE.

Que la trompette du diable me rende sourd si j'en crois pas un mot ; quoi ! on divertirait le monde avec des pièces récitées de mémoire ? le théâtre des auteurs déposséderait le théâtre des acteurs ? Voyons, Marielle, mets-nous d'accord ; quel est ton sentiment ?

MARIELLE.

J'aime ton dépit, mon vieux Ergaste. Il ferait beau voir un ancien-soldat, qui n'a jamais déserté son drapeau, rabaisser l'excellence de son métier, aujourd'hui qu'il est comédien ! Mais j'ai dit comme toi, avant d'avoir lu les pièces que ce jeune homme a su tirer de nos vieux canevas.

ERGASTE.

Quel jeune homme veux-tu dire?

MARIELLE.

Celui que nous avons connu à Paris, chez Riberio. Ah ! Riberio Fiurelli, mon maître et mon modèle en la partie des *Scaramouche* ; il ne se doutait guère, lorsque le petit Poquelin venait l'admirer et le consuslter, qu'il enseignait plus de sérieux que de bouffon à ce généreux esprit.

FLORIMOND.

Généreux vous plaît à dire ; je le tiens, moi, pour un méchant copiste et pour un plaisant larron. Quoi ! parce que l'on aura compilé une vingtaine de bons canevas italiens, pour en tirer l'essence de deux ou trois mauvaises comédies françaises, on sera un estimable auteur ? Cet auteur-là passera de mode, croyez-moi.

MARIELLE.

Que ce soit de lui ou de tout autre, nous serons volés, vous dis-je : c'est la loi du Parnasse. Le génie est un grand conquérant, autant vaut dire un grand pillard.

FLORIMOND.

Votre Molière n'est point un esprit créateur, je lui refuse le génie.

MARIELLE.

Le génie, c'est l'ordre dans la fantaisie. M. Corneille, que vous ne pouvez pas méconnaître pour grand et excellent poëte, ne fait point autre chose que de polir les rudes diamants que M. Hardi, M. Desmarets, M. Scudéri, M. Tristan, M. Théophile et vingt autres avaient dégrossis. Mais laissons ces beaux esprits tranquilles et songeons à notre métier ! Quelle heure est-il ?

ERGASTE.

L'horloge des Ursulines a sonné trois heures, ta sœur la religieuse ne viendra plus aujourd'hui.

MARIELLE.

On ne lui aura point permis de sortir, et l'on ne me reçoit point au parloir. Allons, je m'en irai d'ici sans lui avoir serré la main une dernière fois ! Si nous lisions ensemble ce manuscrit ? Nous ne partons que dans deux heures ; nous allons tout d'une traite de Turin à Grenoble. Il nous faut représenter une pièce nouvelle le jour même de notre arrivée. Nous aurons à peine le temps de vêtir nos costumes.

FLORIMOND.

C'est bien votre faute, Marielle ! nous devions partir plus tôt. On dirait que vous ne pouvez point vous arracher de Turin, cette fois-ci !

MARIELLE.

Peut-être que l'âge se fait sentir et me rend paresseux.

FLORIMOND, à Ergaste.

Je crains plutôt un retour de jeunesse ! (Haut.) Mon sentiment est que nous pressions notre départ, afin de nous reposer un peu à mi-chemin. Là, nous lirons et essayerons la pièce.

ERGASTE.

L'avis serait bon, n'était qu'en voyage tu songes trop à la chasse pour vouloir lire quoi que ce soit.

FLORIMOND.

C'est bien à toi de parler ! toi qui ne soupires qu'après la pêche ! Le sot divertissement !

ERGASTE.

Mais la pêche...

FLORIMOND.

Mais la chasse...

MARIELLE.

Mais le théâtre, mes amis ! il y faudrait songer un peu. C'est au moment de rentrer en France qu'il ferait bon nous remettre en mémoire les manquements que l'on nous a reprochés en ce pays-là. Ici, en Italie, on excuse beaucoup de négligence, on passe sur la langueur de l'action, il suffit qu'au beau moment nous fassions rire ! Mais l'impatience française s'accommode aussi malaisément des oublis que des redites. Quand ces gens-là ont une fois bâillé, n'espérez plus de les divertir, Faisons donc en sorte de nous concerter un peu à l'avance pour régler l'ordre de nos entrées, pour ne nous point retirer la parole les uns aux autres, et, sur toutes choses, pour ne point parler tous à la fois sur la scène.

FLORIMOND.

Mais n'est-ce point pris sur le naturel, ce désordre comique ?

MARIELLE.

Approchons-nous de la nature le plus qu'il nous sera possible, mais sans oublier que nous faisons de l'art. La belle manière du comédien qui joue d'imagination et qui compose en jouant tout ce qu'il dit, c'est de provoquer les heureuses réparties de son interlocuteur, faute de quoi, lui-même serait privé de sa vive faconde. Un bon acteur a en vue la conduite de l'action plus que la fausse gloire de montrer son esprit au détriment de l'ensemble, et tel de nous qui se perd en un labyrinthe de badineries hors de saison ferait mieux parfois d'exposer naïvement et simplement le sujet du spectacle.

FLORIMOND.

A ce compte-là, Marielle, nous changerions notre manière et prendrions celle des comédiens de l'hôtel de Bourgogne, ces maîtres passés en l'art de brailler, qui ne trouvent rien d'eux-mêmes et qui répètent comme des sansonnets la leçon qu'on leur a dictée.

MARIELLE.

Florimond, ne disais-tu pas tout à l'heure que notre théâtre italien s'en allait en décadence ? Faisons-le durer encore un siècle, s'il se peut, en assujettissant notre folie que l'on aime encore à des lois mieux réglées que l'on commence à nous préférer.

FLORIMOND.

Il durera toujours autant que nous, et après nous la fin du

monde! J'aime les beaux vers, moi, et, si les acteurs arrivent à les bien dire, nos dialogues à l'impromptu ne seront point regrettables.

MARIELLE.

J'ignore si jamais un homme pourra rendre la pensée d'un autre avec autant de feu et d'à-propos que la sienne propre; mais, quoi qu'il en arrive, songez à ce que deviendra la liberté du théâtre, quand nous n'y aurons plus le droit de dire la vérité aux rois comme aux peuples, tous malheureux qui ne rient guère si l'on ne les chatouille adroitement. Songez que notre babil improvisé échappe à toute censure, et que nul ne peut prévoir et empêcher nos traits de critique. Quand nous montrons au peuple ses ridicules et ses vices sous l'aspect de Brighelle, du Mezzetin, de Pascariel ou de Pierrot, il le supporte et s'en réjouit. Mais que Pantalon, le Docteur, le Capitan et le Trufaldin ne soient plus soufferts à personnifier les travers et les malices de la richesse, de la science, de la noblesse et de l'épée, les puissances seront à l'abri de tout contrôle, et le pauvre monde endurera seul sa propre satire.

ERGASTE.

Eh! morbleu! Marielle a raison. C'est là ce qui relève notre profession, c'est ce qui fait que nous sommes quasi tous lettrés, gentilshommes ou gens de guerre; quand le comédien ne sera plus qu'une machine à réciter les tirades des auteurs, le premier ignorant venu, pour peu qu'il ait la voix forte et et le jarret solide, sera propre aux premiers emplois du théâtre. Çà, travaillons; faisons connaître à ces Français qui nous sommes. Voyons cette comédie, Marielle!

(Marielle déroule le manuscrit.)

FLORIMOND.

Mais votre Fabio nous serait nécessaire, et il n'est point céans?

ERGASTE.

Il a été faire quelques achats. Il va rentrer.

FLORIMOND.

Des achats? des plumes, des dentelles, des gants parfumés ! Marielle doit savoir ce que lui coûte la braverie de son fils adoptif.

MARIELLE.

C'est un enfant. Il est beau, il plaît à tout le monde, il faut bien qu'il se plaise aussi à lui-même.

FLORIMOND.

A sa place, je ferais encore plus de sottises qu'il n'en fait, puisque vous le trouvez bon. Vous avez fait une belle emplette, vous, le jour que vous l'avez acheté à des bohémiens.

ERGASTE.

Allons, bourru ! vas-tu point reprocher à Marielle la plus louable de ses œuvres ? Dieu sait si nous étions riches et s'il nous restait de quoi bien dîner, le jour où Marielle tira de sa poche la rançon de ce pauvre petit enfant !

FLORIMOND.

Et à présent que le pauvre petit est un grand garçon, on peut dire de lui

> Pourveu qu'on soit morgant, qu'on bride sa moustache,
> Qu'on frise ses cheveux, qu'on porte un grand panache,
> Qu'on parle barragouyn et qu'on suive le vent,
> En ce tems du jourd'huy, l'on n'est que trop savant.

ERGASTE.

Si tu dis encore des vers, je m'en vas !

FLORIMOND.

Je dirai donc en prose que Marielle sera payé de ses libéralités par l'ingratitude. Voilà ce qui est assuré à quiconque fait métier d'obliger les autres. Ah !...

> Je tenais, comme on dit, le loup par les oreilles !

Car voici une pratique de même espèce, M Descœuillets !

SCÈNE II

MARIELLE, ERGASTE, FLORIMOND, DESŒILLETS.

MARIELLE.

Eh bien, qu'y a-il, père Desœillets?

DESŒILLETS.

Je viens humblement prendre congé de Vos gracieuses Seigneuries et les remercier de toutes les faveurs dont elles m'ont accablé durant leur séjour en cette ville.

FLORIMOND.

Je ne veux point de part en tes remercîments, car je t'ai toujours traité avec le peu de faveur que tu mérites.

DESŒILLETS.

Le badin! (A Marielle.) Puis-je vous dire deux mots, monsieur Marielle? (Il l'emmène sur le devant du théâtre.) Je suis fort à plaindre, mon bon monsieur : cinq enfants à nourrir, une femme toujours malade, quasi idiote...

FLORIMOND, qui est derrière lui et l'écoute.

Et une soif désespérée.

DESŒILLETS, surpris et à part.

Aie! (Haut.) Le rieur! (Il emmène Marielle un peu plus loin.) Vous allez en France, mon cher monsieur ; s'il vous était possible de m'y trouver un mince emploi en quelque théâtre de province ; vous savez, je suis bon à tout, moi!

FLORIMOND, qui l'a suivi.

Oui, né à toutes choses, comme on dit, c'est-à-dire propre à rien.

DESŒILLETS.

Mon Dieu, qu'il est gai! (A Marielle.) On peut m'éprouver comme régisseur, copiste, souffleur ; au besoin, je double un petit rôle, je suis un peu poëte, musicien et machiniste ; j'ai là de bons certificats où l'on me donne les qualités de *harpeur, arithméticien* et *homme de lettres-écrivain*. Je suis un galant homme, vous connaissez qu'on peut se fier à moi pour la tenue des registres. Je sais tourner agréablement le compliment au public ; enfin j'ai su partout me rendre utile.

FLORIMOND, derrière lui.

Et où vous rendîtes-vous agréable ?

MARIELLE.

Allons, Florimond, ne tourmente pas ce vieil homme ; il est malheureux. (Florimond s'éloigne en haussant les épaules.) Vous voulez donc retourner en France, Desœillets ? Vous avez tort de changer si souvent de lieu et de condition. L'honnêteté d'un pauvre homme, c'est sa caution, son crédit. Mieux vaut pour lui s'établir là où il est connu.

DESŒILLETS.

Oh ! je connais du monde en France ; c'est mon pays, j'y ai quelques protections, et, si vous joignez la vôtre avec...

MARIELLE.

De tout mon cœur ! Pour qui voulez-vous des lettres ?

DESŒILLETS.

Hélas ! ce n'est point tant de cela que j'ai besoin que d'un peu d'argent pour faire route ; car je ne gagne quasi rien ici, mon cher monsieur ! l'entrepreneur de ce théâtre est si ladre ! et je ne peux point abandonner ma pauvre et chère famille.

MARIELLE.

Allons, venez avec moi ; nous parlerons de cela dans ma chambre. (Il sort avec Desœillets.)

SCÈNE III

FLORIMOND, ERGASTE.

FLORIMOND.

Voilà ce vieux fou de Marielle encore une fois dupe ; de l'argent à Desœillets ! autant de bu.

ERGASTE.

Eh! non; Desœillets est un brave homme, et je ne l'ai jamai[s] vu ivre.

FLORIMOND.

C'est que tu ne hantes jamais les cabarets, toi; je te di[s] que c'est une tonne, une cuve! Vois-tu, Marielle finira su[r] la paille; il s'abandonne au premier venu.

ERGASTE.

Il gagne beaucoup et il donne de même, c'est bien fai[t] à lui.

FLORIMOND.

Il se fait vieux...

ERGASTE.

Il est plus alerte et plus dispos que pas un de nous.

FLORIMOND.

Il a soixante ans, et les infirmités viendront; et puis le public, qui est ingrat comme un chat, se lasse d'un vieu[x] comédien, et alors... alors, on voit venir damoiselle famine,

Avec son nez étique et sa mourante mine!

ERGASTE.

Tu dis encore des vers, je m'enfuis! (Il sort, en même temp[s] que Marielle rentre par une autre porte.)

SCÈNE IV

MARIELLE, FLORIMOND.

FLORIMOND.

De combien d'écus cet aigrefin de Desœillets vient-il d'amaigrir votre bourse?

MARIELLE.

De quoi t'embarrasses-tu, l'ami, si tu ne manques point?

FLORIMOND.

Si je ne manque point! voilà qui est bientôt dit.

MARIELLE.
N'as-tu point touché encore hier une avance sur ta part ?
FLORIMOND.
Aussi ai-je vitement payé ma nouvelle arquebuse et mon justaucorps de buffle ; je n'aime point laisser des dettes derrière moi, et mon équipage de chasse est au beau complet ; mais je dois encore mon chien.
MARIELLE.
Quel chien ?
FLORIMOND.
Un double nez des plus rares que ce damné juif ne me veut point laisser à moins de dix écus.
MARIELLE.
Oimè ! nous aurons encore l'agrément de voyager avec un chien ?
FLORIMOND.
Deux chiens, pas davantage !
MARIELLE.
Miséricorde !
FLORIMOND.
Vous ne comptez point que je me défasse de mon vieux Tiburce ? Le jeune Artaban l'appareillera merveilleusement, à moins que, faute de dix écus, je ne sois forcé de m'en priver.
MARIELLE.
Tu y tiens donc beaucoup ?
FLORIMOND.
J'en suis affolé !
MARIELLE.
Va donc à la caisse et prends ce qu'il te faut.
FLORIMOND.
Je ne prendrai que quarante livres, car je ne puis voyager sans un denier en poche.
MARIELLE.
Allons !

FLORIMOND, en sortant.

Ah! tiens, Marielle, voici ta sœur la religieuse qui vient te dire adieu. (Il salue légèrement les deux femmes qui entrent, et sort après qu'elles sont entrées.)

SCÈNE V

MARIELLE, SŒUR COLETTE, SŒUR SYLVIE, en habit de novice.

MARIELLE.

Ah! ma bonne sœur! je n'espérais plus te voir devant que de partir. Et mademoiselle a pris encore cette fois le soin de t'accompagner? C'est donc pour doubler mes regrets?

SŒUR COLETTE.

Cette chère enfant! on me la laisse emmener puisque je ne vois quasi plus clair à me conduire dans les rues; elle est mon petit bâton de vieillesse.

SŒUR SYLVIE.

C'est tout plaisir pour moi, mère Colette.

SŒUR COLETTE.

La bonne âme! Va, ce n'est point sans peine que nous avons pu sortir aujourd'hui. Notre supérieure prétend que, si tu ne renonces à ton état de comédien, comme j'y ai renoncé, elle m'empêchera de te voir davantage.

MARIELLE.

Prétend-elle que je me fasse moine, et devient-elle si rigoureuse, cette bonne supérieure? Tu me disais pourtant qu'elle aimait fort la comédie.

SŒUR COLETTE.

Les mystères, les pastorales sacrées que nous faisons jouer aux demoiselles, dans nos couvents, lui paraissent matières édifiantes; mais elle est de ceux qui damnent les comédiens de profession.

MARIELLE.
Elle est plus sévère que le sacré collége.

SOEUR COLETTE.
Laissons-la dire ; je ne suis pas en peine de ton salut, quant à moi. Ah! ma fille Sylvie! si l'on connaissait comme moi la beauté des sentiments de mon frère, l'honnêteté de sa morale, et les grands biens qu'il a toujours faits aux malheureux, on le proposerait pour modèle à bien des gens d'Église.

SOEUR SYLVIE.
Tout ce que vous m'avez raconté de M. Marielle me le fait tenir en si haute estime, que je le voudrais avoir pour mon directeur de conscience.

MARIELLE.
Votre conscience est dans vos regards, aimable sœur Sylvie, et je jurerais qu'elle n'a pas besoin d'aide pour égaler en pureté la splendeur des anges.

SOEUR SYLVIE.
Mais je suis une mauvaise catholique, monsieur ; ne le savez-vous point ?

SOEUR COLETTE.
Allons, allons, chère fille, ne dites point cela. Sous l'habit que vous portez ! à la veille de prononcer des vœux !

SOEUR SYLVIE.
Non, ma mère! je ne serai point religieuse, je vous l'ai dit, croyez-moi donc, enfin.

SOEUR COLETTE.
Mais que deviendras-tu, pauvre enfant ?

SOEUR SYLVIE.
Je me ferai servante fidèle en quelque ferme, plutôt que religieuse parjure en un monastère. Écoutez, monsieur Marielle, vous ne connaissez point toute mon histoire ; je vous la veux dire, afin de vous avoir pour arbitre. Un bon conseil de vous sera le meilleur adieu que vous me puissiez faire.

MARIELLE.
Je sais déjà, mademoiselle, que vous êtes Française, fille

de qualité, que vous sortez d'une famille huguenote persécutée en France, ruinée, bannie, et que vous avez été mise ici toute jeune au couvent par une vieille parente catholique qui paye votre pension.

SŒUR COLETTE.

Qui paye, qui paye... Depuis nombre d'années, la bonne dame ne paye plus et berce nos sœurs de la promesse d'une dot qu'elle donnera à Sylvie pour la faire entrer en religion.

SŒUR SYLVIE.

Et, pour ne point être congédiée par ces pauvres religieuses, à qui elle est une charge, Sylvie a consenti à prendre le voile de postulante. Mais la vieille parente, plus qu'économe, ne fera point de dot, et Sylvie n'a point de vocation. Protestante de cœur, et comme qui dirait de naissance, catholique par contrainte, elle est restée chrétienne, et rien de plus. Le moment arrive où la communauté, qui n'est point riche, va la sommer de s'engager ou de partir. Que fera-t-elle ?

MARIELLE.

Elle a des talents, une noble éducation, un vaillant esprit... Oh! j'y ai pris garde!... Elle quittera le couvent, où elle ne saurait contenter Dieu par un mensonge, et elle tâchera de vivre en travaillant. Ce n'est pas bien aisé à une femme... mais la liberté!

SŒUR COLETTE.

La liberté, la liberté! on s'en lasse! N'ai-je point été comédienne, moi, l'état le moins assujetti qu'il y ait sur la terre? Eh bien, l'amour de Dieu m'a pourtant surpris le cœur un beau jour et jetée sans regret dans le cloître.

MARIELLE.

Mais tu avais déjà cinquante ans, ma sœur, quand l'amour de Dieu, la passion dernière des âmes tendres, te vint surprendre ainsi? Mademoiselle n'a peut-être point la moitié de cet âge-là ?

SŒUR SYLVIE.

Je ne suis point une adolescente. J'ai bientôt trente ans, monsieur Marielle, et c'est l'âge de savoir ce qu'on veut et ce qu'on ne veut point. J'ai écouté votre conseil, et je le saurai mettre à profit. Je vous rends grâces. (On entend quelque bruit derrière le théâtre.)

MARIELLE.

Ce sont mes acteurs qui venaient pour une répétition, je leur dirai d'attendre.

SŒUR COLETTE, le retenant.

Non pas, non pas! j'ai trop de plaisir à les voir. Ils me représentent ma jeunesse!

SCÈNE VI

Les Mêmes, ERGASTE, FLORIMOND, DESŒILLETS, FABIO.

ERGASTE.

Eh bien, nous voici tous, Marielle... Eh! *buenos Dias!* voici notre ancienne Colombine... Excusez-moi, sœur Colette. Vous venez donc nous donner la bénédiction au départ? C'est fait pour nous porter bonheur.

SŒUR COLETTE.

Dieu t'assiste, mon honnête Fracasse! toujours aussi brave et retenu que ton personnage est rodomont et couard dans la comédie? Et mon petit Fabio? est-ce lui? Je ne vois plus que de près. Vous aurez bien soin de mon frère en voyage, au moins?

ERGASTE.

Fiez-vous à moi, sœur Colette, j'aurai soin de lui plus que de ma vie. Ah çà! répète-t-on, peu ou point?

SŒUR COLETTE.

Commencez donc! De qui est la comédie?

MARIELLE.

Elle est un peu de tout le monde, comme toutes celles que

nous donnons pour neuves; c'est ton serviteur qui l'a tirée par fragments du vieux recueil des souvenirs et des traditions.

SŒUR COLETTE, prenant le manuscrit et le regardant de très-près.

Bien, bien! c'est un arrangement à la vraie manière italienne, mêlé de scènes à la muette, de parodies apprises de mémoire et de dialogues parlés d'abondance. Quel est ce titre? *Le Mariage de Scaramouche?*

MARIELLE, reprenant le manuscrit.

Oui! Voulez-vous lire, Desœillets?

DESŒILLETS, lisant.

« Scaramouche est un bon bourgeois, ex-pauvre diable enrichi par un héritage, toujours simple, assez honnête homme, un peu gausseur, point trop brave, ami de ses aises, tour à tour moqueur et moqué, et, pour le moment, assiégé de mélancolie pour cause d'amour. Il voudrait épouser Isabelle, fille du docteur Graziano... laquelle est courtisée en même temps du capitaine Sparneto, matamore, et de... »

MARIELLE.

Mettons-nous en scène, et représentons en lisant.

DESŒILLETS.

« Scène première d'Isabelle et du docteur. »

MARIELLE.

Ah! le docteur est parti, je crois?

FLORIMOND.

Le docteur a pris les devants dans le voiturin.

MARIELLE.

Desœillets, faites le docteur!

ERGASTE.

Mais la Marinette, l'Arlequin et le Sbire sont partis également. Nous n'avons ni père, ni amoureuse, ni valet pour essayer cette scène.

MARIELLE.

Peu importe! c'est une scène bien connue. L'Isabelle résiste à son père, qui lui veut faire épouser Scaramouche; elle aime Cinthio...

FABIO, lisant par-dessus l'épaule de Desœillets.

Cinthio del Sole! c'est moi. J'arrive sous le déguisement d'un maître à chanter, je courtise l'Isabelle, j'endors le père; il s'éveille, nous surprend, me chasse et enferme sa fille... Passons.

DESŒILLETS, lisant.

« Le théâtre change et représente une rue. Cinthio, seul, maudit sa destinée. »

FABIO, déclamant.

O cruauté du sort! destins insuportable!

ERGASTE.

Point de vers, morbleu! point de vers! improvisez!

FABIO, jouant.

« O astres contraires! ô étoiles fantasques! s'il me faut perdre Isabelle, ce fer finira mes tourments; ou ce cœur cessera de palpiter, ou mon rival tombera victime de ma juste fureur! Mais quoi! le magot refusera de combattre, et le docteur persistera dans sa barbarie! C'est mon propre sein que je dois percer, la chose n'est que trop claire. Mourons! »

DESŒILLETS.

« Survient Mezzetin, qui lui arrache son épée. »

MARIELLE.

A toi, Florimond!

FLORIMOND, faisant le Mezzetin.

« *Per Bacco, signor mio!* Vous nous la baillez belle de vouloir attenter aux précieux jours que vous prétendez tenir de monsieur votre père! vous faut-il point de l'assistance pour parachever cette belle sottise-là? »

FABIO, jouant.

« Ah! mon pauvre Mezzetin, ne retiens point mon courage; si tu connaissais l'horreur de mes maux...»

MARIELLE.

Ici, pour éviter le récit des scènes qui ont été vues, nous

17.

mettons le sujet en action. Nous faisons passer le docteur, Isabelle et Scaramouche. Cinthio et Mezzetin, sur le premier plan de la scène, les observent sans être vus. Scaramouche, c'est moi ; Desœillets, venez figurer le docteur.

SŒUR SYLVIE.

Puisque vous faites le Scaramouche, monsieur Marielle, je puis bien faire l'Isabelle pour vous aider ; je ne saurai rien dire, mais vous aurez un personnage à qui parler.

SŒUR COLETTE.

Oh! bien dit! Sachez, mon frère, que la sœur Sylvie joue en perfection.

FABIO.

En vérité! la novice?

SŒUR SYLVIE.

On représente de certaines pièces de théâtre au couvent, je fais ma partie comme une autre.

SŒUR COLETTE.

Mieux qu'une autre! mieux que toutes les autres! Allons, courage, Sylvie! ne vous troublez point, vous jouez bien, je m'y connais.

MARIELLE, faisant le Scaramouche.

« Mademoiselle, vos perfections m'ont garrotté le cœur d'une si fière manière... que... » Eh! les mots ne me viennent point, je ne saurais railler avec cette noble Isabelle ; le costume m'impose et la personne encore plus, je compte que je vais rougir et me défaire comme un apprenti.

SŒUR COLETTE.

Joue donc, joue donc, Scaramouche ! il y a si longtemps que je suis privée de t'entendre !

MARIELLE, jouant.

« Mademoiselle, j'étais résolu, en vous abordant, de vous faire un discours tout pur d'amour, plein de feux, de flèches et de cœurs navrés ; mais je vous avoue que je vous crains au delà de ce que vous pourriez imaginer, et le respect m'empêche de vous dire que je vous aime encore plus que je ne vous crains. »

SŒUR SYLVIE, jouant l'Isabelle.

« Je reçois comme je le dois, seigneur Scaramouche, les intentions que vous avez de me faire des compliments; en proférant seulement trois paroles, vous m'avez fait douter de ma mauvaise fortune, et vous l'avez tellement changée, que je me crois assurée de la surmonter. Je souhaiterais qu'il y eût des paroles aussi bonnes que vous pour vous rendre grâces, mais il n'y a point de paroles pour cela, et le dernier effort de ma pensée serait de concevoir quelque chose digne de vous être dit. » Eh bien, répliquez-moi donc, monsieur Marielle, car je m'en vais me perdre dans mes compliments.

MARIELLE.

Mon Dieu! j'écoute et je regarde. Cette voix pure, ces yeux graves et doux... As-tu pris garde, ma sœur, comme elle s'est transformée tout d'abord? Tu disais bien, c'est une actrice accomplie! Voyons donc une scène avec Cinthio.

SŒUR SYLVIE.

Est-elle dans le canevas?

FABIO.

Certainement oui! A nous deux, mademoiselle! (Faisant le Cinthio.) « O perfidie! Est-ce ainsi que vous trahissez vos serments? Ah! que vous endurez avec une belle patience les lanterneries de ce vieil homme! Il me semblait que mon malheur était en un point qu'il ne pouvait plus croître; mais ceci est pour m'accabler et pour consommer les restes de ma constance. »

SŒUR SYLVIE, jouant.

« Seigneur Cinthio, ma mémoire ne me rend point de compte de ces serments échangés avec les vôtres. Si vous croyez qu'un bel habit et un beau visage sont faits pour m'éblouir, vous ne connaissez point l'humeur d'Isabelle. Elle est telle, qu'à ses yeux l'honnête simplicité du vieux Scaramouche l'emporte sur votre braverie, autant que la beauté de l'âme l'emporte sur celle de la personne. »

FLORIMOND.

Bien répondu ! (Sylvie ayant très-bien dit ce couplet, tous les personnages applaudissent, hormis Fabio. Marielle est très-ému.)

FABIO.

C'est fort bien tourné en phrase, mais ce n'est point dans la pièce.

SOEUR SYLVIE.

Je croyais que, dans une pièce à canevas, l'on pouvait dire tout ce qu'on veut.

FABIO.

Pourvu qu'on demeure dans l'esprit du rôle ; mais vous en sortez. Vous devez être amoureuse de moi.

SOEUR SYVIE, riant.

Je ne le suis pas.

MARIELLE, riant.

Mais il en faut faire le semblant.

ERGASTE.

Moi, je dis que c'est bien joué. C'est une feinte d'Isabelle qui prend goût au dépit de son amant et qui lui en veut donner davantage.

FABIO.

Dès lors, il ne fallait point dire tout cela d'un ton vraisemblable. Il fallait marquer au public que c'était une intention pour augmenter mon amour par le dépit.

SOEUR SYLVIE.

Je n'entends rien à ces feintes-là, et je dis les choses comme elles me viennent.

FABIO, dépité.

Je ne pourrai donc pas pousser plus loin cette scène avec vous. (Regardant le manuscrit, que Descœillets tient toujours.) C'est à présent l'entrée du matamore.

ERGASTE, jouant.

« Par le sang ! par la mort... »

FLORIMOND, qui est près de la fenêtre.

Voici qu'on attelle les mules à notre chariot !

SOEUR COLETTE.

Ah! mon Dieu, déjà! déjà te quitter, mon frère... et sans voir la fin de la pièce!

MARIELLE.

Quelle heure est-il donc? cinq heures? Hélas! oui. Il faut partir.

SOEUR COLETTE.

Cinq heures tout de bon?... Nous devrions être rentrées. Partons, partons, ma chère Sylvie! Adieu, mon pauvre Marielle! Quand est-ce que je te reverrai à présent?

MARIELLE.

Bientôt, si tu obtiens la permission de faire un voyage en France. Je suis certain que les médecins de ce pays-là te guériront.

SOEUR COLETTE.

Je crains fort de ne point avoir cette permission, et mes pauvres yeux s'en vont toujours. Dieu nous soit en aide! qu'il te bénisse, mon cher Marielle! je prierai pour toi. Allons, dis adieu à la bonne Sylvie; nous parlerons de toi ensemble, ce sera pour me consoler un peu.

MARIELLE.

Belle et bonne Sylvie, puissiez-vous être heureuse! Que n'êtes-vous Isabelle et moi Scaramouche, non point pour assujettir vos inclinations, mais pour vous protéger et vous servir!

SOEUR COLETTE.

Adieu, Ergaste! Adieu, mon petit Fabio! Aime bien ton père, Marielle. Tu m'écriras, mon frère. Si je suis aveugle, Sylvie me lira tes lettres. Adieu, monsieur Florimond! (Passant devant Desœillets, qui observe Sylvie.) Monsieur, je vous salue. (Elle sort appuyée sur le bras de Sylvie.)

FABIO.

Je vais arranger mon bagage pour qu'on ne me gâte rien. (Il prend quelques paquets et sort.)

FLORIMOND, à la cantonade.

Et mon chien? a-t-on amené mon chien? (Il sort.)

ERGASTE, à Marielle, qui veut prendre des paquets.

Ne te fatigue point à cela; j'aurai soin de tout. (Il emporte le reste des paquets avec Desœillets).

SCÈNE VII

MARIELLE, seul, prenant machinalement son manteau et son chapeau pour partir.

Ma pauvre sœur! Elle est vieille, en effet, et bien infirme! J'ai grand regret à la quitter, cette fois-ci... Jamais, à l'heure d'un départ, je ne me sentis si triste!... Que va faire cette demoiselle, toute délaissée en la vie, sans fortune, sans amis?... J'aurais bien voulu lui offrir... mais je n'ai point osé. J'ai eu grand tort, ma sœur lui aurait fait accepter mes offres... Mais, j'y songe! pourquoi ma sœur ne lui ferait-elle point accroire qu'elle lui veut prêter de l'argent pour lui rendre sa liberté? Ma sœur est sincèrement pieuse, mais non pas bigote, elle me secondera... Oui, je vas écrire, je vas envoyer une somme...

SCÈNE VIII

MARIELLE, SYLVIE.

MARIELLE, tressaillant.

Vous ici, mademoiselle? Seule?

SYLVIE.

J'ai rencontré ici près une de nos converses qui s'est chargée de reconduire sœur Colette. Moi, j'ai pris prétexte d'une commission dans la ville et j'accours. Oh! que j'ai tremblé d'arriver trop tard! Monsieur Marielle, vous ne connaissez point toute la rigueur de mon sort. Un puissant seigneur... le... à quoi bon vous le nommer? harcèle et offense mon honneur par des vues indignes de moi. Notre couvent n'est point cloîtré, il a mille prétextes pour s'y faire recevoir. La communauté le redoute et le flatte. Ma tante le ménage parce qu'il feint auprès d'elle de me vouloir épouser. Mais il ne le veut point, et, le voulût-il, je préfèrerais l'esclavage et la misère à l'horreur de lui appartenir.

MARIELLE.

C'est un vieillard, sans doute?

SYLVIE.

Non, ce n'est point un vieillard, c'est un jeune débauché d'humeur violente et tyrannique. Je le hais, je le veux éviter. Vous voyez, le cloître même n'est point un refuge sacré pour la dignité d'une fille sans fortune et sans famille. Il faut que je quitte ce couvent, et cette ville, et ce pays. J'y suis résolue, je ne rentrerai point ce soir. Mais où irai-je avec cet habit et sans aucune ressource? Vous m'avez dit que je devais me soutenir par mon travail, vous m'avez jugée assez bonne actrice, emmenez-moi, ou je suis désespérée!

MARIELLE, tremblant.

Vous emmener? Une personne comme vous au théâtre? Savez-vous ce que vous me demandez?

SYLVIE.

Une personne comme moi ne craint point la séduction; elle ne craint guère non plus la violence, parce que, plutôt que de souffrir la violence, elle saurait se donner la mort. Mais sa fierté se trouve comme ravalée et flétrie par l'outrage de certaines assiduités; s'il faut qu'elle les endure avec patience, elle prend la vie en dégoût!... Ne suis-je donc point digne de respirer la vie, l'honneur, la liberté? Ne vous sentez-vous point capable de m'assurer ces biens, auxquels le plus pauvre a des droits? ne disiez-vous point ce que vous pensiez tout à l'heure, quand vous formiez le souhait de me servir et de me protéger? Voyons, monsieur Marielle, vous me pouvez sauver; me voulez-vous abandonner aux hasards d'une triste destinée?

MARIELLE.

Vous abandonner !... Mais votre parente ?...

SYLVIE.

Ma parente ne me pardonne point d'être sortie d'un sang calviniste. Elle ne m'aime pas, elle est trop avare pour me recueillir, et trop pressée d'être débarrassée de moi pour me réclamer.

MARIELLE.

Mais les religieuses de votre couvent vous feront poursuivre !...

SYLVIE.

Elles sont trop pauvres pour me vouloir garder sans dot et sans pension.

MARIELLE.

Reste donc ce grand seigneur, ce libertin qui pourrait songer à vous persécuter ? (Saisissant le bras de Sylvie.) Eh bien donc, qu'il l'ose !

SYLVIE, tombant à ses genoux.

O noble Marielle ! vous avez étendu votre main sur moi, je ne redoute plus rien au monde.

MARIELLE, éperdu et la relevant.

Sylvie !

SYLVIE.

Je vous récompenserai par un travail assidu, par un zèle fervent, par une amitié...

MARIELLE.

Filiale, n'est-ce pas ? Allons, j'aurai pour toi le cœur d'un père ! Tu seras désormais Sylvia, tu seras ma fille comme Fabio est mon fils.

SCÈNE IX

MARIELLE, SYLVIE, ERGASTE.

ERGASTE, au fond du théâtre.

Allons, mon vieux Marielle, tout est prêt ; il se fait tard,

MARIELLE

le muletier s'impatiente... (S'approchant.) Mais quoi ! la novice ?

MARIELLE.

Ergaste, ton manteau, ton chapeau, vite !

ERGASTE, enveloppant Sylvie de son manteau et lui cachant la tête sous son grand feutre.

Nous l'enlevons donc ?

SYLVIE.

Non, vous me délivrez. O mes amis ! que Dieu me protége et vous récompense !

MARIELLE.

Partons, partons ! (Ils sortent.)

ACTE PREMIER

Dans les montagnes du Dauphiné, entre Grenoble et Lyon. — Arbres et rochers sur une hauteur.

SCÈNE PREMIÈRE

ERGASTE, FABIO.

ERGASTE.
Cet endroit-ci semble disposé à souhait pour la halte, le repas et la sieste : ces paysans nous avaient fort bien dit que nous trouverions une fontaine ombragée au faîte de la montée. Vive la France ! c'est un bon pays, et les gens n'y sont, ma foi, point sots ! (A Fabio, qui regarde au fond du théâtre.) Çà, viennent-ils, nos amis ?

FABIO.
Le chariot monte la côte, Marielle et la Sylvia le suivent, et Florimond va de son pied, le fusil sur l'épaule, battant les buissons et ses chiens.

ERGASTE.
C'est tout plaisir que de voyager par ce beau temps. Ces montagnes du Dauphiné ne balancent point la beauté de nos grandes Alpes ; mais, en récompense, on s'y fatigue moins. Tu me sembles las, cependant. Qu'as-tu, Fabio ? sais-tu que je te vois altéré, depuis quelque temps ?

FABIO.
Marielle assure que je grandis ; il se le persuade, voulant toujours faire de moi un enfant.

ERGASTE.
A vingt ans, on peut bien grandir encore !

FABIO.

A vingt ans, on est un homme.

ERGASTE.

Je te trouve le parler amer. A qui en as-tu? à moi, peut-être?

FABIO.

A toi? Eh! non.

ERGASTE.

A Florimond, le grondeur?

FABIO.

Je ne m'embarrasse point de lui.

ERGASTE.

Alors.... c'est donc à ton père?

FABIO.

Peut-être à Marielle; qui sait?

ERGASTE.

Voilà qui est mal, Fabio !

FABIO.

Pourquoi m'interroger, si tu veux censurer mes réponses? Ne me demande rien !

ERGASTE.

Si fait ! mieux vaut dire franchement ce qu'on a sur le cœur. Voyons, dis-le-moi, et, si je te reprends, laisse-moi faire; on ne gronde que ceux qu'on aime, va !

FABIO.

J'ai de l'ennui depuis que nous avons quitté Grenoble; tout me lasse et m'accable.

ERGASTE.

Et cependant, tu ne regrettais point de quitter Grenoble?

FABIO.

J'y ai fort bâillé.

ERGASTE.

Tu es peut-être malade? Je veux que nous consultions quelque habile médecin à Lyon, pour savoir d'où peuvent provenir ces esprits mélancoliques. Tu n'as point de raisons pour être mal content; tu es l'enfant gâté du bon Mareille et du vieux Ergaste ; à eux deux, ils t'ont toujours si chèrement aimé !

FABIO.

Je le sais de reste ! je sais qu'ils m'ont acheté à des bohèmes qui me faisaient périr de misère, de lassitude et de coups. Je sais que j'appartiens à Marielle, car il a payé ma rançon, mon éducation, toute mon existence ; je suis donc sa chose, et, si je me voulais appartenir à moi-même, ce serait une ingratitude bien noire ; n'est-ce point ainsi, Ergaste ?

ERGASTE.

Je n'entends guère ce que tu veux dire. Marielle n'estime point que tu lui appartiennes autrement que par l'amitié. Quand est-ce donc qu'il a tranché du supérieur avec toi ? A voir comme il prend plaisir à contenter toutes tes envies, bien des gens disent qu'il est l'esclave, et toi le maître.

FABIO.

Je ne vois point qu'il me soit si soumis ! Il y a avec nous désormais une certaine personne qui le gouverne bien autrement, et vous n'y trouvez point à redire.

ERGASTE.

La Sylvia ? cette bonne fille ?

FABIO.

Une pédante et une prude, mille fois plus savante que vous ne pensez en l'art de brider son monde ; une fausse vertu qui a vite acquis l'habileté d'une comédienne, sans perdre la roideur d'une béguine. Bientôt, ce ne sera plus à Marielle que nous aurons affaire, mais à la Sylvia ; et alors, moi, je quitte la partie, n'étant point d'avis d'être comédien et serviteur aux gages d'un vertugadin !

ERGASTE.

Voilà donc le secret de ton déplaisir ? tu te sens jaloux de l'amitié de Marielle pour la Sylvia ? C'est faire grand tort à cette demoiselle, qui est bonne autant que sage, qui fait merveille de sa personne dans notre comédie, et qui donne du contentement à ses camarades autant qu'au public, par sa retenue, sa bonne humeur, et toutes ses honnêtes façons d'agir.

FABIO.

Allons, ferme ! te voilà féru d'amour pour elle, toi aussi ?

ERGASTE.

Pourquoi dis-tu *aussi* ?

FABIO.

Je m'entends !

ERGASTE.

N'est-ce point toi qui en serais féru ?

FABIO.

Moi ? Je ne la puis souffrir ! En vérité, je ne sais pourquoi tu me parles d'elle. Je m'en vais au-devant de Florimond, qui la déteste à l'égal de moi-même. (Il s'en va.)

SCÈNE II

ERGASTE, seul.

Quelquefois, on se plaît à mal parler d'une personne qu'on aime, plutôt que d'être réduit à n'en parler point... Je pense que l'enfant a de ce plomb dans l'aile... Mais, à cet âge-là, c'est feu de paille. La Sylvia est assez raisonnable pour savoir le remettre à la raison... Autre peine me point, quant à moi ! c'est Marielle ! Marielle est trop gai ou trop triste. Aujourd'hui, allègre et beau comme à vingt ans ; demain, peut-être, sinistre et pâle comme le propre fantôme de la vieillesse... Est-il donc jamais trop tard pour aimer ?... Vieux Ergaste, cette folie ne se logera point sous tes cheveux gris... à moins que tu ne deviennes femme, auquel cas, vieille ou jeune, tu aimerais Marielle jeune ou vieux. Ah ! puisse la Sylvia juger assez sainement pour connaître que Marielle est autre chose que le plus habile des comédiens, mais qu'il est encore le plus honnête et le meilleur de tous les hommes !

SCÈNE III

ERGASTE, PIERROT.

PIERROT, *entrant à reculons et parlant vers la coulisse sans voir Ergaste.*

Allons, mesdemoiselles! soyez belles et sages, et n'allez point courir dans les blés pour y gâter vos blancs habits!

ERGASTE, *à part, regardant vers la coulisse.*

A qui donc parle ce petit paysan? A ses oies, Dieu me pardonne! la drôle de petite figure! (Il se tient à l'écart et observe Pierrot en approuvant du rire et du geste son monologue.)

PIERROT, *se croyant seul.*

Ah! c'est qu'il les faut souvent avertir, ces demoiselles! ça vous a une cervelle si légère! ce n'est point comme moi, qui pense toujours à quelque chose! Voyons, à quoi est-ce que je penserais bien? Je penserais bien à manger; mais, mardi! je n'ai miette à fourrer sous la dent! à dormir; mais il faut que je pense aussi à garder mes oies, et ces deux idées-là ne vont guère bien ensemble. Dame! je m'ennuierais bien d'être toujours tout seul dans la montagne, si je n'avais point mon brin d'esprit pour me faire compagnie! Ils disent pourtant comme ça, à la ferme, que je suis un simple! (Changeant sa voix.) « Un grand benêt qui a quinze ans et qui ne sait encore rien de rien! » (Reprenant sa voix.) « Oui-da! si on m'avait enseigné quelque chose, je saurais quelque chose. » Pas moins, c'est comme ça qu'ils disent et c'est comme ça que je leur fais réponse. Il y a la mère Tiphaine... c'est celle-là qui toujours gronde. (Contrefaisant la vieille femme.) « Ah! voyez donc ce vilain Pierrot qui a encore renversé la soupe! » (Reprenant sa voix.) Et puis le gros Thomas. (Faisant le balourd.) « Ah bien, Pierrot! c'est encore toi qui as cassé la porte de l'étable! » (Reprenant sa voix.) Oh! celui-là est plus simple que moi, j'en jure! — Mais quand vient maître Claude... (Faisant le terrible.) « Apporte-moi ici tes deux oreilles, Pierrot, pour que je te baille souvenance de mon commandement! » (Reprenant sa voix.) C'est là qu'il ne faut point rire! Il y a mademoiselle Louison qui n'est point si pire que son papa. (Faisant la jeune fille.) « Mon Dieu! ne le saboulez point tant! vous le rendrez encore plus sot! » (Reprenant sa voix.) Mais, tout de même, ils sont toujours après moi. Pierrot par-ci, Pierrot par-là, à me traiter de bête. (Prenant plusieurs poses et plusieurs voix différentes.) « Pierrot est-il bête! — Dame! il est trop bête, Pierrot! — Fi, Pierrot! que c'est vilain d'être bête comme ça!... » (Voyant Ergaste qui rit et l'applaudit.) Oh la la! oh la la! (Il veut se sauver.)

ERGASTE, le retenant.

Eh bien donc, mon garçon, est-ce que je vous fais si grand'peur?

PIERROT, se débattant.

Oui, monsieur, grand'peur, oui, monsieur le soldat.

ERGASTE.

Pourquoi me prends-tu pour un soldat?

PIERROT.

C'est que, si vous n'en avez point l'habit, vous en avez la mine.

ERGASTE.

C'est bien jugé! mais je ne suis point un soldat.

PIERROT.

Ça n'y fait rien, monsieur, soyez ce qu'il vous plaira, mais ne me faites point de mal, je ne vous parle point.

ERGASTE.

Tu es un vrai sauvage, l'ami! et si tu discourais tout seul fort gaillardement tout à l'heure...

PIERROT.

Vous m'écoutiez donc? Voire, qui l'aurait su!... Mais je n'ai rien dit pour vous faire du tort! je ne pensais seulement point à vous!

ERGASTE.

Je le crois! aussi ne veux-je point te faire de mal. Tiens, connais-tu cela? (Il lui montre une pièce de monnaie.)

PIERROT.

Je n'y connais pas grand'chose, monsieur; je ne sais point calculer l'argent.

ERGASTE.

C'est une pièce blanche, pas moins?

PIERROT.

Oh! pas bien blanche! mais je vous dis que je n'y entends rien.

ERGASTE.

Tu ne gagnes donc point ta vie à garder les oies?

PIERROT.

Si fait, je gagne mon pain; on me donne les sabots par-dessus le marché.

ERGASTE.

Eh bien, veux-tu gagner cette pièce d'argent?

PIERROT.

Nenni, monsieur, si c'est à faire quelque chose de mal.

ERGASTE.

Fi! qu'il est méfiant! Il s'agit de nous aider, mes camarades et moi, à déjeuner sous cet ombrage. Tiens! les vois-tu qui viennent par ici?

PIERROT.

Oh! le beau monde! le joli monde! tous messieurs ou madames en braves habits de ville! on n'en voit point souvent par ici, du monde comme ça!

ERGASTE.

En as-tu peur?

PIERROT.

Oui, bien un peu; car, s'ils me réclament à déjeuner, moi je n'ai rien à leur donner d'abord!

ERGASTE.

Nous portons tout ce qu'il nous faut dans notre chariot,

et, pendant que nous mangerons, tu tiendras notre cheval à l'ombre.

PIERROT.

Et je lui virerai la mouche à seule fin qu'il ne s'ensauve point? Oh! si ça vous fait plaisir, m'y voilà consent. Mais ce monsieur qui vient par ici, c'est-il un curé, qu'il est tout de noir habillé?

ERGASTE.

Non, c'est notre chef, c'est un comédien.

PIERROT.

Ah! c'est un comédien? Je ne sais point ce que c'est, mais ça ne me regarde pas.

SCÈNE IV

ERGASTE, PIERROT, MARIELLE, SYLVIA.

ERGASTE.

Eh bien, Marielle, j'espère que voici une jolie salle à manger? J'ai pourvu à tout, car j'ai déjà un page, et il y a ici une source pour rafraîchir nos flacons.

MARIELLE.

Bien, mon ami; Fabio et Florimond sont en train de dételer.

ERGASTE.

Je vais les aider. (A Pierrot.) Viens avec moi, petit! (Ergaste et Pierrot sortent.)

SCÈNE V

MARIELLE, SYLVIA.

MARIELLE.

Vous le voyez, Sylvia, vous avez voulu suivre notre fortune errante, et je n'ai souvent à vous offrir qu'un toit de feuillage et un siége de gazon! c'est trop de fatigues et d'aventures pour une femme délicate!

SYLVIA.

Jusqu'ici, je n'ai ressenti aucune fatigue, et nos aventures m'ont semblé plus réjouissantes que fâcheuses. Moi, je l'aime, cette vie vagabonde, et je ne me l'étais point imaginée aussi agréable qu'elle l'est en votre compagnie.

MARIELLE.

Vous parlez ainsi pour ne point affliger votre vieil ami, sachant bien qu'il voudrait vous donner toutes les aises du monde et qu'il souffre de ne pouvoir écarter les épines du chemin où vous marchez. Quel caractère est le vôtre, Sylvia! il me donnerait de l'étonnement, si l'admiration qu'il me cause me laissait le temps de m'étonner de rien.

SYLVIA.

Vous ne vous connaissez donc point vous-même, Marielle? car vous êtes mon modèle, et c'est à vous que je m'efforce de ressembler pour être satisfaite de moi.

MARIELLE.

Tant de bonheur n'est-il point un rêve que je fais?

SYLVIA.

Tu l'as mérité, ce bonheur; toute ta vie ne fut-elle point un miroir de candeur et de générosité?

MARIELLE.

Ne m'en fais point un mérite : j'étais né pitoyable, et j'aurais souhaité d'être riche ou puissant pour guérir tous les cœurs navrés. La vue du mal des autres m'a toujours semblé plus malaisée à supporter que mon propre mal; ce n'est point vertu, cela, c'est nature; j'ai rencontré des ingrats; mais, mon Dieu! qu'il est commode de leur pardonner quand on est aimé de Sylvia!

SYLVIA.

Sois donc heureux, bon Marielle, car je t'aime plus que moi-même!

MARIELLE.

Ah! que tu me causes de joie et d'épouvante! pourras-tu m'aimer longtemps?

SYLVIA.

Je veux t'aimer toujours et je le pourrai; fie-toi à moi, Marielle, comme je me fie à moi-même. Je sais comment je puis aimer; j'ai été nourrie d'un lait calviniste, robuste et austère liqueur, souvent mêlée de sang, qui rend courageux ceux qu'elle ne rend point farouches. Dès l'enfance, j'ai souffert pour ma foi, on a brisé mes affections; ma jeunesse a été une épreuve, un martyre! Si ma raison s'est éclaircie, si j'ai perdu l'obstination du schisme, je n'ai point, pour cela, prétendu abjurer mes premières vénérations, mes premières tendresses; mon cœur n'a jamais voulu renier ma religion, n'a jamais voulu damner personne. Va! j'ai de la constance autant qu'une de ces héroïnes de Corneille que tu aimes tant! En te donnant ma foi, je savais bien que, selon l'ordre de la nature, tu devais vieillir avant moi, mais je savais bien aussi que rien ne me déciderait à te survivre.

MARIELLE.

Chère, folle et triste pensée! j'ai deux fois ton âge, et tu acceptes l'idée de retrancher la moitié de ta vie pour te conformer au cours de la mienne!

SYLVIA.

Il nous reste bien, au moins, vingt ans à vivre, n'est-ce pas? Vingt ans d'un bonheur sans égal, que peut-on demander davantage?

MARIELLE.

O Sylvia! ô ma femme! il me semble que tu me fais immortel par ton amour, et je te dirais volontiers comme Brute à Porcie:

> O miracle! ô grand cœur, à qui tout autre cède,
> Dieux! que je suis puissant, puisque je te possède!

SYLVIA.

Et moi, je te répondrai comme Porcie à Brute :

> Oui, vous y régnez seul: rien ne peut l'asservir,
> Et ce cœur est un lieu qu'on ne vous peut ravir.

SCÈNE IV

MARIELLE, SYLVIA, FLORIMOND.

FLORIMOND.

Du Scudéri !... Ah ! vous dites donc des vers aussi, vous autres, quand Ergaste ne vous entend point ? Mais vous le dites d'une façon fort tendre, et peut-être bien que je suis de trop entre un vieux tourtereau et une belle caille coiffée !

MARIELLE.

Sylvia, pardonnez-lui, il ne sait point ce qu'il dit !

FLORIMOND.

Qu'elle me pardonne ? Je me soucie de son pardon comme d'une nèfle ! Une franche coquette, selon moi.

SYLVIA.

Coquette ? Avec Marielle, je le suis beaucoup, j'en conviens, si par coquette vous entendez celle qui désire de plaire. Et franche ? Je suis autant l'une que l'autre avec lui.

FLORIMOND.

A votre aise ! faites du bel esprit, pendant que l'on s'échigne à votre service. (Il tire avec orgueil un lièvre de sa gibecière.)

MARIELLE.

Puisque, par fortune rare, tu as été heureux en la chasse, tu devrais être en meilleur humeur.

SCÈNE VII

MARIELLE, SYLVIA, FLORIMOND, FABIO, ERGASTE.

Fabio et Ergaste apportent des banquettes du chariot, des coffres et des ballots qu'ils disposent sur des rochers et sur des souches d'arbre. Ils disposent leurs mets portatifs et les flacons pour un repas champêtre; Florimond les aide, Marielle et Sylvia aussi.

FLORIMOND, pendant qu'ils agissent.

Allons-nous enfin manger? Je me sens

L'estomac creux comme un rebec.

FABIO.

Toujours du Regnier, poëte chagrin qui plaît aux gens rechigneux!

ERGASTE.

Moi, j'apporte les coussins du chariot pour ma bonne petite camarade Sylvia. Allons, Marielle, ne me les ôte point des mains, j'en veux avoir le mérite; crois-tu donc qu'il n'y ait que toi pour être attentif au service des dames?

FABIO.

Que la galanterie sied bien à Ergaste!

FLORIMOND.

Oui, comme des manchettes de dentelle...

FABIO.

A Florimond.

FLORIMOND.

Je ne te parle point, marjolet!

FABIO.

Tu souhaites donc, pour la première fois en ta vie, de m'être agréable?

FLORIMOND.

Si je... (Ils s'attablent.)

ERGASTE, à table.

Oh ! point de querelles, point de brocards ! mes amis, gardons cela pour le moment du spectacle, où chacun, malgré soi, se monte la tête et s'échauffe le sang. Le soldat sur la brèche n'est point aimable ; mais, en campagne, je me souviens comme nous étions bons camarades ! Eh ! morbleu ! ne me faites point regretter le harnois ! je me suis fait comédien, c'est pour être toujours joyeux ! Vive la joie !

MARIELLE.

Bien dit, Ergaste ! Ici, en pleine campagne, en plein repos, en pleine liberté, en plein soleil, chassons les méchantes habitudes du métier, les mauvaises paroles, et soyons amis ! Mes chers enfants ! je bois à vous tous !

ERGASTE.

A Sylvia, d'abord, Sylvia Flaminia, Eularia, Violette, Isabelle ; enfin à la perle des grandes premières ! (Tous trinquent, excepté Florimond.)

SYLVIA.

Florimond, je veux que vous me fassiez raison, et, pour cela, je vous porte la santé de Tiburce et d'Artaban !

FLORIMOND, trinquant.

Vivent les chiens ! il n'y a que cela d'honnête, de sincère et de fidèle en ce triste monde ! Ne disais-je point vrai ? Voyez qui vient ici ! (On voit venir, clopin-clopant, Descœillets, de plus en plus râpé, tout poudreux, et portant un maigre paquet sur l'épaule, au bout d'un bâton de voyage.) Voilà une chienne de figure que je serai forcé de fendre en quatre pour m'en débarrasser. Vantez donc les charmes de la campagne, quand de pareils limiers vous y viennent dépister !

SCÈNE VIII

Les Mêmes, DESCŒILLETS.

MARIELLE.

Bonjour à vous, père Descœillets ! Par quelle aventure vous trouvez-vous sur nos chemins ?

DESŒILLETS, après force révérences.

Je me rends aussi à Paris par Lyon, grâces rendues à vos bontés, monsieur Marielle.

MARIELLE.

Je pensais que vous nous eussiez devancé de beaucoup ?

DESŒILLETS.

Hélas! monsieur, la maladie de ma femme m'a contraint de séjourner à Briançon, où forcé m'a été de la laisser à moitié rétablie, avec mes pauvres enfants. (Baissant la voix.) Je leur ai donné, pour subsister, la somme que votre libéralité m'avait octroyée, et je suis parti seul et à pied pour trouver quelque emploi qui me permette de les faire venir.

MARIELLE.

Pauvre vieux! le voyage est rude à nos âges! Asseyez-vous, Desœillets, et mangez. (Baissant la voix.) Tout à l'heure nous verrons à vous fournir de quoi payer le coche.

DESŒILLTS.

C'est trop d'honnêtetés, monsieur, vous êtes un dieu pour moi!

FLORIMOND.

Ne mettez point les bouteilles de son côté; je n'ai pas fini de boire, moi!

SYLVIA.

Que vous êtes cruel, Florimond! ce pauvre homme ne boit que de l'eau.

DESŒILLETS.

Vos Seigneuries représenteront à Lyon, je suppose, durant quelques semaines? Elles y trouveront un beau théâtre tout neuf, en demi rotonde, avec des loges comme au Petit-Bourbon. Ah! ce n'est plus le vilain jeu de paume des provinces! Mais votre troupe de comédie n'est point au complet?

MARIELLE.

Plusieurs des nôtres sont en avant; selon ma coutume, je voyage avec ma petite famille, mon vieux Ergaste, mon cher Fabio...

DESŒILLETS.
Et mademoiselle... ou madame, que je n'ai point l'heur de connaître encore.

SYLVIA, à Marielle.
J'aime bien autant qu'il ne me remette point.

DESŒILLETS.
Et M. Florimond est aussi de la petite troupe privilégiée ? Je ne m'en étonne point, un si aimable cavalier !

FABIO.
Bien trouvé ! ah ! l'heureux compliment !

FLORIMOND.
Par quelle sottise ai-je mérité les éloges de ce maroufle ?

SCÈNE IX

Les Mêmes, PIERROT.

PIERROT, portant son chapeau plein d'avoine.
Salut à la compagnie ! (A Ergaste.) Dites donc, monsieur, votre cheval ne veut point manger l'avoine ; et si, la lui ai-je présentée avec civilité, là, dans mon chapeau, et sans le molester aucunement : eh bien, il a rechigné par trois fois, et, à la quatrième, il m'a voulu mordre ; cette bête-là est mal stylée, monsieur ; c'est un mauvais naturel de cheval et je ne la veux point servir.

FLORIMOND.
C'est ton grand chapeau qui lui fait peur, imbécile ! Et mes chiens ? as-tu pris soin de mes chiens ?

PIERROT.
Oh ! pour ce qui est de vos chiens, monsieur, le vieux s'est couché bien raisonnablement dans les jambes du cheval ; mais le jeune a tout cassé, chaîne et collier, et il court les champs à cette heure ; par bonheur que mes oies sont rentrées !

FLORIMOND, se levant.

Au diable tes oies, bélître ! c'est ainsi que tu as gardé mon chien ? Holà ! Artaban ! (Il sort en appelant et en sifflant.)

ERGASTE, prenant le chapeau de Pierrot.

Allons, il faut bien que ce pauvre cheval mange ! (A Pierrot.) Donne-moi ça. (Il sort.)

SCÈNE X

MARIELLE, SYLVIA, FABIO, DESŒILLETS, PIERROT.

SYLVIA, à Pierrot.

Et toi, tu n'as encore rien mangé, je gage ?

PIERROT.

Bien de l'honneur, mademoiselle ; mais, rien que de vous voir tous là, j'en suis si ébaubi, que j'en suis rassasié.

DESŒILLETS.

Que ces paysans sont mal appris ! Sachez, mon ami...

MARIELLE.

Il n'a pas voulu nous désobliger, à preuve qu'il va accepter cette tranche de jambon et ce verre de vin, n'est-ce pas, mon garçon ?

PIERROT.

Oh ! je n'oserais, monsieur.

SYLVIA.

Ose donc ! tiens, assieds-toi là, près de moi. (Elle veut lui faire place sur le coussin.)

PIERROT.

Oh ! la terre est au bon Dieu, mademoiselle, et un chacun y trouve sa place ; mais je mangerai encore mieux à mon aise à côté du cheval. (Il sort en mangeant.)

MARIELLE.

A présent, Desœillets, venez-me conter vos petites affaires, mon brave homme. (Il sort avec Desœillets.)

SCÈNE XI

SYLVIA, FABIO.

FABIO.
Enfin, on vous peut donc parler !

SYLVIA.
On le peut toujours, sous condition de parler comme il faut.

FABIO.
Sylvia, cette gravité fardée est un outrage ou un défi pour ma passion.

SYLVIA.
Ni l'un ni l'autre, Fabio ! c'est un muet reproche d'une persécution fort cruelle.

FABIO.
Ainsi, ma recherche est une honte pour vous ?

SYLVIA.
Non ! c'est un chagrin. Un mot le ferait cesser, et je souffre de ne vous le pouvoir point dire.

FABIO.
Ne vous contraignez point ! dites que vous me haïssez !

SYLVIA.
Je ne saurais point haïr celui que Marielle chérit ; je voudrais qu'il m'aimât d'une honnête et tranquille amitié, comme je serais portée à l'aimer moi-même ; mais, si le dépit lui suggère de me tenir un langage que je ne puis point écouter, je préfère le retour de son aversion première.

FABIO.
Vous avez donc cru à cette aversion ? Non ! vous n'y

croyez point ! Plus froide et plus expérimentée que moi, vous avez fort bien vu que je voulais me donner le change à moi-même ; vous savez bien que vous me faites mourir, et vous vous réjouissez de mes tourments !

SYLVIA.

Il vous faudrait haïr, pour me réjouir ainsi, et je ne hais personne.

FABIO.

Vous ne haïssez personne, parce que vous n'aimez personne. Oui, voilà votre naturel ! l'indifférence et le dédain ! Eh bien, c'est un naturel haïssable entre tous, et, si je me puis guérir de vous aimer, je sens que vous me serez un objet d'horreur.

SYLVIA.

L'étrange esprit que le vôtre ! Une femme est votre ennemie parce qu'elle n'a point d'amour pour vous ! Voilà bien de l'orgueil !

FABIO.

Sylvia, vous me dites bien ouvertement que vous ne m'aimez point, et, moi, je vous dis que je vous aime hors de raison. Est-ce là de l'orgueil, et suis-je assez humilié à votre gré ?

SYLVIA.

Ce que vous me dites là, je le veux oublier. Ne vous humiliez point davantage, je ne saurais vous payer de retour.

DESŒILLETS, *paraissant au fond du théâtre, et entendant les dernières paroles de Sylvia.*

Aïe ! (Il se glisse dans les arbres pour écouter.)

FABIO.

Ceci est une parole sérieuse et réfléchie ?

SYLVIA.

Oui, Fabio.

FABIO.

Adieu donc ! mais, auparavant que je vous quitte, sachez

ce que je pense de vous : vous avez une prudence affreuse, Sylvia, vous êtes tout calcul, toute ambition ; vous vous faites gracieuse et prévenante envers Marielle, parce qu'il est un appui pour vous, parce qu'il est en belle réputation de talent et de fortune ; mais celui qui n'a encore ni argent ni renommée, celui qui ne possède que sa jeunesse, son amour et son courage, vous n'en faites non plus de cas que d'un roseau. Allez, mademoiselle, suivez votre penchant, égarez l'esprit d'un vieillard crédule...

SYLVIA.

Que dites-vous là ? oh ! taisez-vous, monsieur !

FABIO.

Ah ! ceci vous blesse ? J'ai donc touché bien juste !

SYLVIA.

Vous jugez que Marielle est épris de moi, et vous me voudriez rendre éprise de vous ? J'aurais cru que vous dussiez préférer Marielle à vous-même.

FABIO.

Si vous l'aimiez, je serais guéri, je ne serais point jaloux ; mais puis-je supporter qu'en me dédaignant, vous l'abusiez comme vous faites ?

SYLVIA.

Ne soyez donc pas envieux et ne songez plus à moi, Fabio ; car j'aime Marielle, je n'ai jamais aimé, je n'aimerai jamais que lui.

FABIO.

Lui, un vieillard ? Ah ! j'entends ! vous comptez qu'il vous épousera ? Il est célèbre et riche... le vieux Marielle !

SYLVIA.

Le vieux Marielle a un cœur plus noble que le tien, jeune Fabio, car il a cru à la droiture de mes sentiments et ne m'a point fait l'outrage de me juger intéressée.

FABIO.

Dites la vérité, si vous ne voulez point vous faire un jeu de mon amour. Vous vous mariez ensemble ?

SYLVIA.

Depuis un mois, nous le sommes. Il y avait certains dangers à le publier; je vous confie un secret d'où dépend, pour quelque temps encore, la sûreté de Marielle, un secret que ses deux amis ne savent point; mais vous m'y contraignez, sachez-le donc : un prêtre a béni secrètement notre union à Grenoble.

FABIO, consterné, puis irrité.

Oimè! mon pauvre père! Allons! c'est affaire à vous, madame, d'aller vite à votre but sans toucher les écueils! recevez-en mon compliment, et ne redoutez plus mes importunités. Quand on a la sagesse d'épouser un vieillard, on ne le trompe point pour des gens d'aussi mince étoffe que je le suis.

SYLVIA.

Fabio, je te croyais meilleur! je n'aurais point imaginé que tu choisirais, pour me faire outrage, le moment où je te donnais une si grande marque de confiance; je n'irai point, tu le sais, demander protection à Marielle contre toi; plutôt que de meurtrir son cœur, je supporterai ces indignités. O Marielle! je ne prévoyais point que mon amour pour toi serait si mal interprété! mais le tien sera mon refuge et ma gloire!

SCÈNE XII

SYLVIA, FABIO, MARIELLE, ERGASTE, FLORIMOND, PIERROT.

ERGASTE, amenant Pierrot un peu malgré lui.

Oui, Marielle, je te dis que ce drôle-là est un comédien de naissance, qu'il parle et gesticule tout seul, et qu'il a des petites manières et des petites raisons les plus gentilles du monde.

MARIELLE.

Tu l'as donc écouté? Moi, je l'observais, et je lui trouve la véritable figure d'un Gilles, d'un Gerolamo ou d'un Giacometto.

PIERROT.

Vous vous gaussez de moi, mes beaux messieurs ; je ne m'appelle point de tous ces grands noms-là : je m'appelle Pierrot.

MARIELLE.

Pierrot ! voilà justement le nom de ce type français que nous n'avons point et qu'il nous faudrait pour compléter notre troupe. Mes amis, tâtez-le donc un peu.

PIERROT.

Me tâter ? Je ne vous ai rien dérobé ! Crédienne ! ne me tâtez point ! je n'ai point mérité cet affront-là !

ERGASTE.

Bien répondu ! (Jouant le capitan.) Or çà, petit mirmidon, m'oses-tu bien regarder en face ! ne sais-tu point que je suis le capitan don Fracasse y Franca-Tripa y Raglia-Cantoui y Parasante y Marco-Pépé y Sparcuto y Spezza-Ferro y Meo-Patacca ?

PIERROT, stupéfait.

Par la mordi ! monsieur, ne vous fâchez point, je ne comprends point le latin.

MARIELLE.

Voyez comme le masque est joli, le regard clair et fixe ! et le naturel des réponses ! Étudie cela, Fabio !

FABIO.

Merci ! les niais ne seront jamais de mon emploi.

MARIELLE.

Toute observation de la nature est précieuse et utile en son lieu. (Pendant qu'ils parlent ainsi, Florimond, jouant le Mezzetin, tourne autour de Pierrot en feignant de vouloir lui prendre quelque chose dans sa poche, en faisant des mines qui l'inquiètent ; Pierrot, effrayé à la fin, se refugie derrière Sylvia.)

SYLVIA, jouant aussi la comédie.

Eh ! Mezzetin, pourquoi tourmenter ainsi ce pauvre Pierrot ?

FLORIMOND, faisant le Mezzetin.

Mort de ma vie ! le drôle n'a-t-il pas eu l'insolence de remettre au seigneur Pandolphe, votre père, une lettre que mon maître Octave l'avait chargé de vous donner en secret ?

SYLVIA, jouant.

Quoi ! Pierrot, tu nous as trahis ?

PIERROT, pleurant.

Ce n'est point vrai, mademoiselle, je n'ai point pris de lettre, je n'ai point vu votre papa, je n'ai rien fait de mal, et je n'ai jamais trahi personne. (Montrant Florimond.) C'est ce monsieur-là qui m'en veut, parce que son chien a cassé sa chaîne ; comme si c'était ma faute !

FABIO, jouant.

Quoi ! infâme, tu as lâché le chien ? C'est donc pour me faire dévorer quand j'irai donner la sérénade à ma maîtresse ? (Il lui donne un soufflet de théâtre, bien visible pour le spectateur ; Pierrot, trompé par le bruit, se frotte la joue et sanglote.)

MARIELLE.

Tenez, voyez comme il pleure bien ! Il met de la grâce en toutes choses. La grâce burlesque, la plus rare de toutes ! Allons, Pierrot, console-toi, mon enfant, on ne t'a point frappé. Tu n'en as senti que le vent.

PIERROT.

Pardi ! oui, je dois avoir la tête grosse comme un boisseau.

SYLVIA.

Eh ! non, c'est un jeu. As-tu senti quelque mal ?

PIERROT.

Nenni ; mais, du bruit que cela a fait, il faut qu'il m'ait rompu au moins trois dents.

MARIELLE.

Qu'il est naïf !... Écoute, veux-tu gagner cent écus par an pour commencer ? Si l'on est content de toi, on te donnera le double l'an prochain, et, plus tard, tu auras peut-être jusqu'à douze cents livres. Tu seras bien vêtu, bien nourri et traité avec amitié.

PIERROT.

Oui-da! grondé, moqué, battu...

MARIELLE.

Tout cela pour rire. Regarde-moi en face.

PIERROT, hardiment.

Eh bien, monsieur?

MARIELLE.

Regarde-moi bien. Ai-je la figure d'un honnête homme?

PIERROT, ému.

Oui, monsieur.

MARIELLE.

Me crois-tu disposé à te tromper?

PIERROT, entraîné.

Non, monsieur.

MARIELLE.

Veux-tu venir avec moi?

PIERROT, comme fasciné.

A votre commandement, monsieur.

MARIELLE.

As-tu des parents?

PIERROT.

Ni père ni mère, ni oncles ni tantes. Je suis un enfant du bon Dieu, et l'on me fait travailler pour l'amour du bon Dieu.

MARIELLE.

Eh bien, nous partons tout de suite.

PIERROT.

Faudra donc passer à la ferme pour que je rende le compte de mes oies.

MARIELLE.

Nous passerons à la ferme et l'on satisfera tes maîtres.

FLORIMOND.

Comment! Marielle, vous allez encore vous charger d'un enfant qui ne sait rien?

MARIELLE.

Je lui apprendrai ce qu'il doit savoir, et tâcherai de lui conserver ce qu'il a, simplicité et sa gentillesse.

FLORIMOND.

Un paysan ! un balourd qui ne sait pas seulement attacher un chien ! Quelque chose d'agréable en voyage !

MARIELLE.

Florimond, je suis fort patient avec vos chiens. Daignez l'être aussi avec mon élève.

FABIO.

Attrape !

MARIELLE.

Sylvia, vous plaît-il que nous partions ?

ERGASTE.

Hé ! un moment ! il me faut recharger tout ce bagage.

MARIELLE.

Nous t'aiderons tous, mon bon camarade ! C'est toujours toi qui prends toute la peine. Allons, Pierrot ! chez nous, chacun sert les autres. C'est se servir soi-même. (Ils emportent les accessoires.)

SCÈNE XIII

SYLVIA, puis DESŒILLETS.

DESŒILLETS.

Mademoiselle de Varennes...

SYLVIA, à part.

Il m'a reconnue !

DESŒILLETS.

Pardonnez-moi, je devrais dire la signora Mariello...

SYLVIA.

Je ne sais à qui vous parlez, monsieur. Je me nomme Sylvia.

DESŒILLETS.

Oh ! comme vous voudrez, madame ! Je suis un homme sur qui l'on peut se fier, et je dois trop aux libéralités de monsieur votre mari pour le pouvoir trahir. La preuve, c'est que, chargé par une certaine personne de ne vous point perdre de vue en voyage, le hasard seul m'a fait vous rencontrer ici, où je viens m'offrir à vous pour vous aider à rompre ses mauvais desseins.

SYLVIA.

— Chargé par une certaine personne?

DESŒILLETS.

Par le prince de...

SYLVIA.

Mais que puis-je redouter d'un homme qui n'a point de droits sur moi et qui n'est point en France, j'espère?

DESŒILLETS.

Je l'espère aussi. Cependant, les hommes puissants se tiennent tous et partout. Il vous sera peut-être bon d'avoir sous la main un esclave dévoué pour vous éclairer sur les démarches de votre ennemi. Je serai à Lyon aussitôt que vous. Là, vous pourrez disposer de votre très-humble, très-affectionné, très-soumis serviteur. (Il salue très-bas et s'éloigne avec son paquet et son bâton.)

SCÈNE XIV

SYLVIA, seule.

Cet homme-là me fait peur... Je ne me sens point de confiance en lui. J'aurai soin qu'il ne dise rien à Marielle. Oh! si Marielle connaissait mon persécuteur, s'il le rencontrait... Il est bouillant et fier comme un jeune homme! Je persisterai à lui cacher son nom et, au besoin, à égarer ses soupçons sur quelque autre. Cher Marielle! ah! je ne t'aimais point comme aujourd'hui, lorsque j'ai amassé sur toi ces dangers!

SCÈNE XV

SYLVIA, MARIELLE, FABIO, ERGASTE, le fouet en main.

MARIELLE.

Tout est prêt, signora; nous sommes à vos ordres.

ERGASTE.

En route, en route, Sylvia de mon cœur! Vous allez voir le petit Pierrot sur le brancard; je lui veux apprendre à conduire.

FABIO, bas, à Sylvia.

Vous plaît-il accepter ma main?

SYLVIA, bas, à Fabio.

La main qui me dirige est ici. (Elle prend le bras de Marielle.)

FABIO.

O dieux! faites-donc que je ne l'aime plus! (Ils sortent.)

ACTE DEUXIÈME

A Lyon, dans une salle servant de foyer aux acteurs. A la gauche du spectateur, une portière en tapisserie communique avec le théâtre, qui est censé placé tout à côté. Une porte, au fond, conduit au dehors. Une autre porte, à droite, est censée conduire au logement de Marielle par un passage couvert.

SCÈNE PREMIÈRE

DESŒILLETS, seul.

Il parle à la cantonade par la portière, qui est censée donner sur une coulisse du théâtre.

Allons, il est temps d'allumer les chandelles ! Mettez-donc des fauteuils sur le théâtre pour les magistrats de la ville, des chaises pour les gentilshommes, des tabourets pour la bourgeoisie. La loge pour madame la gouvernante est-elle bien époussetée ? Qu'on ne laisse entrer personne sans payer, quand même l'on se dirait officier du roi, et ne souffrez aucun laquais d'entrer, même en payant. Que vois-je là ? le chien de M. Florimond sur le théâtre ? Chassez-moi au plus tôt cette vilaine bête ! (Revenant sur la scène.) Ceci est une affaire d'or, une affaire qui se peut greffer d'une autre affaire... Il faudrait être archisot pour accepter la première. Pour ce qui est de la seconde, le pas est glissant et l'entreprise redoutable ! Mais il y a une providence pour les pauvres gens !

SCÈNE II

DESŒILLETS, SYLVIA.

SYLVIA, un peu agitée.

Monsieur Desœillets, le prince est à Lyon ; je le viens de voir qui traversait la place en chaise de poste.

DESŒILLETS, à part.

Aïe ! (Haut.) Eh ! comme vous voilà toute blêmie ? Vous le craignez donc fort ce prince italien ?

SYLVIA.

Je ne lui fais point cet honneur ; mais je crains Marielle, vous le savez.

DESŒILLETS.

Serait-il jaloux ?

SYLVIA.

Il ne me fait point cette injure. Mais parlez donc, savez-vous quelque chose ?

DESŒILLETS.

Je ne voulais point vous troubler au moment de représenter ; mais, il faut bien vous le dire, j'ai rencontré un des valets du prince, envoyé en courrier. Le prince arrive. Il repart demain, il se rend à Paris pour des affaires avec le Mazarin. Eh bien, que vous importe ? Il ne vous sait point ici. Il ignore que vous êtes enrôlée dans la comédie, que vous êtes mariée avec...

SYLVIA.

Vous êtes assuré qu'il ignore tout cela ?

DESŒILLETS.

A moins que je ne me sois employé à le lui écrire, il ne peut point l'avoir deviné, et je ne pense pas que vous mettiez en doute...

SYLVIA.

Non, Desœillets, ce serait trop affreux ! mais dites-moi, s'il avait la fantaisie de voir la comédie ce soir ?

DESŒILLETS, à part.

Aïe ! (Haut.) Je ne pense pas qu'il y ait danger.

SYLVIA.

Le danger y est tout entier ! Les rôles que je fais ne me déguisent point. Je connais ses façons hardies : son dépit lui fera risquer quelque méchante parole, et je sais qu'il suffirait d'un regard insolent pour enflammer le courroux de Marielle.

DESŒILLETS, après avoir réfléchi.

Oui ! Marielle a la tête vive, la riposte prompte et la main terrible. Il ne ferait point bon pour lui de chercher querelle à un personnage si considérable. Ce serait se jeter dans la nasse où l'on ne serait pas fâché de le prendre. Il ne connaît pas le prince ?

SYLVIA.

Si fait ! mais il ignore que c'est lui...

DESŒILLETS.

Gardez-vous bien de le lui dire !

SYLVIA.

Oh ! ne craignez rien !

DESŒILLETS.

Alors, remettons-nous. Suivez votre idée, elle est bonne ; ne vous montrez point ce soir. La Marinette peut-elle bien vous remplacer ?

SYLVIA.

Fort bien... Mais que pensera Marielle ?

DESŒILLETS.

Vous allez vous faire malade, une entorse, une migraine !

SYLVIA.

Qu'il va être inquiet !

DESŒILLETS.

Comptez-vous qu'il soit plus tranquille si ce que vous craignez arrive ?

SYLVIA.

Allons, il le faut ! Allez vitement faire costumer la Marinette en ma place.

DESŒILLETS.

J'y cours. Vous, ne prenez point les dehors pour rentrer chez vous. Suivez ce passage couvert qui communique avec votre logis, encore qu'il soit le plus long.

SYLVIA.

Desœillets, comment vous récompenserai-je de votre fidélité?

DESŒILLETS.

En ne me faisant plus le chagrin d'en douter, madame !

SYLVIA.

Veuillez prendre cette bague...

DESŒILLETS.

Moi ! que je me laisse payer mon dévouement à M. Marielle?

SYLVIA.

Prenez pour votre femme, je vous en prie.

DESŒILLETS.

La pauvre tête ! elle est folle des bijoux ! C'est comme un enfant, vous savez ! (Il prend la bague.) Voici du monde. Et vite ! faites la morte. (Il sort.)

SCÈNE III

SYLVIA, qui s'est assise et cache sa tête dans ses mains; FABIO, en costume de Léandre.

FABIO.

Qu'est-ce donc, madame ? Est-ce que vous pleurez ?

SYLVIA.

Je pleurerais volontiers, de la migraine que j'ai !

FABIO.

Au moment de jouer ? Quand je venais vous demander de répéter vitement la mise en scène que nous avons ensemble ?

SYLVIA.

Oh ! je ne saurais, car je ne crois point que je puisse représenter ce soir. Vous feriez bien, par prévision, d'aller répéter avec la Marinette.

FABIO.

La Marinette ferait votre partie? Vous n'y songez point. Ce serait de quoi nous faire tous siffler! Une fille éventée, qui fait tout au plus la Colombine, et qui, tout occupée d'elle seule, ne ménage nul effet à son interlocuteur.

SYLVIA.

Elle fera de son mieux, et vous vous en récompenserez un autre jour.

FABIO.

Madame, en vérité, vous n'avez ni l'œil ni la voix d'une personne malade, et je crois que vous faites ceci pour me désobliger.

SYLVIA.

Moi? Est-ce que j'eus jamais de ces méchants caprices-là?

FABIO.

Si c'en est un, il est fâcheux pour tout le monde. Marielle lui-même s'en ressentira et n'aura point son succès accoutumé.

SYLVIA.

Marielle, manquât-il la moitié de son rôle, saura mettre encore assez de perfection dans son jeu pour ravir le public.

FABIO.

Vous êtes fort vaine du talent de votre mari! on le sait!

SYLVIA.

C'est ma seule vanité : ne m'est-elle point permise?

FABIO.

Comme votre œil reluit en me disant cela! (Avec ironie.) Vous souffrez beaucoup, n'est-il pas vrai?

SYLVIA.

Tellement, que je me retire et vous salue. (Elle sort.)

SCÈNE IV

FABIO, seul.

Depuis que je me couvre à ses yeux du manteau de l'indifférence, je m'imagine parfois qu'elle a du dépit... Elle est belle, elle est brillante, ce soir ! Elle n'est point malade, et elle refuse de jouer !... S'il était vrai qu'elle se repentît de m'avoir dédaigné ! Oh ! insensé, tu te flattes en vain ! Elle est fière, elle est sage, elle est forte, elle ne t'aime point ! Les femmes cherchent la gloire plus que le bonheur, et celle-ci, glorieuse entre toutes, met sa vanité sur le compte de sa vertu. Marielle est grand dans son art, et Fabio n'est rien. Marielle est né gentilhomme et Fabio est un bâtard ! Je ne sais point si Marielle s'en rend compte à soi-même, mais il me retire toutes les occasions de me faire valoir. Je suis comme écrasé à dessein. Aussi, je me sens déchoir et languir comme une herbe étouffée par l'ombre d'un chêne. Ah ! malheureux Fabio, qui croyais pouvoir donner tes jeunes ans à l'amour, il te les faut donner à l'ambition, amer refuge des cœurs où l'on a meurtri l'espérance ! Je partirai d'ici ! Oui, je m'éloignerai d'elle et de lui !

SCÈNE V

FABIO, DESŒILLETS.

FABIO.

Eh bien, Desœillets, cette réponse de Rome est-elle enfin arrivée ?

DESŒILLETS.

La voici : on vous accepterait sous la condition de vouloir débuter dans le grotesque. Mais quel dommage ce serait de cacher sous le masque une figure aussi souffrable que la vôtre.

FABIO, exalté.

J'accepte! Je suis las des fades rôles d'amoureux! Les grands bouffons arrivent seuls à la célébrité du théâtre. Marielle le sait bien, lui qui me refuse les rôles d'Arlequin et de Brighelle. Oh! le masque cachera mes pleurs! On a méprisé les fleurs de ma jeunesse! On applaudira peut-être à ma laideur empruntée, et je devrai au mensonge ce que l'on a refusé à la nature : j'accepte. Écrivez que j'accepte!

DESŒILLETS.

Vous voyez que l'on vous offre d'assez beaux avantages; mais il se faut hâter.

FABIO.

Je partirai demain.

DESŒILLETS.

Pourquoi pas cette nuit? Voici Marielle. Ouvrez-vous à lui de votre dessein.

FABIO.

Non, je n'en ai pas le courage. Ce soir, après le spectacle. (Il sort.)

DESŒILLETS, à part.

Ah! vous n'êtes point pressé? Je le suis, moi!

SCÈNE VI

MARIELLE, DESŒILLETS.

MARIELLE, en costume complet de Scaramouche, sauf le visage, qui n'est point encore grimé.

Qu'a donc Fabio? Il semble tout défait! On dirait qu'il évite de me voir! Sylvia est malade, Florimond est dans une humeur massacrante! Voici une représentation qui ne promet rien de bon.

DESŒILLETS.

La signora Marielle est malade?

MARIELLE, stupéfait.

De qui parlez-vous ?

DESŒILLETS.

Oh! je crois que j'extravague. C'est le signor Fabio qui en est cause.

MARIELLE.

Comment ! Expliquez-vous ?

DESŒILLETS.

Mon Dieu ! ne le blâmez point. A cet âge-là, on est sujet à des abstractions d'esprit... De certaines paroles vous échapent... On n'est point le maître de celer un secret.

MARIELLE.

Un secret !

DESŒILLETS.

Hélas ! monsieur, un secret tombé par mégarde dans l'oreille de votre plus dévoué serviteur est en lieu de sûreté.

MARIELLE.

Monsieur le régisseur... monsieur le factotum ! Je n'aime point qu'on se mêle malgré moi de mes affaires. Parlez, je le veux. Qu'alliez-vous dire ?

DESŒILLETS.

Vous me voyez au désespoir de vous avoir déplu. Je ne sais rien, en vérité !

MARIELLE, avec force.

Parlerez-vous ?

DESŒILLETS.

Ce n'est point ma faute si ce jeune Fabio m'a dit que vous étiez marié avec mademoiselle de Varennes.

MARIELLE.

Qui lui a dit cela ?

DESŒILLETS.

C'est madame elle-même... Sans doute avec l'agrément de monsieur ?

MARIELLE.

Mademoiselle Sylvia s'est voulu moquer de Fabio, ou Fabio s'est moqué de vous.

DESŒILLETS.

C'est comme il plaira à Votre Seigneurie. Mais, s'il était vrai, croyez bien que ma discrétion...

MARIELLE.

C'est bien, laissez-moi, mon ami. Il me faut rêver à mon rôle.

DESŒILLETS.

On va commencer dans un moment !

MARIELLE.

Je suis prêt, vous voyez. (Desœillets sort.)

SCÈNE VII

MARIELLE, seul.

Pour grande que fût ma confiance en mes deux plus anciens amis, Ergaste et Florimond, je ne leur ai point voulu confier mon mariage avant que d'être ici. Et voilà que Fabio le sait et s'en ouvre au premier venu ! Je savais bien qu'un secret ne peut pas durer ; mais il me suffisait de gagner Paris, où, protégé par la reine mère et par le ministre, je n'avais rien à redouter de la famille de Sylvia. Ergaste est l'ami le plus sûr, Florimond le plus prudent homme du monde... Et cependant Fabio le sait !... Fabio le tiendrait de ma femme ! Non !... à moins qu'il ne se soit épris d'elle, comme je l'ai parfois appréhendé, et que, pour se délivrer de ses poursuites, elle n'ait invoqué la sainteté des nœuds qui l'engagent à moi ! Elle a bien fait alors ! Fabio est résigné ou guéri !... Non ! Il souffre ! Sylvia aussi... et moi... mon esprit se trouble... Il faut que je la voie... Ah ! c'est elle ! Je rougis d'être ému.

SCÈNE VIII

MARIELLE, SYLVIA.

MARIELLE.

Vous êtes toujours malade ? Vous ne pourrez point jouer ?

SYLVIA.

Permets-moi de ne le point tenter. L'éclat des lumières me donnerait des vertiges, et je craindrais d'avoir quelque pâmoison sur le théâtre.

MARIELLE, la regardant d'un air de doute.

Peut-être que tu n'aimes point ce rôle ? On y pourrait vitement changer quelque chose.

SYLVIA.

Le rôle ne me chagrine pas.

MARIELLE.

Alors, c'est le jeu de Fabio ?

SYLVIA.

Point !

MARIELLE.

Il se néglige trop, cet enfant ! Il devient paresseux. Je ne vous vois jamais répéter ensemble.

SYLVIA.

De quoi servirait-il ? Fabio est assez content de lui-même pour ne vouloir point souffrir de conseils.

MARIELLE.

Tu es sévère pour lui ! injuste peut-être ! Tu ne l'aimes point !

SYLVIA.

Nonobstant la grande amitié que tu lui portes, je confesse que nos humeurs ne sont point faites pour s'entre-donner beaucoup d'inclination ; mais je fais de mon mieux pour que ton bonheur domestique ne soit point troublé par le manque d'accord.

MARIELLE.

Ta voix me fait du bien. J'étais triste, inquiet de ta santé. Tu resteras bien dans ce salon, n'est-ce pas, pendant la comédie ?

SYLVIA.

Volontiers ! Je te verrai jouer en me cachant derrière cette tapisserie.

MARIELLE.

Oui ! tu me donneras du cœur ! Si tu n'étais pas là, je compte que je me ferais huer, du dégoût que j'aurais à présent pour mon métier.

SYLVIA.

Mais, moi, je ne te veux point dégoûter d'une carrière où tu brilles au premier rang ?

MARIELLE.

Le métier n'est point l'art, ma chère Sylvia ; l'un nous enflamme, l'autre nous consume.

SYLVIA.

Alors, c'est comme en religion : l'esprit vivifie, mais la lettre tue. Allons, du courage, ami ! mes regards ne te quitteront point.

SCÈNE IX

DESŒILLETS, MARIELLE, SYLVIA.

DESŒILLETS.

Monsieur Marielle, allez donc faire arranger les accessoires sur le théâtre, comme vous entendez qu'ils soient pour votre premier acte.

MARIELLE.

Ah ! j'oubliais ! (Il s'en va.)

SCÈNE X

SYLVIA, DESŒILLETS.

DESŒILLETS, vivement.

Vous ne pouvez point rester ici ; le prince est dans la salle, il a retenu un fauteuil sur le théâtre même.

SYLVIA.

Mais il ne peut me voir derrière cette tapisserie, et il n'a point le droit d'entrer ici, notre règlement le défend.

DESŒILLETS.

Et, moi qui suis chargé de faire observer ce règlement, je sais qu'il est inutile ; je sais qu'un homme de qualité marche sur le corps d'un pauvre hère comme moi quand il lui en prend fantaisie.

SYLVIA.

Je me retirerai donc. Vous direz à Marielle que je suis plus malade.

DESŒILLETS.

Ne prenez point le passage couvert, on l'a enseigné au prince, qui est descendu dans le même hôtel que vous, et vous pourriez rencontrer quelqu'un de sa suite qui vous reconnaîtrait.

SYLVIA.

Où voulez-vous donc que j'aille ?

DESŒILLETS.

Tenez ! venez à mon pauvre logis, ma femme vous y recevra de son mieux ; ce n'est que la rue à traverser. Mettez votre coiffe et vous cachez bien le visage. Je surveillerai le prince, et, dès qu'il sera rentré dans son appartement, j'irai vous querir.

SYLVIA.

Mais que dira Marielle, qui m'a priée de rester ici ? Ah ! le voilà justement ! Que faire ?

SCÈNE XI

MARIELLE, DESŒILLETS, SYLVIA.

MARIELLE.

Où donc allez-vous, Sylvia, que vous mettez votre coiffe?

DESŒILLETS.

Hélas! malade comme elle l'est, madame a encore la charité de vouloir bien se rendre pour quelques moments auprès de ma femme, qui pleure comme un enfant, de ce que je suis obligé de la laisser seule. Vous savez comme madame a de l'empire sur son pauvre esprit; quatre paroles d'elle l'ont souvent tirée de crises où je la croyais voir trépasser.

MARIELLE.

Allons, bonne Sylvia, assistons les autres pour que Dieu nous assiste (Bas.) Mais reviens le plus tôt possible. (Desœillets et Sylvia sortent.)

SCÈNE XII

MARIELLE, seul.

Elle est troublée... Oh! si elle se repentait déjà! si elle n'était point heureuse! (On entend des voix qui s'approchent.) Voici mes acteurs, on va commencer. Allons! c'est l'heure d'être plaisant!

SCÈNE XIII

MARIELLE, FABIO, FLORIMOND, ERGASTE, PIERROT.

Ergaste est en costume de capitan, Florimond en Mezzetin, Fabio en Léandre, comme on l'a déjà vu : Pierrot en Pierrot. Marielle se place à une table de toilette pour arranger sa figure de Scaramouche. Il tourne le dos aux spectateurs ; Fabio, près de lui, l'aide nonchalamment et avec distraction. Ergaste et Pierrot sont ensemble sur un côté de la scène ; Florimond, de l'autre, achève de se costumer auprès d'une console.

ERGASTE, grondant Pierrot d'un ton paternel.

Je ne sais pas comment tu te blanchis, mais tu n'es jamais bien fariné au-dessous des yeux !

FLORIMOND.

Un imbécile, qui passe toujours ses mains sur sa figure !

ERGASTE.

Étourdi, oui, un peu ! mais imbécile, point du tout. Il commence à très-bien marcher, et, hier, il a été applaudi.

PIERROT.

C'est-il, vrai Dieu, moi qu'on applaudissait, monsieur Ergaste ? Moi, j'ai cru que c'était vous !

ERGASTE.

Quand je te dis que c'est toi...

PIERROT.

Oh ! bien, alors, c'est nous deux.

ERGASTE.

Allons, ne te va point frotter le long des coulisses ; tiens ! tu vois bien ! te voilà encore le dos collé contre la muraille ! Il n'est rien de si mal plaisant à voir qu'un Pierrot fripé comme une vieille marionnette. Ah çà ! tu feras grande attention à la passade qu'il te faut donner à Scaramouche, tu t'y manques toujours.

PIERROT.

C'est que, quand il me faut faire choir monsieur Marielle, ça me fait tant de peine, que je n'ose point ; je crains toujours que je ne lui fasse du mal.

MARIELLE, de sa toilette.

C'est pourquoi il y faut aller résolument, mon garçon ! si tu balances, je puis choir à faux et me blesser ; mais, si tu me pousses bien franchement, je me répands à plat et ne risque point.

ERGASTE, à Pierrot.

Tu vois ! le père Marielle te le dit lui-même ! Allons, donnes-y soin aujourd'hui, tu n'as qu'à bien regarder Fabio.

FABIO.

Ce n'est point du tout le même jeu ! Moi, je pousse Scaramouche avec colère pour l'ôter de mon chemin, et Pierrot le doit heurter par balourdise, en se voulant sauver et en tombant lui-même par-dessus lui.

PIERROT.

Oh ! c'est que, toi, tu le pousses d'un courage... Moi, je n'oserai jamais ; quand M. Marielle va pour choir, je le voudrais retenir.

FLORIMOND.

Ce qui veut dire que tu manqueras l'effet de scène comme les autres jours. Aie donc un peu d'amour-propre, mordieu !

ERGASTE.

Ne le gronde pas de ce qu'il a plus de bon cœur que d'orgueil !

MARIELLE, se retournant brusquement avec sa tête à moitié faite.

Qu'est-ce que c'est ?

ERGASTE.

Quoi donc ?

MARIELLE.

Vous n'avez pas entendu ce bruit du dehors ?

PIERROT.

C'est qu'il tonne.

MARIELLE.

Non, c'était comme un cri, comme un sanglot qu'on étouffe !

FLORIMOND.

C'est mon jeune chien que l'orage fait hurler.

MARIELLE.

Non ! c'était une voix humaine ! (A part.) Sylvia n'est pas rentrée ?

FABIO.

Je n'ai rien entendu.

PIERROT.

Ni moi aussi.

MARIELLE.

Silence ! écoutez !

ERGASTE.

Cela ? C'est une voiture qui roule.

MARIELLE.

Le bruit s'éloigne et se perd...

ERGASTE.

Eh bien, qu'est-ce que cela te fait donc ? Il y a plus de vingt carrosses devant le théâtre, et les coureurs crient pour faire place aux équipages.

MARIELLE.

C'est vrai ! je suis fou ! (Il se remet à sa toilette.)

PIERROT, à Ergaste.

Qu'est-ce qu'il a donc, monsieur Marielle, qu'il dit qu'il est fou ?

ERGASTE.

Je ne sais pas ! (Regardant par la portière.) Ah ! le docteur nous fait signe de nous hâter. La salle est pleine ! Viens vite, que je te fasse encore répéter ton entrée avant le lever du rideau. (Ergaste et Pierrot sortent.)

SCÈNE XIV

MARIELLE, FABIO, FLORIMOND.

Marielle est toujours à sa toilette, Fabio s'est rapproché de lui, Florimond s'arrange sur un côté de la scène.

FLORIMOND.

Voilà un chien de rôle, celui de Mezzetin ! j'en ai dans le dos !

FABIO, à Marielle.

Il ne nous dit point de vers, ce soir ; il est dans sa pire humeur.

FLORIMOND.

Allons, bon ! voilà un bouton de moins ! ces damnés juifs de tailleurs ! cela vous colle les boutons, et encore est-ce avec de l'eau claire ou des paroles. Comment, je vais encore jouer avec ce manteau troué ? (A Fabio.) Combien de fois n'ai-je point dit que j'en voulais un neuf ?

FABIO.

Est-ce mon emploi, de vous fournir de manteaux ?

FLORIMOND.

Où est le blanc ? Pierrot a pris tout le blanc !

MARIELLE, à Fabio.

Donne-lui donc du blanc.

FLORIMOND.

Et le rouge ? Fabio a usé tout le rouge !

MARIELLE, toujours tranquillement à Fabio.

Donne-lui du rouge !

FABIO, jetant les boîtes sur la table de Florimond.

Oh ! l'animal maussade ! (A Marielle.) Mon père, c'est le moment de me laisser faire quelques-uns de ses rôles, puisqu'il en est dégoûté.

FLORIMOND.

Toi, tu ferais mes rôles ? Voilà du plaisant !

MARIELLE, à Fabio.
Tu vas encore me demander de faire l'arlequin ?
FABIO.
Mon père, je te jure que je suis las de faire l'amoureux.
MARIELLE.
Est-ce pour cela que tu es soucieux depuis quelques jours ?
FLORIMOND.
Oui ! le public ne fait point assez d'état de la personne de monseigneur Léandre. On est jaloux des vieux.
MARIELLE, quittant sa toilette et paraissant avec sa tête de Scaramouche.
Si je diffère, mon enfant, c'est par l'envie que j'ai de t'assurer un triomphe. Tu n'as point encore assez étudié le burlesque. C'est plus malaisé que tu ne crois. C'est de la grâce encore, mais une grâce plus fine et plus souple que celle de ton emploi. Il te faut perdre toute la fierté de tes mouvements, et j'appréhende que tu ne sois trop joli de ta personne et point assez comique.
FLORIMOND.
Lui ! il sera d'un comique à porter le diable en terre.
FABIO.
Ainsi, Marielle, vous ne voulez point ?
MARIELLE.
Tu y tiens donc beaucoup ?
FABIO.
Tellement, que...
MARIELLE.
Eh bien ?
FABIO.
Mon père, je vous en prie. Considérez que je suis dans un âge à me vouloir avancer. Qui est-ce qui distingue un Horace, un Lélio, un Mario, un Léandre ? On vous tient peu de compte d'une belle prestance; que vous disiez bien ou mal, on ne vous écoute point. Je suis lassé de mon obscurité. Il faut que j'en sorte, et, si vous m'y empêchez toujours, je croirai, à la fin, que vous ne m'aimez plus !

MARIELLE, lui prenant le bras.

Enfant, vous dites-là une méchante parole ! Vous devriez connaître que vous n'avez point de meilleur ami que Marielle. Oh ! ne froncez point le sourcil ! Je ne vous veux rien reprocher. Ce que j'ai fait pour vous, le premier venu ayant quelque argent en poche et quelque pitié en l'âme l'eût fait aussi bien que moi. Mais ce dont je me loue auprès de vous, Fabio, c'est de vous avoir aimé comme un père aime son fils ; et cela, voyez-vous, ne se contente point de paroles et de caresses : l'amour seul peut payer l'amour ; et, si vous n'avez point dans le fond de votre cœur une amitié forte et véritable pour le vieux Marielle, le vieux Marielle est un père bien malheureux !

FABIO, ému.

Pourquoi est-ce que vous me dites tout cela, mon père ? Avez-vous quelque chose à reprendre en ma conduite devers vous ?

MARIELLE.

Peut-être !

FLORIMOND.

Ah ! enfin ! Si je m'étais attiré une parole comme celle-là, j'en crèverais de honte !

SCÈNE XV

MARIELLE, FABIO, FLORIMOND, ERGASTE.

ERGASTE.

Allons, allons ! On a levé le rideau. N'entendez-vous point les violons ? Pierrot est en scène avec la Marinette. Dans la coulisse, mes amis, dans la coulisse ! (Ils sortent tous, excepté Ergaste.)

SCÈNE XVI

ERGASTE, seul.

Moi, j'ai du temps avant de paraître, et je les veux un peu regarder. Florimond me raille de ce que j'aime toujours ce métier-là ! Je n'en fis que deux en ma vie, et je les fis tous deux de bonne foi : soldat et comédien ! la farce après la tragédie ! J'ai fait en conscience l'état de brave : aujourd'hui, je ne fais plus que le bravache ; mais plus je me divertis d'avoir à copier les grimaces de la couardise, plus il me semble que cette feinte me hausse le cœur. (Regardant par la portière.) Ah ! mon petit Pierrot ! c'est bien, cela ! bravo ! C'est fort gentil, ce petit jeu de scène ! Allons donc, le public ! qu'on l'encourage ! (Il bat des mains.) Et mademoiselle Marinette ! Ce n'est point mal. Ce n'est point chose si aisée que de doubler la Sylvia !... Ah ! voici mon Fabio ! Comme cela vous a bon ton et bon air !... Bravo, Florimond ! Oh ! nous savons notre affaire !... Mais Marinette entre !... Mon bon Marielle, mon vieux camarade ! Taisez-vous dans les coulisses ! chut !... Ah ! comme voilà une entrée bien faite ! Et cette grâce ! à soixante ans ! plus léger qu'un oiseau ! Et ce jeu de visage ! (Il rit en regardant.) Bravo, bravissimo ! vieux lutin ! Il y a vingt-cinq ans que je le vois et je ris comme le premier jour ! (Il s'essuie les yeux.)

SCÈNE XVII

ERGASTE, MARIELLE, FLORIMOND.

ERGASTE, recevant Marielle dans ses bras.
Ah ! que tu es beau, ce soir ! je t'embrasserais volontiers !
MARIELLE.
Moi, je me trouve froid. Je me sens au-dessous de moi-même. Sylvia n'est donc pas revenue ?

FLORIMOND.

Elle se sera retirée chez elle. Elle était fort malade.

MARIELLE.

Et c'est ce qui m'inquiète !...

ERGASTE.

Eh ! non. Je veux parier qu'elle est dans un coin de la salle à se réjouir des éloges qu'on te donne. Je vais regarder par la coulisse.

SCÈNE XVIII

MARIELLE, FLORIMOND.

MARIELLE.

Je ne sais quel étrange malaise me serre le cœur. Ce cri que je me suis imaginé d'ouïr..., c'était une rêverie, mais je ne m'en puis défaire !

FLORIMOND.

Parbleu ! Marielle, vous êtes maniaque, ce soir ! vous allez faire gauchir tout le spectacle ! Oui, c'est trois fois ridicule à vous d'avoir épousé une jeune femme ! Cela vous jettera en des déréglements d'esprit où vous perdrez votre talent. Vous commencez à être inquiet; vous deviendrez jaloux, et puis malade, et puis fou, et puis...

MARIELLE.

Et puis mort, n'est-ce pas, Florimond ? Je compte que tu t'arrêteras à cette prophétie, et que tu ne me vas point damner pour le crime d'avoir aimé ? (On entend rire dans la salle de spectacle.) Ah ! nous faisons rire ! (Avec douleur.) Comme c'est gai, le théâtre ! comme on se divertit !

SCÈNE XIX

MARIELLE, FLORIMOND, FABIO, PIERROT.

PIERROT.

Monsieur Marielle, c'est à vous tout à l'heure. N'oubliez point !

MARIELLE.

Va donc voir si mademoiselle Sylvia est toujours auprès de madame Desœillets. Tu as le temps, ce n'est que la rue à traverser. Tiens ! prends mon manteau ! (Il lui donne son manteau de ville, qui est sur sa toilette.)

PIERROT.

J'y cours, mon bon maître.

MARIELLE.

Va, mon cher enfant ! (Marielle se rend au théâtre. Pierrot sort par la porte qui va dehors.)

SCÈNE XX

FLORIMOND, FABIO.

FABIO, se parlant à lui-même sans faire attention à Florimond.

On ne veut point que je paraisse dans les rôles marquants ; eh bien, j'irai chercher fortune ailleurs, j'y suis résolu !

FLORIMOND.

Tu es mal satisfait ? Les dames ont pourtant lorgné le point de ton collet, et tes plumes ont donné dans la vue d'une grosse marchande de soieries qui n'a cessé de répéter : « Mais voyez donc ce jeune plumeau ! »

FABIO.

Moi, j'en ai remarqué une qui était affolée de ton poil rouge ; sur quoi, son voisin, qui, pour probable, est un érudit de ta force, lui a répondu :

Ces hommes médisants ont le feu sous la lèvre.

FLORIMOND.

Tais-toi ! tu sais que je ne puis souffrir les enfants, et que je perds facilement patience avec eux.

FABIO.

Je sais que tu ne t'accommodes que de tes chiens, parce qu'eux seuls se laissent battre sans mordre.

FLORIMOND, haussant les épaules.

Jargonneur !

FABIO.

Malotru !

FLORIMOND, soulevant la portière.

Ah ! voici le caporal Ergaste qui fait son entrée ! Dirait-on point d'un fourgon qui va verser ? Et cette grimaceuse de Marinette, avec ses gras de jambes postiches et tous ses appas de contrebande : la pécore ! hein ! Voici Marielle ! le beau Scaramouche se fait vieux ! la face se creuse et l'œil se ternit !

FABIO.

A sa place, je me retirerais. Attendra-t-il que le public l'en avertisse ? n'a-t-il point assez de réputation et de fortune ?

FLORIMOND.

De la fortune ! Toi et beaucoup d'autres devriez savoir qu'il n'en a point, pour avoir trop aidé à se faire duper ! Quant à sa réputation, elle ne baisse pas encore. C'est bien à toi de juger ton maître ! T'imaginerais-tu de le remplacer ? Un vieux de cette trempe-là, vois-tu, vaut dix mille muguets comme toi. Allons, c'est à ton tour de montrer ce que tu sais faire ! Va ! mets ta bouche en fer de flèche et roule tes yeux en tyran des cœurs, Cupidon déchaîné ! Va-t'en, de bronchade en bronchade, mettre, avec tes regards amoureux, le feu aux loges des dames. Fais-les brûler et fondre par douzaines ! Il n'en est pas moins assuré que, lorsque le vieux Scaramouche viendra à ton encontre, les bras croisés, la bouche entr'ouverte, et l'œil pétrifié par une feinte surprise, il fera plus d'effet avec rien que toi avec toutes les grâces, et je me damne si, à ce moment-là, l'on fait non plus d'attention à toi qu'à une enseigne de cabaret.

FABIO.

Laisse-moi, Florimond ! Tu crois railler seulement, et tu ne sais point le mal que tu me fais !

FLORIMOND.

Va donc ! Tu manqueras ton entrée !

FABIO.

Je me soutiens à peine, j'ai le vertige, et la sueur me vient au front !

FLORIMOND, le soutenant.

Allons, allons, Fabio ! ce n'est point le moment de défaillir ! (Fabio fait un effort, repousse Florimond et s'élance vers le théâtre.)

SCÈNE XXI

FLORIMOND, seul.

Il a l'âme à l'envers, ce garçon-là ! Lui aussi devient fou ! Mais, morbleu ! il est trop aveuglé de l'amour-propre, et sa suffisance ne se peut souffrir. (Regardant par la portière.) Ah ! le voilà qui se remet ! Il s'échauffe ! c'est mieux que de coutume. Un peu de rage au cœur ne nuit point sur les planches... Eh ! vraiment ! il affronte bien l'encontre de Scaramouche ! Il le saisit au corps... C'est franc ! C'est égal, va, c'est Marielle qu'on applaudit ! Eh bien, que fait-il ? Il le serre de trop près ! Assez, brutal ! prends donc garde à l'angle de la table ! Tu vas le blesser ! arrête donc ! (On entend, au milieu des applaudissements et des rires, un cri général dans le public.) Marielle s'est fait mal ! Est-il évanoui ? Non, mais il fait signe à Pierrot qu'il retranche le reste de la scène. Il vient par ici, il souffre ! J'en étais sûr ! Voilà une méchante affaire !

SCÈNE XXII

FLORIMOND, MARIELLE, appuyé sur ERGASTE.

ERGASTE.

Es-tu blessé, mon Dieu ?

MARIELLE.

Non pas que je sache ; un coup, seulement ! (Il porte la main à son crâne.) Je souffre un peu. Donne-moi un verre d'eau... Le public y a pris garde malgré moi. Je m'étonne de cette maladresse de Fabio. Il est bien troublé, aujourd'hui.

FLORIMOND.

Oui, fort troublé, mais d'une mauvaise passion, et ce qu'il a fait là n'est point d'un homme de bien.

ERGASTE.

Et toi, ce que tu fais entendre là, n'est point d'un esprit généreux.

FLORIMOND.

C'est-à-dire que je suis un fort méchant homme, pour avoir vu Fabio tourner sa fureur contre le maître, dont il est jaloux de plus d'une manière... Je m'entends !

MARIELLE.

Oh ! je t'en prie, Florimond ! retiens ta langue cruelle ! Tu me fais grand mal. Tu n'as rien vu, tu n'as rien dit, je ne suis point tombé. (Portant la main à son crâne.) Oh ! plutôt croire que je rêve cette souffrance que d'accuser Fabio d'avoir voulu tuer son père !

FLORIMOND.

A votre aise ! Mais je vous conseille de retirer ces scènes-là du répertoire, ou de me mettre en votre place pour les jouer avec lui.

ERGASTE.

Allons, Florimond, c'est assez, ou je me fâcherai, enfin, moi-même.

SCÈNE XXIII

MARIELLE, ERGASTE, FLORIMOND, PIERROT, hors d'haleine.

MARIELLE, courant vers lui.

Eh bien, Sylvia, où est Sylvia?

PIERROT, d'une voix entrecoupée.

Partie, monsieur Marielle, partie!

MARIELLE, bondissant.

Comment! que dis-tu là? Tu n'as pas été chez Desœillets?

PIERROT.

Elle n'y est plus, monsieur! Madame Desœillets m'a dit d'un air tout égaré : « Vous cherchez la Sylvia? On vient de l'enlever d'ici. »

MARIELLE.

On a enlevé Sylvia? Mon épée, Ergaste, mon épée! (Florimond, troublé, lui présente une épée de bois qu'il jette avec fureur.) Pas cela! mon épée, vous dis-je! Oh! mon Dieu! à moi, Ergaste!

ERGASTE.

Oui, mille charretées de diables! à nous deux!

FLORIMOND, se jetant au-devant d'eux.

Vous n'irez nulle part sans moi, j'espère? Mais où allez-vous? que savez-vous? La femme de Desœillets est folle! qui pourrait avoir enlevé Sylvia? Pierrot, cours à sa chambre! je parie qu'elle y est. (Pierrot secoue la tête négativement.)

SCÈNE XXIV

MARIELLE, ERGASTE, FLORIMOND, PIERROT, DESŒILLETS.

MARIELLE, se jetant sur Desœillets.

Où est Sylvia? Qu'as-tu fait de Sylvia? Réponds.

DESŒILLETS.
Miséricorde! monsieur Marielle, vous me détruisez!

ERGASTE.
Parle vite, ou tu es mort!

DESŒILLETS.
Mais quoi?... Madame Sylvia, vous dites? Je l'ai menée chez moi et n'y suis point retourné. Qu'est-il donc arrivé, mon Dieu?

MARIELLE, saisissant la main de Desœillets.
Qu'est-ce que tu tiens là?

DESŒILLETS, feignant de résister.
Rien, rien, monsieur Marielle, ce n'est point pour vous!

MARIELLE, lui arrachant la lettre.
C'est l'écriture de Sylvia! Pour Fabio? Qui t'a donné cela?

DESŒILLETS.
Un inconnu, monsieur... Je ne sais ce que c'est, en vérité! (Marielle ouvre la lettre convulsivement.) Mais, monsieur...

MARIELLE.
Laissez-moi, laissez-moi!... (Il vient sur le bord de la scène avec Ergaste. Desœillets s'esquive. Marielle, lisant à demi-voix auprès d'Ergaste qui suit des yeux.) « Vous le voulez, Fabio! Pour que vous me rendiez votre amour, il faut que je vous sacrifie mon honneur. Je ne tromperai point Marielle; je renonce à sa protection comme à son estime. Le sort en est jeté. La passion me *domine. Je pars, suivez-moi !* — SYLVIA. »

ERGASTE.
Elle ne peut point avoir écrit cela!

MARIELLE.
Tu ne connais donc point son écriture? (Il lui met avec violence la lettre sous les yeux et s'affaisse dans un fauteuil.)

ERGASTE.
Oh! mille tonnerres! je crois rêver!

FLORIMOND, se rapprochant d'eux.
Eh bien, qu'est-ce qu'il y a, voyons? Votre femme vous

trompe, Marielle? Ne l'avais-je point prévu? Toutes les femmes sont des masques effrontés que l'enfer devrait confondre! (Marielle se cache la figure dans ses mains.)

PIERROT.

Oh! monsieur Marielle! qu'est-ce que vous avez donc à vous chagriner comme ça?

SCÈNE XXV.

MARIELLE, ERGASTE, FLORIMOND, PIERROT, FABIO.

FABIO, sur l'entrée.

Eh bien, Pierrot! Ergaste! vous allez vous faire attendre. Personne n'est à son poste! Il n'y a pas moyen de représenter ce soir! Ergaste!

ERGASTE.

Au diable le spectacle! Il s'agit bien de cela!

FABIO, s'approchant.

Qu'a donc mon père? s'est-il fait du mal tout de bon, en tombant?

FLORIMOND.

Ah! tu le demandes?

MARIELLE, se levant.

Silence! à ton poste, Ergaste! et toi aussi, Pierrot! (Pierrot sort.) Je ne sens aucun mal, voyez!

ERGASTE, bas.

Tu ne cours point après Sylvia?

MARIELLE, de même.

Moi! que je me rende ridicule et odieux? Suis-je point assez malheureux ainsi? (Haut.) Allons! pas un mot de plus. Eh bien, qu'avez vous tous à me regarder? Ne suis-je point calme (avec véhémence), très-calme? En scène, Ergaste, en scène! Et vous aussi, Florimond! M'entendez-vous?

FLORIMOND.

Si vous prenez la chose de ce côté-là, à la bonne heure!

(Avec douleur et colère.) Qu'est-ce que cela me fait, à moi?
(Florimond sort; Ergaste hésite et sort aussi sur un geste impératif de Marielle; Fabio, troublé, veut les suivre.)

MARIELLE, à Fabio.

Restez, monsieur.

SCÈNE XXVI

MARIELLE, FABIO.

MARIELLE.

Eh bien, vous avez séduit une honnête femme, vous avez trahi et assassiné un père qui vous aimait. Qu'allez-vous faire, à présent?

FABIO.

Moi, j'ai séduit?... j'ai trahi?...

MARIELLE.

Ne mentez point, je sais tout; partez!

FABIO.

Vous me chassez ainsi?

MARIELLE.

Quoi! misérable, tu t'en étonnes? tu essayes de feindre? tu comptes m'abuser?

FABIO.

Mais je vous jure que, depuis le jour où j'ai su qu'elle était votre femme, je ne lui ai point dit un mot...

MARIELLE.

Ah! c'en est trop! Déshonore-moi, infâme, ravis-moi mon bonheur, enlève-moi ma femme, mais n'espère point m'avoir pour dupe!

FABIO.

Si l'on vous enlève votre femme, cherchez ailleurs votre rival; cherchez plus haut surtout. Ce n'est point pour le pauvre et obscur Fabio qu'une femme comme elle vous quitterait.

MARIELLE.

Que je cherche ailleurs mon rival, quand j'ai là la preuve de ton crime? que je le cherche plus haut? Il insulte la femme qu'il a égarée et perdue! (Saisissant Fabio au collet avec tant de vigueur, qu'il le force à plier le genou.) Oh! tu n'es point digne de cette femme! ton amour la souille et la flétrit! Tiens, tu me fais horreur, et j'ai envie de te tuer!

(Il le jette par terre avec violence.)

FABIO, avec rage, se relevant.

Oh! mon Dieu! si vous n'étiez pas mon bienfaiteur...

MARIELLE.

Ose donc, lâche! ose-moi braver en face! tremble de colère devant moi, et non de peur! Oh! mon Dieu! ne pouvoir plus aimer personne! rougir de ma femme et mépriser mon fils!... C'est aujourd'hui que je suis vieux, vieux... vieux!... j'ai cent ans! Ah! pourquoi ne m'as-tu pas tué tout à l'heure, dans cette scène de comédie où, en jouant la fureur, tu me pouvais assassiner impunément!

FABIO.

Oh! Marielle! que dites-vous? Vous croyez que je l'ai fait à dessein! Mais, je le vois, votre raison est troublée par ce heurt fatal...

MARIELLE.

Te tairas-tu, traître?

FABIO.

Mon père, mon père! c'est plus affreux que tout le reste, ce que vous croyez là!

MARIELLE.

Tais-toi, te dis-je! je ne suis plus ton père!

SCÈNE XXVII

MARIELLE, FABIO, FLORIMOND.

FLORIMOND, sur l'entrée.

C'est à vous, Marielle, pour la dernière scène; êtes-vous en situation de la jouer? faut-il baisser le rideau, annoncer un accident?

MARIELLE.

Non, Florimond, il faut achever la pièce... Le soldat doit mourir à son poste. J'ai un adieu à faire au public, un éternel adieu! (Il sort pour aller sur le théâtre avec Florimond. Desœillets, qui le guette de la porte du fond, entre aussitôt après.)

SCÈNE XXVIII

FABIO, DESŒILLETS.

FABIO.

Oh! mon Dieu, il est fou!... Ah! Desœillets, qu'y a-t-il? Sylvia n'a point été enlevée? Parlez, je m'y perds!

DESŒILLETS.

Oh! pardonnez-moi, pardonnez-moi, monsieur! cette maudite lettre m'a été arrachée de force.

FABIO.

Quelle lettre?

DESŒILLETS.

Celle que Sylvia m'avait remise pour vous.

FABIO.

Pour moi?

DESŒILLETS.

Oui! Marielle s'est jeté sur moi comme un furieux, il l'a prise, il l'a lue!

FABIO.

Mais qu'y avait-il dans cette lettre?

DESŒILLETS.

Le sais-je, moi? Mais vous vous en devez douter quelque peu!

FABIO.

Je jure que je ne te comprends point.

DESŒILLETS.

Eh! ne jurez pas, monsieur Fabio! Sylvia m'avait tout dit : vous l'aimez, elle vous aime.

FABIO.

Que dis-tu! elle m'aime?...

DESŒILLETS.

Hélas! c'est une grande folie que vous faites là, tous les deux! mais le sort en est jeté, comme elle disait! Vous avez joué l'indifférence, le dépit s'est emparé d'elle... pauvre femme, qui faisait la forte et qui s'est laissée vaincre au moment de triompher! Je vous confesse que j'ai bien combattu cette idée-là; mais elle ne m'a point écouté : elle est partie, elle vous attend.

FABIO, tremblant.

Où m'attend-elle?

DESŒILLETS.

Je ne sais pas; cette maudite lettre vous le disait sans doute.

FABIO.

Je l'arracherai à Marielle!

DESŒILLETS, à part.

Aïe! (Haut.) Il vous le faudra tuer pour l'avoir!

FABIO.

Le tuer? Quelle horreur! Mais quoi! où retrouver Sylvia? ne sais-tu rien?

DESŒILLETS.

Elle ne peut pas être bien loin, puisqu'elle est partie en voiture, il n'y a que demi-heure. Ma femme a entendu que l'on disait : « Route de Paris! »

FABIO.

Eh! que ne le disais-tu tout d'abord? Je la rejoindrai, quand je devrais crever mon cheval! (Jetant son attirail de comédie et prenant son manteau de ville, son chapeau et son épée.) O femme! vous m'aimiez, et j'en doutais encore! Marielle! Marielle! j'étais innocent, j'étais un niais... et vous m'avez traité comme un scélérat. Malheur à nous deux, peut-être, n'importe! Satan, prête-moi tes ailes!

DESŒILLETS, feignant de le retenir.

Mais, monsieur Fabio... songez donc...

FABIO.

Quelle voiture?

DESŒILLETS, à part.

Aïe! (Haut.) Bleue, verte... je ne sais pas, monsieur! (Fabio fait un geste de menace.) Ma femme m'a dit bleue! une chaise de poste à deux chevaux.

FABIO.

Qui m'attend au premier relais, sans doute. Adieu! adieu!.. Je te brise si tu me retiens! (Il sort.)

SCÈNE XXIX

DESŒILLETS, seul, s'essuyant le front.

Le coup est très-hardi! J'ai été vite... Une chose si longtemps méditée et qui s'exécute comme d'elle-même. Allons! le vin est tiré, il faut le boire. Aïe! j'en ai mal à la tête... Hé donc! du calme, père Desœillets!

SCÈNE XXX

DESŒILLETS, MARIELLE, appuyé sur PIERROT, ERGASTE, FLORIMOND.

On entend les applaudissements du public.

MARIELLE, à Ergaste.

Va donc payer ces messieurs qui attendent. (Ergaste sort. Pierrot conduit Marielle à un fauteuil.)

PIERROT.

Comme vous êtes fatigué, monsieur Marielle! Vrai, vous êtes malade.

MARIELLE.
Non, mon enfant, je me sens très-bien.

FLORIMOND.
Oui-da, très-bien ! Je vais quérir un médecin. Je jurerais que vous avez une fracture au crâne.

MARIELLE, avec un sourire triste.
Rien que cela, Florimond ? (A part.) Plût à Dieu !

ERGASTE, rentrant.
Je ne trouve point la cassette, Marielle.

MARIELLE.
Je n'y ai point touché.

ERGASTE.
Elle n'est plus en sa place ! Florimond, l'as-tu serrée ailleurs ?

DESŒILLETS.
Vous cherchez la cassette à fermoirs de cuivre, à clous dorés ? Je pense que je l'ai vue dans les mains de M. Fabio, tout à l'heure. Il m'a dit que c'était quelque chose qu'il portait à madame Sylvia de la part de M. Marielle.

MARIELLE, se levant.
Il est parti ?

ERGASTE.
Avec la caisse ? C'est impossible !

FLORIMOND.
Allons !

Le galant ne fait point les choses à demi !

Il vole son maître d'une belle femme et d'une belle somme, pas davantage !

MARIELLE, à part.
Quelle abjection ! (Haut.) Que savez-vous si je n'ai point disposé de mon argent pour ma... pour cette femme ? Taisez-vous, Florimond !

FLORIMOND.
Soit ! mais qui payera les violons ? Je n'ai pas le sou, moi ; ma part était dans la caisse.

ERGASTE.

Et la mienne aussi.

MARIELLE, se fouillant.

Rien!... rien!

DESŒILLETS.

Mais je payerai, moi! trop heureux de pouvoir rendre ce petit service à M. Marielle. (Il sort.)

MARIELLE, égaré.

Eh bien, la farce est jouée, comme on dit! Nous allons partir, n'est-ce pas, mes enfants? La nuit est belle. Je vois briller mille étoiles. Oh! j'en suis ébloui! C'est une nuit de feux! Donnez-moi de l'air, mes amis, j'étouffe! Vous avez tous bien joué, ce soir, et moi aussi... Oh! la joyeuse vie que la vie de comédien! (Il fond en larmes.)

ERGASTE.

Mes amis, veillez sur lui. Moi, je veux savoir la vérité... (Il sort par le fond.)

ACTE TROISIÈME

Même décoration qu'au deuxième acte. La salle est sombre et en désordre.

SCÈNE PREMIÈRE

MARIELLE, PIERROT.

MARIELLE, pâle, malade et vieilli, appuyé sur le bras de Pierrot.

Il y a du temps que je n'étais venu ici. Comme c'est triste, à présent! quel aspect d'abandon! C'est éteint et délabré comme moi. (Il va soulever le rideau de tapisserie.)

PIERROT.

Ne regardez point vers le théâtre, monsieur Marielle, ça vous fait toujours de la peine.

MARIELLE, souriant tristement.

Tu crois?

PIERROT.

Pour mon compte, je ne le traverse point, que je n'aie des envies de pleurer. Je vous crois voir encore sautant si gaiement sur ces planches; et à présent... à présent, le plancher craque tout seul; la nuit, ça fait peur!

MARIELLE.

Ah! tout est bien changé aussi pour toi, mon pauvre enfant! Tu étais occupé, allègre, heureux! Et, à présent, te voilà morne et désœuvré, enchaîné aux ennuis d'un vieillard chagrin, imbécile, et peut-être... Dis-moi, Pierrot, dis-moi la vérité, toi! Est-ce que je suis fou?

PIERROT.

Oh bien, par exemple! qui est-ce qui vous a dit ça?

MARIELLE.

Quand j'ai la fièvre, je puis bien extravaguer?

PIERROT.

Pas beaucoup!

MARIELLE.

Et alors... je suis méchant, peut-être?

PIERROT.

C'est bien malgré vous!

MARIELLE.

Je ne te maltraite point?

PIERROT.

Bah! vous m'embrassez! vous me demandez pardon!

MARIELLE.

Pardon? Mon Dieu, si je te demande pardon, c'est donc que je te maltraite? Oui, oui, je m'en souviens! Tu as quelquefois l'air de me craindre.

PIERROT.

Bon! si je vous craignais, je ne vous aimerais point, et je vous aime, voyez-vous... Tant plus vous êtes malade, tant plus je vous aime!

MARIELLE, levant les yeux au ciel.

Et voilà l'enfant que l'on méprisait pour sa simplicité! On les injurie, on les traite d'ineptes et d'incapables, ceux qui ne savent qu'aimer! Comme si ce n'était point tout! comme si ceux qui n'ont point d'autre science et d'autre mérite devant toi, ô mon Dieu! n'étaient pas les premiers dans le ciel, à ta droite!

PIERROT.

Oh! la jolie prière que vous récitez là, monsieur Marielle! Vous priez le bon Dieu, vous, malgré qu'ils me disaient à la ferme, quand vous m'avez emmené, que je m'en allais à ma perdition, parce que les comédiens étaient damnés!

MARIELLE.

Mon enfant, les comédiens ne sont damnés que par les

hommes. Dieu les absout quand ils ont beaucoup souffert, et les bénit quand ils ont beaucoup aimé! Est-ce que tu ne dis plus tes prières, toi, depuis que tu es avec nous?

PIERROT.

Oh! que si fait! Tous soirs et tous matins, comme du temps que je courais emmy les champs!

MARIELLE.

Dis-m'en donc une! Je m'imagine que cela me fera du bien.

PIERROT.

Oh! dame, vous dire une prière! je n'en sais point. J'ai la mémoire trop courte, moi! Je dis au bon Dieu ce qui me vient sur le moment.

MARIELLE.

Eh bien, j'aime mieux cela! Dis ce que tu voudras. (Il s'assied. Pierrot se met à genoux près de lui.)

PIERROT.

« Bon Dieu du ciel et bonne dame des anges, consolez donc un pauvre chrétien qui a le cœur en détresse à cause de la maladie de son maître. Marquez-lui votre amitié en lui guérissant celui qu'il aime plus que tout au monde... après vous, s'entend! et lui enseignez quelque bonne parole pour réconforter cette pauvre âme qui est affligée de beaucoup de peine!... » Voilà que vous dormez, monsieur Marielle? Vous n'êtes point bien ici! Il nous faut retourner à votre logis, c'est l'heure!

MARIELLE.

Non, non! je t'écoutais... je réfléchissais! je tâchais à me ressouvenir... Où sommes-nous donc ici, Pierrot?

PIERROT.

Dans la ville de Lyon, dans les bâtiments du théâtre, dans le foyer des acteurs.

MARIELLE.

Est-ce que nous allons jouer la comédie?

PIERROT.

Non! Depuis quinze jours que vous êtes malade, il n'y a

plus de comédie. Le théâtre est fermé ; mais, comme il touche à notre auberge, nous nous y promenons quand cela vous plaît. (A part.) Pauvre homme! tous les jours, à la même heure, il me fait ces mêmes questions-là!

MARIELLE, inquiet.

Où est donc Ergaste? Pourquoi Ergaste n'est-il point ici?

PIERROT.

Ergaste est reparti, il y a trois jours, en vous disant : « Je veux savoir la vérité; je la saurai et je reviendrai te la dire. »

MARIELLE.

La vérité sur quoi?

PIERROT, embarrassé.

Ah! dame, je ne sais pas, moi!

MARIELLE.

Et Fabio? Fabio m'a donc abandonné, lui aussi?

PIERROT.

On ne sait point où il a passé. Ergaste l'a déjà cherché et ne l'a point retrouvé. Mais, puisqu'il est reparti, il le trouvera bien, allez!

MARIELLE.

J'ai su où il était dans le temps, mais je l'ai oublié. Et Florimond, est-ce qu'il est mort le même jour que moi?

PIERROT.

M. Florimond n'est pas plus mort que vous, Dieu merci! Mais il n'a plus le cœur à la chasse, et il ne vous quitte guère.

MARIELLE.

Et ma sœur, a-t-on de ses nouvelles?

PIERROT.

Eh! oui, monsieur Marielle! Vous avez reçu une lettre d'elle hier!

MARIELLE.

Vrai! Est-ce qu'elle ne viendra pas?

PIERROT.

Si fait! elle a obtenu de venir faire guérir ses yeux en France, et elle sera ici bientôt.

MARIELLE, qui écoute à peine les réponses de Pierrot.
Et l'autre ?

PIERROT.

Qui, l'autre ?

MARIELLE, avec force, se levant.

Oui, l'autre, l'autre ! (Il retombe sur sa chaise et cache sa figure dans ses mains.)

PIERROT, à part.

Ah ! mon Dieu ! c'est mademoiselle Sylvia, dont il ne peut jamais retrouver le nom, et, quand on le lui dit, il se fâche ! Il faut que je l'emmène ! (Il le soulève doucement.)

MARIELLE.

Où me veux-tu conduire ?

PIERROT.

Chez vous... souper !

MARIELLE.

Je ne veux pas manger.

PIERROT.

Mais, moi, j'ai faim, monsieur Marielle !

MARIELLE.

Tu as faim, mon pauvre enfant ? Viens, viens vite ! (Il se relève avec effort.)

PIERROT, à part.

Hélas ! non, je n'ai pas faim, mais je savais bien que je l'emmènerais !

SCÈNE II

MARIELLE, FLORIMOND, PIERROT.

FLORIMOND.

Eh bien, vous voilà encore ici, Marielle !... à vous fatiguer et à vous tourmenter ?

PIERROT.

Non, non, nous nous en allions. Donnez-lui votre bras,

monsieur Florimond ; moi, je cours lui préparer son lit. (Bas.) Oh ! il n'est pas méchant, allez ! j'en fais tout ce que je veux. (Il sort.)

SCÈNE III

FLORIMOND, MARIELLE.

MARIELLE, arrêtant Florimond, qui veut l'emmener.
Pierrot va souper, c'est bien ! Conduis-moi sur le théâtre.

FLORIMOND.
Que diable avez-vous à faire avec le théâtre ? Reposez-vous donc le corps et l'esprit. Vous voulez toujours courir et vous ne vous soutenez point. Songez donc que vous êtes malade !

MARIELLE, se ranimant.
Tu me dis toujours que je suis malade ! Je ne suis pas plus malade que toi !

FLORIMOND.
Soit ! mais venez vous coucher.

MARIELLE.
Pas avant que j'ai trouvé une personne que je cherche, et que je laissai ici... il y a longtemps !

FLORIMOND.
Allons ! oubliez donc vos rêveries ! vous n'êtes point raisonnable.

MARIELLE, sans l'écouter.
Dis-moi, tu ne l'as point vue ?

FLORIMOND.
Si vous me l'eussiez donnée à garder, elle ne serait point où elle est, morbleu ! Oubliez-la ! Elle ne vaut point la peine d'être cherchée.

MARIELLE, irrité.
Que dites-vous là, monsieur ? Vous m'en rendrez raison !

FLORIMOND.
Allons, calme-toi, vieux enfant !

MARIELLE.

Oui, vieux enfant, vieux comédien, vieux jouet! voilà comme ils disent! Mais je leur ferai voir qu'un comédien est un homme! Où sont-ils, ceux-là qui me raillent et me montrent au doigt?

FLORIMOND.

Est-ce que tu ne me veux point reconnaître, à présent? Voilà du nouveau! Marielle, allons-nous-en.

MARIELLE, hors de lui.

Ne me touchez point! Vous êtes des assassins, des infâmes! (Il résiste, lutte avec Florimond, et, retrouvant ses forces, lui serre la gorge convulsivement.) Rendez-la-moi, rendez-la-moi! ou je vous tue tous... tous! (Il jette Florimond sur une chaise et tombe évanoui dans ses bras.)

FLORIMOND.

Il m'a presque étranglé. Il devient terrible!... Comment fait donc Pierrot pour en venir à bout? (Le regardant.) Le voilà calmé!... Évanoui? Oh! mille millions de diable, le voir ainsi! Pauvre Marielle! le seul homme que j'aie peut-être jamais aimé! (Il l'emporte dans ses bras. Pendant qu'il sort par la gauche, Desœillets entre par le fond et l'observe.)

SCÈNE IV

DESŒILLETS, seul.

Il entre lentement, une lanterne d'une main, de l'autre un panier. Il avance, pendant son monologue, une table de toilette, allume deux flambeaux et tire de son panier un maigre souper et une bouteille qu'il place sur cette table. Il avance une chaise et pose son panier par terre, à ses pieds.

Il paraît que le bonhomme ne va pas mieux. Une lampe qui s'éteint! telle est la vie! chose noire et mélancolique entre toutes!... Ces ivrognes de musiciens qui me voulaient retenir à souper! Quelques sots! C'est bien le moment, quand on tient la fortune chauve par son maigre toupet. Allons, encore une huitaine! c'est tout ce que peut durer le pauvre M. Marielle... et, alors, on changera d'air et de pays. On laissera maugréer la pauvre madame Desœillets, et l'on s'en donnera, ma foi!... jusqu'aux gardes! Jusque-là, point de bruit, point de fuite, et surtout.,. point de cabaret! Restons portier le jour, et gardien de nuit au théâtre, comme si de rien n'était, et buvons seul. C'est triste! mais boire en compagnie, c'est dangereux... à moins que cet histrion de Florimond ne me vienne assister... Ce n'est point que je haïsse, M. du Mezzetin! C'est un homme qui boit proprement, gravement, silencieusement; jamais de questions, il ne s'intéresse qu'à ses chiens... Mauvais cœur, après tout, dépourvu de sensibilité, mais d'une société sûre; toujours ivre le premier, et muet comme souche après boire... Aïe! j'ai mal à la tête. Il n'est rien de malsain comme d'être arrêté par la prudence après la première pinte. Ah! il se faut donner du mal comme un chien pour soutenir une pauvre famille! Mais nul ne dira que Desœillets ne soit pas bon époux et bon père, après ce que j'ai risqué, imaginé, mené à bien pour enrichir ces marmots-là. Ah! les petits singes! (Il rit silencieusement.) Et la réputation d'honnête homme? Hériter à la foi de bonne renommée et de ceinture dorée!... Qui vient là? Ah! c'est le Florimond!

SCÈNE V

FLORIMOND, DESŒILLETS.

DESŒILLETS.
Eh! arrivez donc! j'allais souper seul.

FLORIMOND.
Tu appelles cela souper, toi! Des figues sèches, des amandes moisies et du vieux parmesan que j'eusse rougi d'offrir...

DESŒILLETS.

A feu Tiburce, le pauvre chien de glorieuse mémoire qui s'asseyait gravement dans la coulisse et qui suivait tous vos mouvements en scène, d'un œil de connaisseur ?

FLORIMOND.

Tais-toi ! tu n'es pas digne de prononcer le nom de ce chien-là !

DESŒILLETS.

L'aimable convive ! toujours le mot pour rire ! Or çà, le bon M. Marielle n'est point en meilleure consistance ce soir ?

FLORIMOND.

Qu'est-ce que cela te fait, à toi ?

DESŒILLETS.

Un homme que je porte dans mon sein ? Un ami véritable, qui m'a fait tant de bien ? Aussi, tant que j'aurai trois deniers en ma pauvre escarcelle, ils seront à la discrétion de ce galant homme... et de ses amis !

FLORIMOND.

Oui ! tu fais l'officieux ! Tu es bien assez riche pour rendre à Marielle un peu de ce que tu lui as volé.

DESŒILLETS.

Aïe !

FLORIMOND.

Qu'avez-vous donc ?

DESŒILLETS.

Un grand mal de tête !

FLORIMOND.

Voire qui en aurait une ! mais ce que tu as là sur les épaules n'est qu'une vieille éponge !

DESŒILLETS.

Mauvais pasangon ! car l'éponge a soif d'eau et je n'eus jamais soif que de vin. Or çà, buvons, puisque le premier, tu as parlé de boire !

FLORIMOND.

Soit, buvons ! mais, auparavant, je te veux dire, cette fois comme les autres, que je n'ai nulle estime et nulle amitié pour toi. Tu m'as toujours représenté un de ces mendiants souples et insatiables qui dévorent la subsistance des autres et qui boivent le pain des pauvres.

DESŒILLETS.

Tiens! tu me plais, toi! Tu méprisais la pauvre humanité... la... bien cordialement!

FLORIMOND, prenant un siége.

Oui! nous sommes deux misanthropes! avec cette différence que, si je dis parfois des paroles fâcheuses, je ne me porte point à de méchantes actions, tandis que, toi dont l'aiguillon est toujours enduit de miel, tu as peut-être l'âme perverse et la morsure venimeuse.

DESŒILLETS.

Dis tout ce que tu voudras, j'y suis fait. Quand tu auras goûté ce petit vin du Rhône que tu ne haïs point...

FLORIMOND.

Moi, je ne rougis point d'aimer le vin, et ne fais point le retenu, le buveur d'eau, en bonne compagnie. Allons, verse! et ne crois point qu'en te faisant l'honneur de humer ton piot, j'aie du goût pour ton entretien. Ce que j'en fais n'est que pour étourdir mes esprits et tâcher d'oublier le chagrin qui m'assomme!

DESŒILLETS.

Je confesse que votre situation n'est point riante. Se trouver tout d'un coup fort court d'argent! Car aucun de vous n'avait fait d'économies? Vous dépensiez beaucoup pour vos affiquets de chasse, M. Fabio pour ses affiquets de toilette, M. Marielle pour obliger le tiers et le quart!... Ah! la misère est une chienne de maladie!

FLORIMOND.

Faites-nous grâce de vos doléances. Je m'embarrasse fort peu de ce que je deviendrai. J'ai du talent, de la santé, je saurai toujours assurer mon vivre; mais perdre Marielle!...

(Il repousse son verre.)

MARIELLE
DESŒILLETS.

Voyez cela !

FLORIMOND.

Voilà un vin qui casse le museau, comme dit Régnier ! J'aimerais à rompre quelque visage aujourd'hui.

DESŒILLETS, à part, se baissant pour prendre deux bouteilles dans son panier.

Il est plus raisonneur et plus méchant que de coutume... Il le faut vitement hébéter. (Haut.) Allons ! qu'est-ce que nous disons là ? Nous faisons de l'esprit et nous ne buvons point. Arrière les gobelets ! Voilà comme je goûte le vin, moi ! (Il boit à la bouteille. Florimond boit de même.)

FLORIMOND.

Oui-da ! vous savez boire d'une grande force ; mais je crains que je ne sois, ce soir, le plus coriace de nous deux.

DESŒILLETS, à part.

Aïe ! ce ne serait point mon compte ! (Haut.) Redoublons !

FLORIMOND.

Eh bien, et vous ?

DESŒILLETS.

Êtes-vous déjà ivre, que vous ne me voyez point vous faire raison ?

FLORIMOND.

Je crois, contrairement, que vous vous épargnez.

DESŒILLETS.

Regardez-moi donc ! (Il boit. A part, en remettant la bouteille dans le panier.) Tu ne me tiens point, va !

FLORIMOND, reprenant la bouteille dans le panier.

Halte-là, hé ! méchant ladre ! Vous me poussez vite, et vous mettiez votre part de côté. Votre bouteille est plus qu'à demi pleine. Voilà de vos tours de gibecière ! Oh ! par la mordi ! tu boiras, maître fourbe ! Bois tout ! où je te baille au beau milieu du visage un coup de poing, avec toutes ses circonstances !

DESŒILLETS, à part.

Aïe ! (Haut.) Q'est-ce que vous avez donc, que vous le

prenez si haut, cette fois? Si vous faites le brutal, je ne vous prierai plus à boire !

FLORIMOND.

Tu me rendras service ; mais, aujourd'hui, tu marcheras de même pied avec moi. Mort de ma vie ! j'ai du chagrin, de la colère, et votre face de parchemin, vraie médaille de damné, me fait sortir de mes gonds ! Sus, sus ! tire-laine, pince-maille, claque-dents, pleure-pain, mouche de cuisine ! emplissez-moi cette vieille urne funéraire ! (Il le force à boire.)

DESŒILLETS, qui commence à être ivre.

Je fais tout ce que tu veux, taquin ! mais, vrai, j'en ai assez, j'ai mal à la tête !

FLORIMOND, debout, lui entonne du vin en le collant contre la muraille.

Bois tout, ou tu te feras gâter !

SCÈNE VI

ERGASTE, FLORIMOND, DESŒILLETS.

Ergaste, qui, de l'entrée du fond, s'est arrêté pour voir la fin de la scène précédente, vient sans bruit derrière Florimond et lui touche l'épaule. Florimond, se retournant brusquement, lâche Desœillets, qui retombe sur sa chaise à demi ivre et l'air accablé.

FLORIMOND.

Eh ! te voici, enfin, toi ! Où as-tu passé, depuis trois jours qu'on ne t'a point vu ? Tu abandonnes tes amis dans la peine ? Ce n'est point beau.

ERGASTE.

Tu appelles cela être dans la peine, toi, quand je te trouve en si bonne compagnie de personne et de bouteille ? (Bas.) Ne me fais point de question, j'apporte du nouveau. (Haut.) *Buenos dias* au père Desœillets, l'homme de jugement par excellence !

FLORIMOND.

Une vraie brute ! j'étais en train de l'enivrer, et je veux qu'il s'enivre.

ERGASTE.

Florimond, sois honnête avec M. Desœillets, que j'honore, et à qui je viens demander un conseil. (Bas, à Florimond.) Ne bois plus, j'ai besoin de toi.

FLORIMOND.

C'est différent. (Il va s'asseoir à distance de la table et s'efforce de se remettre. Au bout de quelques instants, il se rapproche et reprend sa raison à mesure que Desœillets perd la sienne.)

ERGASTE, à part, regardant Desœillets.

Je crains qu'il n'en ait trop ! (Haut.) Vous voilà bien pensif, père Desœillets ? Suis-je de trop à votre table ?

DESŒILLETS.

Eh bien, vous ne buvez plus, vous ?

ERGASTE, se versant du vin.

Bah ! je commence.

DESŒILLETS.

Oui, oui, buvez ! je ne bois point avec ceux qui se ménagent.

ERGASTE, à part.

Ah ! il n'en a pas assez ! (Haut.) A votre santé ! (Il remplit le verre de Desœillets.) Tenez ! à petits coups, sans vous presser !

DESŒILLETS.

Bien dit !... Vous disiez donc ?

ERGASTE.

Que j'ai fantaisie de me marier.

DESŒILLETS.

Vous avez tort.

ERGASTE.

La femme est jeune et bien faite.

DESŒILLETS.

Vous avez tort. On vous la débauchera.

ERGASTE.

Elle est sage !

DESŒILLETS.

Vous avez tort, vous dis-je ! On vous l'enlèvera.

ERGASTE.

Vous le croyez ?

DESŒILLETS.

J'en suis fort assuré.

ERGASTE.

Bah ! à la santé des maris !

DESŒILLETS.

A la santé des dupes ! (Ils boivent.)

ERGASTE.

Peste ! vous m'intriguez la cervelle. Voyons, parlez sérieusement !

DESŒILLETS.

Je suis plus sérieux que vous ne pensez.

ERGASTE.

Buvons ! pour nous éclaircir les idées !

DESŒILLETS.

C'est ça, éclaircissons ! (Il boit.) Vous dites ?

ERGASTE.

Que vous êtes, sur ma parole, une bonne tête d'homme, et un ancien procureur qui, pour l'habileté, n'en quitterait point sa part.

DESŒILLETS, regardant autour de lui.

Quel est l'âne qui dit que j'ai été procureur ?

ERGASTE.

Vous venez de le dire.

DESŒILLETS.

Aïe ! j'ai mal à la tête ! Je l'ai dit ? Eh bien, après ? Croyez-vous qu'il soit donné à une bête d'être procureur ?

ERGASTE.

Eh ! morbleu, non ! Et, pour altérer, surcharger des actes, produire de fausses pièces, contrefaire des écritures... il faut plus d'esprit qu'on ne pense.

DESŒILLETS.

Moi, j'ai dit cela ? Vous mentez par les dents !

MARIELLE

ERGASTE.

Florimond l'a entendu comme moi.

FLORIMOND.

Parbleu ! (A part.) Je commence à comprendre.

DESŒILLETS, regardant Florimond.

Ah ! il est encore là, lui ? Je le croyais là-dessous. (Il frappe sur la table avec une bouteille qu'il brise.)

ERGASTE.

Ne rompons rien, et surtout ne craignez rien pour ce que vous venez de dire. Entre amis !

FLORIMOND.

Oui, entre amis !... A votre santé ! (Il feint de boire.)

DESŒILLETS, buvant.

C'est clair ! entre amis ! Peut-être bien qu'en ma place, mes gaillards, vous ne vous en fussiez point si bien tirés !

ERGASTE.

Nous ? A l'heure qu'il est, nous ramerions sur les galères du roi. Au lieu que vous...

DESŒILLETS.

Oh ! moi, je vais vous conter ça.

FLORIMOND.

Oui, contez-nous ça.

ERGASTE, bas, à Florimond.

Le voilà rendu ; poussons-le ferme, et attention !

DESŒILLETS.

C'était une affaire de testament...

ERGASTE.

Vous voulez dire d'enlèvement ?

DESŒILLETS.

Me croyez-vous ivre ? Je ne vous parle point de l'enlèvement.

ERGASTE.

Ah ! oui, l'enlèvement, c'est une autre histoire que vous aviez commencée.

DESŒILLETS.

J'ai donc parlé de l'enlèvement aussi ? J'ai mal à la tête !

FLORIMOND.

Je crois bien, vous ne buvez point ! (Il lui remplit son verre.)

ERGASTE.

Or donc, nous en étions à l'enlèvement de la Sylvia par le prince de...

DESŒILLETS.

Je ne l'ai point nommé !

ERGASTE.

Inutile ! je le connais ! Oh ! j'ai appris bien des choses, en battant le pays depuis trois jours ! d'abord, j'ai appris que la Sylvia était enfermée au couvent de...

DESŒILLETS.

Ce n'est point vrai !

ERGASTE.

Ce n'est point ce couvent-là ? Eh bien, c'est celui de...

DESŒILLETS.

Vous y avez été ?

ERGASTE.

J'en arrive !

DESŒILLETS.

Vous n'avez pas été jusqu'à Grenoble ?

ERGASTE.

Pardonnez-moi, et je suis entré dans le couvent.

DESŒILLETS.

Dans un couvent cloîtré ?

FLORIMOND, bas, à Ergaste.

Il n'y a de filles cloîtrées à Grenoble que les carmélites.

ERGASTE.

Bon ! (Haut.) Je suis entré chez les carmélites, comme je vous le dis.

DESŒILLETS.

Eh bien, au diable les carmélites ! Vous avez vu la Sylvia ?

ERGASTE.

Comme je vous vois, mais ce qu'elle n'a point su m'expliquer, c'est pourquoi vous aviez écrit sous son nom à Fabio.

MARIELLE

DESŒILLETS.

Vous lui avez dit que c'était moi ? Vous avez menti !

ERGASTE.

Oh ! je ne pense point que ce soit vous ; est-ce que vous sauriez comme cela contrefaire son écriture ?

DESŒILLETS.

Écriture longuette, fluette, proprette !

ERGASTE.

Mais la vôtre est si laide ! quand vous nous copiez nos rôles, on ne saurait lire.

DESŒILLETS.

La mienne, oui ; mais celle des autres !

FLORIMOND.

Vous êtes un vantard, vous ne sauriez point !

DESŒILLETS.

Vous êtes une bête ! je vous imiterai la vôtre quand vous voudrez, et vous y serez trompé vous-même.

ERGASTE.

Ainsi, c'est vous ?

DESŒILLETS, hébété.

Pardi !

ERGASTE, à part.

J'en étais sûr ! (Haut.) Eh bien, à votre santé. C'est un coup de maître que vous avez fait là ! Mais à quelles fins ?

DESŒILLETS, bégayant.

A quelles fins ! à quelles fins !... Qu'ils sont sots ! à seules fins d'empêcher le vieux... et puis, pendant que la donzelle était là, au couvent, pour reverdir... le temps de perdre sa fierté avec l'autre !... avec cela, le Fabio ; suffit ! je ne vous dirai plus rien !

ERGASTE.

Mais Fabio, pourquoi fourrer Fabio dans tout cela ?

DESŒILLETS, essayant de se lever.

Ah ! voilà ce que vous ne saurez jamais, mes petits amis... jamais, jamais !

ERGASTE.

Moi, j'ai là quelqu'un qui vous le pourra bien faire dire.
(Il va à la portière, la soulève et amène Fabio sur la scène.)

SCÈNE VII

DESŒILLETS, FLORIMOND, ERGASTE, FABIO.

DESŒILLETS.
Quel est ce quidam ? Je ne vous connais point, mon ami !
FLORIMOND.
Tu ne reconnais point Fabio ?
DESŒILLETS.
Ah ! il grandit à merveille, ce jeune homme !
FABIO.
Il ne s'agit point de cela ; c'est moi qui suis le voleur, n'est-ce pas ? c'est moi qui ai pris la cassette ?
DESŒILLETS.
Vous l'entendez ? il le dit, c'est lui qui a pris la cassette !
FABIO, avec un geste de menace.
Misérable !
ERGASTE, bas, le retenant.
Patience ! il faut ici confesser le diable ! (Haut.) Père Desœillets, vous dites bien ! c'est lui qui a volé ; j'ai vu la cassette dans ses mains, tout à l'heure.
DESŒILLETS.
Il y en a donc deux ?
ERGASTE.
Oui, puisque l'autre est chez toi !
DESŒILLETS.
Chez moi ? Vous mentez !
ERGASTE.
Ah ! cette fois, tu dis vrai. Elle n'est plus ni à toi, ni à Fabio, ni à Marielle ! Elle est à celui qui l'a trouvée, elle est à moi !

DESŒILLETS, se ranimant tout à coup.

A toi, brigand! à toi la cassette? Oh! je te la ferai restituer! Au voleur, à l'assassin! vous êtes des coquins, des larrons que je ferai tous pendre! rendez-moi mon bien! (Il veut se jeter sur Ergaste, Fabio l'arrête.)

ERGASTE, après avoir fait un signe à Fabio.

Eh! laissez donc M. Desœillets vaquer à ses affaires! il n'y a point ici de guet-apens; qu'il parte! (Fabio laisse aller Desœillets, qui sort en trébuchant et en cherchant la porte. — Ergaste à Florimond.) Toi, suis-le; son instinct d'avare le va conduire à la place où il a caché son vol; reprends notre bien et ramène ici ce coquin, vif ou mort!

FLORIMOND.

Je m'en charge! vous autres, avertissez Marielle. (Il sort.)

SCÈNE VIII

ERGASTE, FABIO.

FABIO, se jetant au cou d'Ergaste.

Oh! mon Ergaste! tu n'avais point douté de moi!

ERGASTE.

T'accuser d'une lâcheté pareille!

FABIO.

Et Marielle?

ERGASTE.

Marielle a presque perdu la mémoire.

FABIO.

Il est donc bien mal?

ERGASTE.

Résigne-toi à le trouver bien changé.

FABIO.

J'en étais sûr! je revenais poussé par une appréhension sinistre, par le remords peut-être encore plus que par le dépit de ne point retrouver Sylvia; mais, en me ramenant ici, tu ne m'as point dit, Ergaste, que la vie de mon père fût en danger?

ERGASTE.

Sa vie ou sa raison. C'était bien assez de ce que j'avais à t'apprendre sur cette maudite affaire de vol, sans te frapper de toutes les mauvaises nouvelles à la fois.

FABIO.

Malheureux que je suis! Oh! si c'était cette chute sur le théâtre... tu sais, ah! je me tuerais à la même place!

ERGASTE.

L'ouvrage du malheur n'est point à refaire. C'est surtout le chagrin qui tue Marielle. J'ai encore l'espoir que ta justification et le retour de Sylvia le pourront guérir; mais, avant tout, Fabio, avant que je te conduise dans les bras de ton père, avant que j'aille délivrer Sylvia, j'ai quelque chose de fort sérieux à te dire.

FABIO.

Ne me dis rien! n'ai-je pas entendu tout à l'heure la confession de ce réprouvé? ne sais-je pas bien ce que tu me veux reprocher? Eh bien, oui, le premier mot que je t'ai dit ce matin, en te rencontrant, a été l'aveu de ma faute: hélas! j'ai aimé Sylvia, et peut-être que je l'aime encore; je m'étais guéri en apprenant son mariage avec mon père; mais ce piége grossier où Desœillets m'a pris, avait rallumé ma passion; j'ai couru en vain après elle; alors, j'ai commencé à craindre qu'on ne se fût joué de moi, et, maintenant que je sais qu'elle ne m'a jamais aimé, ne suis-je point assez puni? Ergaste! laisse-moi pleurer dans ton sein une imagination qui faisait mes délices en même temps que ma honte!

ERGASTE.

Fabio, Fabio! mon enfant bien-aimé! rentre tout cela au plus profond de toi-même et fais que l'honneur l'y consume; écoute un vieux soldat qui n'entend rien aux subtilités du sentiment, mais qui a la conscience assez nette: vois-tu, Marielle nous a retirés tous les deux d'une mauvaise condition: toi, de la misère des chemins, moi, de la débauche des camps. Il m'a fait homme de bien, il t'a fait heureux... Le bon Dieu, en lui donnant une femme comme Sylvia, avait acquitté nos dettes en notre place; voudrais-tu donc l'aborder, à son lit de mort, peut-être, avec une mauvaise pensée dans le cœur?

FABIO.

Non... non, Ergaste! ce que tu me dis là, ma conscience me l'avait crié cent fois pendant que j'errais tristement sur les chemins, à la poursuite d'un bien dont je n'étais point digne... Je sais, d'ailleurs, que les personnes retenues méprisent les comédiens, parce que les comédiens ont souvent des mœurs aussi relâchées que les gens de cour, et je sens bien qu'il nous faut reprendre notre rang parmi les hommes par des actions bien réglées, afin que notre exercice ne nous soit plus imputé à blâme. Va, tu seras désormais content de moi, honnête homme! (Ergaste l'embrasse.) La fierté, si ce n'est la vertu, me soutiendra. Allons voir Marielle!

ERGASTE.

Oui; car il me tarde de courir chercher Sylvia.

FABIO.

Je sais que je ne dois point m'offrir à t'accompagner... Mais comment feras-tu? un couvent cloîtré, bien gardé sans doute... Emmène Florimond... il est résolu autant que prudent...

ERGASTE.

Je ne sais point ce que je vais faire; mais, quand je devrais mettre le feu à tous les couvents de la chrétienté, je la ramènerai, notre Sylvia!

SCÈNE IX

FABIO, ERGASTE, SYLVIA, SŒUR COLETTE.

SYLVIA, qui a entendu les dernières paroles d'Ergaste.

Votre Sylvia, elle est ici, ô mes amis! (Elle se jette dans les bras d'Ergaste et tend la main avec franchise à Fabio.)

ERGASTE.

Sylvia, avec la bonne sœur Colette! c'est donc pour en mourir de joie aujourd'hui? Et moi qui partais pour vous délivrer!

SYLVIA.

Sœur Colette t'a prévenu, bon Ergaste! nous te raconterons tout cela. Mais Marielle! on nous avait dit en bas que nous le trouverions ici! où est-il?

ERGASTE, la retenant.

Attendez, chère Sylvia, que je vous dise...

SYLVIA.

Il est malade! je le vois dans tes yeux!

ERGASTE.

Un peu... Non... Eh bien, vous pâlissez!

SŒUR COLETTE, soutenant dans ses bras Sylvia défaillante.

La pauvre femme! le cœur lui manque; elle s'est tant hâtée, elle avait tant d'impatience. (A Ergaste.) Je sais que mon frère est mal! tâchons à la retenir un instant... (Haut.) Chère Sylvia, asseyez-vous.

SYLVIA, revenant à elle.

Non, non! je le veux voir. Ergaste, tu me retiens... tu trembles! Oh! mon Dieu! mon cher Marielle est mort!

FABIO.

Non, non, madame. Il est souffrant, il repose.

SYLVIA.

J'irai sans bruit. (Elle s'élance vers la porte. Pierrot se trouve devant elle.)

SCÈNE X

SYLVIA, SŒUR COLETTE, ERGASTE, FABIO, PIERROT.

PIERROT, tout effaré.

Il vient, il vient! Il n'y a rien là qui le puisse faire choir? (Il écarte les meubles.) Il ne connaît personne; il rêve sans dormir. Mais il n'est point méchant, le pauvre homme! Parlez-lui bien doucement. Fermez la porte du théâtre, c'est là qu'il veut toujours courir.

SCÈNE XI

MARIELLE, SYLVIA, SŒUR COLETTE, FABIO, ERGASTE, PIERROT.

MARIELLE, avec quelques pièces de costume mises au hasard, entre à pas lents et sans remarquer personne. Il n'est point en somnambulisme, mais dans une sorte de délire tranquille.

C'est une scène de lazzi à l'italienne. Scaramouche veut garder le logis d'Isabelle : Léandre le pousse rudement et lui rompt le crâne contre une table... Le public rit... C'est une scène fort plaisante.

ERGASTE, s'approchant de lui avec précaution.

Marielle, la pièce est finie. Viens te reposer, mon vieux!

MARIELLE.

Non, il y a encore la scène de la fin. J'irai jusqu'à la fin, quand j'en devrais mourir. Tu sais, la scène de la lettre! je ferai mine de la lire, mais je ne la veux point voir. Allons, donne-la-moi.

ERGASTE.

Pense à autre chose, ami. Il y a là des personnes que tu seras content de voir et qui te veulent serrer la main. (Il lui prend doucement la main, en retenant de l'autre Sylvia, qui s'est approchée de Marielle.)

MARIELLE.

A moi? Je veux bien; mais c'est quelque Judas, peut-être. (Il étend la main avec force, Sylvia la lui saisit.) Faites bien attention, le public nous regarde. Ayons l'air de nous embrasser; après, nous nous égorgerons dans la coulisse.

SYLVIA.

Marielle, Marielle, c'est moi! ta femme! avec ta sœur!

MARIELLE, après quelque hésitation.

Eh bien, je le sais bien que c'est toi !

SOEUR COLETTE, lui prenant l'autre main.

Oui, c'est ta chère Sylvia qui t'a toujours aimé !

MARIELLE se laisse asseoir et regarde Sylvia, qui s'agenouille près de lui.

Pourquoi donc à genoux ? Elle ne m'a jamais trahi, elle ! C'était dans la pièce, mais vous dites que la pièce est finie ?

ERGASTE.

Oui. Repose-toi, et regarde-nous bien tous. Est-ce que tu ne nous trouves pas l'air content ?

MARIELLE.

C'est vrai, cela me fait du bien de voir. Ma femme, ma sœur ! (Regardant autour de lui.) Ah ! oui, c'est fini, nous sommes dans le foyer. C'est l'heure de souper ensemble. Mais je suis bien fatigué, ce soir... Cette comédie-là me fait toujours du mal ! Et puis j'ai été malade, j'ai fait de méchants rêves. Mais, quand je vous vois toutes les deux, quand je tiens comme cela ta main dans la mienne, je me sens guéri par miracle. Est-ce que tu es malade aussi, toi ? Je te trouve pâle. Ah ! toujours cette migraine !... Et Fabio ! Mon cher enfant, d'où viens-tu donc ?

FABIO.

Oh ! vous m'aimez toujours !

SCÈNE XII

Les Mêmes, FLORIMOND.

MARIELLE.

Pourquoi donc ne t'aimerais-je plus ?... Oh ! je me souviens ! (Il se lève et se tord les mains.) Je me souviens !... Malheureux que je suis ! Tuez-moi, je me souviens !

FLORIMOND.

L'abominable coquin a tout avoué. Sa complicité avec le prince pour faire enlever Sylvia. (Il voit Sylvia et se découvre devant elle.) L'écriture de Sylvia contrefaite, la lettre à Fabio, Fabio calomnié!... Il a rendu la cassette, il est en prison.

SYLVIA.

Que signifie tout cela, mon Dieu?

MARIELLE.

Et qui donc a fait tout cela?

ERGASTE.

L'infâme Descœillets.

MARIELLE.

Un homme à qui je n'avais jamais refusé ma pitié! Mon Dieu, pardonnez-lui!... Mais ne me trompez-vous point pour me consoler?

SŒUR COLETTE.

Te tromperais-je, même par amitié, moi? Sache donc que ta femme, enlevée par les ordres d'un impie, avait été enfermée à Grenoble, dans un couvent où je me suis naturellement arrêtée pour prendre gîte et faire mes dévotions. Là, j'ai retrouvé Sylvia, faussement arrêtée par l'ordre de ses parents. Le prince écrivit de Paris, se donnant comme médiateur et s'offrant à reprendre Sylvia pour la ramener à sa parente; il espérait que l'ennui de la captivité vaincrait sa vertu. Les religieuses étaient trompées. J'ai fait connaître la vérité, j'ai parlé avec force, j'ai réclamé Sylvia comme ma belle-sœur, et je te la ramène.

MARIELLE.

Oh! tu dis vrai, ma sœur, je le vois! Et, en ce cas, je suis plus heureux que je ne mérite. Voyez, mes amis, comme Dieu me bénit et me récompense pour le peu de bien que j'ai pu faire en ma vie! Une femme comme elle! un ange!... Oh! mais quel est donc ce misérable? Je le châtierai!

SŒUR COLETTE.

Ne songe qu'à être heureux. Vois tous tes amis, toute ta famille autour de toi, et digne de toi!

MARIELLE.

Mon bon Ergaste, mon grondeur de Florimond, qui m'aime aussi, je le sais! (Vers Pierrot.) Et lui, qui me soigne si bien!

Ah ! nous allons être bien contents, tous !... n'ayant plus de soucis, il nous faut nous donner à notre art avec passion, n'est-ce pas ? Le temps presse ! (Montrant Fabio.) Voilà un enfant qui se meurt d'impatience d'aborder le comique. Il le faut contenter. Vois-tu, moi, je veux tout ce que tu veux, et plus que tu ne le veux toi-même ; mais, dans ces rôles-là...

ERGASTE.

Marielle, ne te fatigue pas à trop parler.

FLORIMOND.

Oui, oui, vous vous agitez trop !

MARIELLE, debout.

Laissez-moi donc lui expliquer...

FABIO.

Demain, mon père !

MARIELLE, vivement.

Tu es un paresseux qui ne veut rien apprendre !

SYLVIA.

Mon Dieu ! ses esprits s'égarent encore ! Ne le contrariez point, mes amis !

PIERROT.

Laissez-le dire, il sera tranquille après.

MARIELLE.

C'est vrai ! ils sont tous ainsi ! ce n'est jamais l'heure de travailler !... Voyons, nous voici sous les grands arbres, dans les montagnes. Un beau jour, un généreux soleil ! Jamais on n'étudie mieux qu'au sein de la nature. Fabio, écoute-moi bien. Tu ne m'auras point toujours pour t'enseigner. Je te veux faire hériter de mon talent comme de ma gloire. Je te l'ai dit vingt fois... tu cherches trop dans l'art les beautés fardées. Rappelle-toi la leçon des maîtres : « Plus l'art est caché, plus il est beau... » Dans la perspective du théâtre, pour obtenir de grands effets, il faut déguiser les moyens, comme le décorateur cache les cordes et les poulies de ses machines. Le comédien parfait doit cacher de même les artifices de son jeu et ne se point donner tout entier dans toutes les parties de son rôle. La sobriété, c'est le dernier mot du savoir... Sans sobriété, point de gradation... Par exemple, quand je veux rire dans la pantomime, je me garde bien d'éclater tout d'abord. Je ménage mon jeu de visage. Tiens, tu vas voir... J'ai l'air d'être balancé entre le rire et le pleurer, comme si ma face paresseuse peinait à s'assouplir. On ne sait point où je vais... mais j'arrive et peu à peu... (Il éclate de rire, sanglote, crie et tombe.)

SYLVIA.

Marielle!

ERGASTE.

Mort!

SŒUR COLETTE.

Non, il respire... Aidez-le...

(On relève Marielle et on le place sur un fauteuil.)

MARIELLE, d'une voix faible.

Mes amis, je m'en vais! Mais, mon Dieu! qu'un homme souffre avant de mourir!... Ergaste, Fabio!... tous!... je vous recommande ma femme.

(Tous sont à genoux.)

SYLVIA, seule debout.

Marielle, si tu nous quittes, ne t'embarrasse point de moi. Rappelle-toi mes serments. J'ai juré de ne te point survivre. Je suis devenue plus religieuse auprès de toi que je ne l'avais été dans le cloître. A présent, je retournerai dans le cloître avec un cœur sanctifié, et, puisque Dieu nous défend de nous tuer, je mourrai volontairement au monde, à tout ce qui ne sera point le sacré souvenir de Marielle!

FLORIMOND.

Il ne vous entend plus.

MARIELLE.

Si, si... je l'entends!... (Il meurt.)

FIN.

TABLE

	Pages
Le Drac, rêverie fantastique en trois actes.	1
Plutus, étude d'après le théâtre antique.	79
Le Pavé, nouvelle dialoguée.	157
La Nuit de Noël, fantaisie d'après Hoffmann	217
Marielle, comédie en trois actes et un prologue.	279

www.ingramcontent.com/pod-product-compliance
Lightning Source LLC
Chambersburg PA
CBHW071853230426
43671CB00010B/1323